August F. Winkler

Frühstück

Das Fenster zum Tag

Rezepte, Geschichten
und Tipps für den kulinarischen
Kick am Morgen

VERLAG

Impressum

Bildnachweis:
Image DJ Bread & Pastries: 7, 12, 15, 19, 21, 44, 48, 50, 59, 60, 63, 64, 80, 101, 109, 111, 114, 120, 126, 128, 130, 132, 137, 142, 151, 154, 156, 174, 179, 198, 199, 200, 201, 202, 203, 204
Brennglas-Verlag: 11, 17, 17, 38, 41, 55, 81, 209
Tee Gschwendner: 89, 91, 194
Norbert Hetkamp: 32, 36, 53
Die Bilder zum Thema Tee: Tee Gschwendner GmbH, Meckenheim
Die Bilder zum Thema Kaffee: Alois Dallmayr KG, München
Die Bilder der Köche bei den Köchen und Restaurants wie benannt.

August F. Winkler
Frühstück, Das Fenster zum Tag

Artwork: Norbert Hetkamp, Esselbach
Umschlag-Motive Hardcover-Ausgabe: Image DJ Bread & Pastries
Umschlag-Motive Tee: Gschwendner GmbH, Meckenheim
Druck und Bindung: Holtz AG, Neudrossenfeld

Hardcover-Ausgabe: ISBN 3-938783-22-2

Inhaltsverzeichnis:

Die Kunst des Frühstücks

Das berühmteste Frühstück gab es bei Tiffany, das teuerste ist impressionistisch, gemalt von Edouard Manet. Das genüsslichste kann man sich privat zu Hause arrangieren – an den Feiertagen mit mehr Muße als sonst, also üppiger, länger und mit Mozart, kurzum: kulinarischer. Am Frühstück scheiden sich die Geister. Die einen stehen zeitig auf, um in Ruhe zu frühstücken. Das sind die Genießer. Andere schlafen lieber länger und begnügen sich mit einem Minimalprogramm. Keine Zeit, keine Zeit! Wer so handelt, versündigt sich an seiner Seele, denn das Frühstück ist die schönste Nische für eine Kultur der Muße.

„Ich finde das Frühstück deshalb so angenehm, weil sich die meisten Menschen erst nach ein Uhr mittags aufblasen und selbstgefällig benehmen."
Sydney Smith

In der Regel wird das Frühstück konservativ inszeniert. Der Morgen ist für viele ein Ritual des Vertrauten, des Ewiggleichen. Nur keine Experimente, scheint das Motto zu lauten. Der Teetrinker wird niemals zum Kaffee greifen - und umgekehrt. Wer morgens schon Gulasch verträgt oder die kalt gewordene Hähnchenkeule vom Vorabend mit Genuss verspeist, gilt dem Müslifan als Ungeheuer. Der Franzose, der sich mit einem Croissant begnügt, das er in seinen „café au lait" stippt, schaut verständnislos dem Engländer zu, wie der sich an Bohnen und gebratenem Hering ergötzt. Weil jedoch nichts spannender und zugleich reizvoller ist als das elegante Durchbrechen von Normen, bietet sich das Frühstück an, um verkrusteten Strukturen in heiterer Genüsslichkeit zu entrinnen.

Das beginnt bei der Wahl des Getränks, ob Tee, Kaffee, Milch, Säfte. Heiße Schokolade wäre eine delikate Ergänzung. Und anstelle des kernigen Vollkornbrotes sollte man auch mal duftiges Weißbrot nehmen, flankiert von Brioche und Croissants. Zum klassischen Repertoire gehören Butter, Marmeladen, Schinken, Würste, Eier. Letztere weich gekocht im Glas, schaumig als Rührei oder, der Gipfel des Genusses, in Form eines Spiegeleies auf Rahmspinat mit großzügig darüber gehobeltem weißen Trüffel.

Köstlich schmeckt Kalbsleberwurst, dick auf Brioche oder eine Scheibe süßlichen Rosinenstollen gestrichen. Das ist der Moment, wo man – im Rahmen beispielsweise eines Schlemmerfrühstücks – die Flasche Portwein oder edelsüßen Tokajer öffnen sollte. Es wäre auch Zeit für Champagner, der zum Lachs passt, zum Krabbensalat, zum Tartar mit Wachteleiern, zum Ziegenfrischkäse, den man sich je nach Temperament entweder mit Quittengelee verfeinert oder mit einigen Tropfen Balsamicoessig plus bestem Olivenöl. Kraft und Mut für den Tag geben Fleischpasteten, kalter Geflügelbraten und Gemüsesülze mit Vinaigrette.

Hunger und Durst sind auch am Morgen getreue Begleiter des Menschen. Das Duo überlebt jede Sättigung, weshalb ihm immer wieder aufs Neue geopfert werden muss. Ob man es freudlos tut, nur weil die Natur es vorschreibt, oder vergnügt bis zum sinnlichen Behagen: Essen und trinken muss der Mensch, also weshalb dann nicht aus der Pflicht eine Kür machen?

Kulinarische Kultur hat mit Luxus nichts gemein. Nicht das Geld macht den Gourmet, sondern die innere Einstellung sowie die Bereitschaft, dafür etwas Zeit zu opfern und Liebe zu investieren.

Selbst praktizierende Gourmets, die das abendliche Menü so kunstvoll zusammenstellen wie ein Ballettchef die Choreographie, verharren morgens beim traditionellen Potpourri aus Kaffee, Brötchen, Butter, Marmelade und allenfalls etwas Aufschnitt oder einem Ei. Das nennt man kontinentales Frühstück, man kann aber auch sagen: immerwährende Langeweile. Oder steckt hinter solcher Bescheidenheit auch die unbewusste Angst des leistungsorientierten Menschen, dass einem Tag, den man ein bisschen schlemmmend und somit genießerisch eröffnet, der Ernst genommen wird? Fest steht, dass sonntags sowie im Urlaub allgemein kulinarischer gefrühstückt wird.

Frühstück hat also viel mit Gewohnheit zu tun. Doch Gewohnheiten zu durchbrechen, den Tag mit schöpferischem Elan und Abwechslung zu beginnen sorgt für den ganz besonderen Kick am Morgen. Ein mit Liebe und Phantasie inszeniertes Frühstück dient einerseits der Pflege des Leibes. Den fröhlichen Frühstücker vermag auch tagsüber nichts zu erschüttern. Zum anderen wird die Kreativität erhöht. Ein gutes Frühstück ist nämlich so etwas wie eine Massage für das Gemüt.

„Wer in England essen will, muss dreimal am Tag frühstücken."
Somerset Maugham

Dem Hunger ist es letztlich zwar egal, wie das Frühstück angelegt wird, ob schlicht oder pompös, frivol oder ernst, rustikal oder elegant, witzig oder sachlich, ob es im Bett stattfindet oder in der Badewanne, ob dabei die Zeitung gelesen wird oder nicht, ob man im Stehen frühstückt oder an edel mit Silber und Porzellan gedecktem Tisch, inklusive Hornlöffeln für die Eier, Kristallgläsern, damasten Servietten, Kerzen, Blumen, Musik. Hauptsache, ihm wird angemessen aufgetischt.

Aber wie bei Menschen, wo der erste Blick oft entscheidet, ob man sich mag oder nicht, werden beim Frühstück die Weichen für das Kommende gestellt. Die erste Mahlzeit des Tages ist ein wesentlicher Teil auf der Bühne des Lebens und ein Stück Gesellschaftsspiegel obendrein.

Die Kunst des Genießens – kontra Pessimismus

Der Mensch, angetrieben vom Applaus der Gesellschaft, von Profit und der Lust an der Herausforderung, ist längst zum Mond geflogen, er lässt die Atome tanzen und pfuscht der Natur mit genetischen Basteleien ins Handwerk. Überall stößt man auf übertriebenen Ausdruck, in der Kunst, in der Werbung sowieso, im Alltag und in der Gastronomie, wo es teilweise immer noch alberne Mode ist, den Linseneintopf mit Hummer anzurichten und den Kartoffelsalat mit einem Klacks Kaviar zu servieren, damit der Wirt 40 Euro für die Portion verlangen kann. Die Superlative triumphieren oft über das Einfache, das übersehen, über das Stille, das nicht wahrgenommen wird.

Bei aller Verachtung gegenüber Protzentum und Völlerei: Es ist schön, dass der Himmel voller Delikatessen hängt. Vom Feinsten darf es auch alltags und frühmorgens schon mal ein paar Gramm mehr sein, mögen Konsumfeinde noch so schmallippig wider Austern, Hummer und Spiegelei mit weißen Trüffeln zu Felde ziehen. So manche gegen genussvolles Essen und Trinken gerichtete Philosophie gründet im Neid – und der ist noch nie die Quelle großen Denkens gewesen, abgesehen davon, dass viele Genussfeinde nur einem einzigen ehrlichen Impuls folgen, nämlich dem Wunsch, diejenigen zu bestrafen, die eine größere Fähigkeit zum Glücklichsein haben.

Ein Bekenntnis zum Genuss hat, um etwaige Missverständnisse gleich auszuschließen, nichts mit Geld zu tun. Bares steht dem Genießen nicht störrisch im Wege, doch erkaufen kann man sich Genuss nicht. Das Genusstalent kommt von innen, aus einem selbst heraus. Ein Spaziergang über eine blühende Sommerwiese, ein Sonnenuntergang am Meer, Champagner nach der Liebe, Almbutter aufs Bauernbrot, ein Essen im Luxusrestaurant, ein frisch vom ungespritzten Baum gepflückter Apfel, ein ungewöhnlicher Wein zur blauen Stunde oder ein Frühstück im Bett: alles Genuss. Fürs Überleben ist Genuss nicht notwendig, aber ohne ihn wäre alles grau.

„Ein Stück Schwarzbrot und ein Krug Wasser stillen den Hunger eines jeden Menschen", hat Honoré de Balzac gesagt, um freilich eilends hinzuzufügen: „Aber unsere Kultur hat die Gastronomie geschaffen." Wie wahr.

Genuss ist keine Sünde, solange man ihn nicht zur Religion erhebt und man beim Kaviar nicht schon an den Hummer und beim Hummer nicht schon an den Braten denkt, sich sinnlich verzehrend zwischen Begierde und Genuss. Gerade in Kulinarien ist die Demut eine wichtige Tugend.

Nur wer sich die Gnade des immer wieder neuen kindlichen Staunens und Freuens bewahrt hat, wer das gastronomische Kammerspiel genauso schätzt wie die große kulinarische Oper, der ist ein Gourmet - einer, der über ein mit Liebe belegtes Brot nicht minder jauchzt wie über ein aufwendig gestaltetes Mahl.

Frühstücke der Geschichtsgrößen

Das Urteil war harsch: "Er frisst entsetzlich", notierte Jean Paul, der Dichter und leidenschaftliche Frühstücker mit einer besonderen Vorliebe für Würste, 1796 nach einem Besuch bei Goethe. Seine Exzellenz konnte ungeheure Mengen an Gänsebraten vertilgen, und über die vielen Forellen nebst Flaschen Wein bereits zum Frühstück staunte ganz Weimar. Goethe liebte Delikatessen, er war versessen auf Kaviar, Spargel und Artischocken, doch mochte er auch deftige Hausmannskost. Was den Wein betrifft, so galt der Meister als unschlagbar; er schätzte Trinkgelage, süffelte im Schnitt drei Liter Wein pro Tag, "schlampampte" jederzeit mit Ehefrau Christiane und bekannte: "Andere schlafen ihren Rausch aus, meiner steht auf dem Papier."

Von ganz anderem kulinarischen Kaliber war Friedrich Schiller. Während Goethe seinem Bauch mit Hingabe diente, hatte Schiller wenig Sinn fürs Feinschmeckerische und begnügte sich laut seinem Jugendfreund Petersen mit "kratzigen Weinen, billigem Schnupftabak sowie garstigen Weibern". Den Hunger vertrieb er umstandslos auch mit Mehlbrei und Knackwürsten mit Kartoffelsalat. Ansonsten aßen und tranken die Romantiker gerne und philosophierten ausgiebig über die Kunst des Kochens. In ihrer Zeit konnte eine Sauce sozusagen Esprit haben.

Für Thomas Mann, den Wortezauberer, war das eine Selbstverständlichkeit und leichte dichterische Übung. Er hat das erste Mahl des Tages literarisch geadelt und liebte das Frühstück, bei dem weder Tee noch Honig nebst feinem Gebäck fehlen durfte. Es war das Essen, das "jede spätere Mahlzeit an Reiz und Wert übertrifft". Auch das zweite Frühstück am späteren Vormittag schätzte Thomas Mann hoch, wie in seinem Felix Krull nachzulesen: "Angetan mit frischer Wäsche und einem dem Klima gemäßen Habit aus leichtem, lichten Flanell begab ich mich hinab in den Speisesaal, wo ich mich recht ausgehungert an dem Gabelfrühstück, einem Ragoût fin in der Muschel, einem vom Rost karierten Steak und einem ausgezeichneten Schokolade-Soufflé nicht ohne Hingebung gütlich tat."

Ein Morgengourmet war auch Goethe, der sich zum zweiten Frühstück bereits Champagner oder eine halbe Flasche Madeira gönnte. Napoleon verschlang jeden Morgen ein kapitales Essen aus Suppe, Braten, Kompott, Brötchen und Kaffee. Auf dem Frühstückstisch Otto von Bismarcks, der allerdings als Langschläfer erst gegen Mittag aufstand, gab es Mengen an kaltem Fleisch, Pasteten, Eierspeisen, Kaviar, Räucherfisch. Dazu trank der Fürst entweder Portwein oder mit Cognac angereichertes Mineralwasser. Die Essgewohnheiten der alten Hanseaten haben Stendhal, den feinsinnigen Romancier, allerdings schaudern lassen: „Diese biederen Deutschen nehmen zum Frühstück vier oder fünf Butterbrote zu sich, trinken dazu zwei große Glas Bier und dann ein Glas Schnaps. Diese Kost muss den lebhaftesten Menschen zum Phlegmatiker machen."

Siegmund Freud delektierte sich morgens gerne an Kaviar, den er poetisch „Russische Sympathien" nannte. Friedrich II., genannt der Große und auch bei Tisch nicht kleinmütig, ließ sich täglich den Speisezettel vorlegen. Er liebte exzessiv gewürzte Speisen, verzehrte schon morgens eine pfefferige Aalpastete und löffelte als erstes Frühstück, bevor er zur Jagd aufbrach, die geliebte Biersuppe. Kaiser Franz Joseph, der mit dem grandiosen Backenbart, war ein notorischer Frühaufsteher und berüchtigter Asket. Immerhin bot er seinen Gästen, die er in Ischl schon mal nachts um 1.15 Uhr zur Jagd auf Gemsen vergatterte, ein „Déjeuner dinatoire", bestehend aus Tee mit Rum, Brioche, Kipferl, Milchbrot mit Butter, Schinken, kaltem Braten, hart gekochten Eiern, Joghurt, Königinsuppe, Geflügel, Rindsfilet nach Art der Gärtnerin, Guglhupf und weitere Desserts. Ludwig XIV. machte auch das Aufstehen zum Staatsakt und ließ sich von seinem ersten Kammerdiener, der neben dem königlichen Prunkbett schlief, mit einer Praline wecken.

Als "geistreicher Esser" seiner Zeit war Friedrich Schlegel berühmt. Er widmete beispielsweise einem Salat zierliche Komplimente. Einen stets gesegneten Appetit schon früh am Tag hatte Chamisso, offenbar aber auch eine solide Verdauung, denn er blieb schlank. Zur Hymne machte Novalis den ewigen Kampf des Menschen gegen den Hunger: „Das Essen ist akzentuiertes Leben. Essen, Trinken und Atmen entspricht der dreifachen Abteilung der Körper in feste, flüssige und luftige. Der ganze Körper atmet, nur die Lippen essen und trinken. Gerade das Organ, das in mannigfachen Tönen das wieder aussendet, was der Geist bereitet und durch die übrigen Sinne empfangen hat. Die Lippen sind für die Geselligkeit so viel: wie sehr verdienen sie den Kuss."

Unter den Musikern gibt es besonders viele Kulinariker. Caruso liebte Kibitzeier, Paganini getrüffeltes Kalbsragout, Offenbach gesottene Krebse, Brahms Geflügelsuppe. Im Kanon der Kochkunst sind zahlreiche Gerichte großen Musikern gewidmet; deren Namen stehen unter Suppen, Braten, Saucen, Salaten und Naschwerk. Puccini gab alles für einen knusprigen Gänsebraten, Händel ließ sich prinzipiell dreimal vorlegen, Wagner aß wahllos, was auf den Tisch kam. Hector Berlioz hatte eine Schwäche für Rebhuhn und Eier. Immer hungrig war Max Reger. Sein Zuruf an einen Kellner „Bitte zwei Stunden lang Beefsteak" wurde unter seinen Freunden zum geflügelten Wort. Als ihm eine Verehrerin, die er mit seiner Interpretation von Schuberts Forellenquintett entzückt hatte, ein halbes Dutzend lebender Forellen ins Haus schickte, bedankte sich Reger manierlich und fügte hinzu, das nächste Mal spiele er Haydns „Ochsenmenuett".

Joannes Chrysostomus Wolfgangus Theophilus Mozart – das Amadeus hat er sich selber aus einer Laune heraus gegeben – aß gerne, er war sinnenfroh und alles andere als ein Asket. Doch ebenso wenig war er ein Gourmet, gar Schlemmer. Mehr Leidenschaft als der Küche widmete Mozart seiner exquisit zu nennenden Kleidung, vor allem jedoch dem Spiel. War ein berühmter Billardspieler in Wien, so interessierte ihn das mehr als das Essen und sogar die Visite eines berühmten Musikers. Morgens löffelte das Genie gerne Suppe, ansonsten gehörten neben Naschwerk speziell Rindfleisch mit Senf, Backhendl, Stör in Kapernsauce, Kalbszungen, Saiblinge, süße Feigen, Fasan, Wachtel und gebratene Kapaune, jene Hähne, die, als Küken kastriert, zu besonders üppigen und wohlschmeckenden Produkten heranwuchsen, zu seinen Lieblingsspeisen. Auch bei den Getränken hatte er klare Vorlieben: Champagner, Madeira und Grünen Veltliner, der damals schon so etwas wie der österreichische Leitwein war.

Von einer Reise nach Italien berichtet der junge Mozart im August 1770 seiner Schwester Nannerl über einen Dominikanerpater, der als heilig verehrt würde, doch zum Erstaunen von Mozart gleich zum Frühstück nach einer Tasse Schokolade ein „gutes Glas starken spanischen Wein" zu sich nehmen würde, flankiert von Melonen, Pfirsich, Birnen, Zitronenmilch und einem ganzen Teller voll kleiner gebratener Vögel. Sein Vater Leopold ist gleichfalls ein aufmerksamer Chronist auch für Details und beschreibt anlässlich einer Tour durch England andächtig die für ihn neue Sitte des Frühstückstoastes („Butterbrotschnitten, die samt der darauf gestrichenen Butter bei der Glut gebäht sind"). Dazu wurde Tee serviert – ein relativ junger Genuss, denn noch im elisabethanischen Zeitalter trank man mangels Alternativen schon Bier zum Frühstück.

Mit einem „gespritzten trockenen Riesling von der Mosel" pflegte Theodor W. Adorno, der Soziologe und Gesellschaftsveränderer, den Tag zu eröffnen, begleitet von „einem großen Omelett mit Toast". „Die schlanke Anatomie einer nackten Bekassine reicht an die vollkommenen Proportionen der Raffaeliten heran." Wer das gesagt hat? Salvador Dalí, ein bekennender Feinschmecker, über den George Orwell schrieb: „Als der Europäische Krieg immer näher rückt, beschäftigt Dalí ausschließlich die Sorge, einen Ort zu finden, wo man eine gute Küche führt." Dalís Frühstücksfavorit waren herrisch getrüffelte Rühreier. Gottfried Keller ging es wiederum mehr um Alkohol. Seinen Arzt, der ihm riet, weniger Flüssigkeit zu sich zu nehmen und nicht schon den Tag mit Wein zu begrüßen, beschied der Dichter fröhlich: "Na schön, streichen wir die Suppe." Und von Hermann Hesse, für den Wein ein „süßer Gott" war, dem er auch schon mal morgens heiter zuprostete, stammt eine poetische Passage zu diesem Thema: „Ich liebe am meisten ganz reine, leichte, bescheidene Landweine ohne besonderen Namen; man kann viel davon vertragen und sie schmecken so gut und freundlich ..."

Dass Beethoven den Hecht besonders schätzte, belegt ein im Original erhalten gebliebener Bestellzettel an einen Fischhändler: „Ich ersuche höflichst um einen Karpfen von 3 auch 4 Pfund oder noch lieber um einen Hechten von wenigstens 3 Pfund." An seinen Freund Karl Holz schrieb Beethoven scherzend: „Bester Herr u. Lucullischer Küchenprocurator! Sobald ein sauberer Hecht nicht zu theuer, wird er allem anderen vorgezogen." Am liebsten war ihm der im Wurzelsud gesottene Hecht, und Beethoven war sich keineswegs zu fein, im Freundeskreis übers Kochen bis hin zu den Garmethoden zu diskutieren.

Bei der Verpflichtung einer Haushälterin galt das erste Interesse des Meisters deren Kochkunst. Die erwies sich, wie Beethoven betrübt oder zornig, je nach Laune, notierte, freilich allzu oft als „selten genügend" oder „höchst mittelmäßig, ja mir beynahe gar nicht angemessen". Selten findet sich in den Papieren ein Lob über eine „herlige Suppe". Jedenfalls kaufte er seinen Perlen Kochbücher und gab ihnen küchentechnische Tipps. Die Menükarten, die Beethoven eigenhändig schrieb, belegen, was in der Regel auf den Tisch kam: Leberknödelsuppe, Spinat mit Zungen, Hirschenes (Dezember 1824). Gerstensuppe, Fleisch mit Mandelkren, Kohl mit Carbonaden (im April 1824). Nudelsuppe, blauen Kohl mit Kastanien und Wurst, Poularde (im Januar 1826). Braune Suppe mit kleinen Knödeln, Rindfleisch, Spinat mit Pökelzunge, klein Braten (im Mai 1824). Kerbelsuppe, Fleisch mit Sauerampfen, weiße Rüben mit Hammel, Hase (im September 1824).

Mehr noch als die Summe solcher Speisezettel zeigen einzelne Eintragungen in den Konversationsheften, insbesondere jene von Beethovens Hand, welche Speisen besonders häufig und bevorzugt aufgetischt wurden. Seine Vorliebe für Fische und Wild ist mehrfach belegt. Würste, Leber und Schinken gehörten zu seinem kulinarischen Alltag. Gleichsam abonniert war Beethoven bereits morgens auf Brotsuppe, verfeinert durch rohe Eier als Einlage, wobei er die Qualität der Eier pingelig begutachtete. Ignaz von Seyfried schreibt über Beethoven als Suppentiger: „Zu seinen Lieblingsgerichten gehörte auch eine Brodsuppe, worauf er sich jeden Donnerstag schon zum voraus freute. Dazu mussten ihm zehn ansehnliche Eier auf einem Teller präsentiert werden, welche er, bevor selbe in das Fluidum hineingerührt wurden, vorerst gegen das Licht prüfend sondierte, eigenhändig köpfte und, der Frische wegen, sorgfältig beschnüffelte. Wollte es nun das Fatum, dass er einige darunter mit dem sogenannten Strohgeruch aufstöberte, dann ging auch der Spectakel los."

So gerne der Meister aß und trank, so dürftig war es freilich um seine Kochkunst bestellt. Als er Freunde unbarmherzig mit seinen gastronomischen Kompositionen malträtierte, schrieb Iganz von Seyfried darüber mit ironischem Schauder: „Die Suppe gemahnte an den in Gasthöfen der Bettlerzunft milde gespendeten Abhub; das Rindfleisch war kaum zu Hälfte gargekocht; das Gemüse schwamm gemeinschaftlich im Wasser und Fett und der Braten schien im Schornstein geräuchert. Seine saumseligen Gäste betheuerten, bereits übersatt zu sein und hielten sich an ein gesundes Brot, frisches Obst, süßes Beiwerk und unverfälschten Rebensaft."

Dagegen war Giacchino Antonio Rossini auch ein Maestro des Kochens. Zeitgenossen schwärmten, seine Maccaroni Fiorentino seien das Himmlischste auf Erden. Von ihm heißt es, er habe nur dreimal im Leben geweint: erstmals, als sein „Barbier von Sevilla" ausgepfiffen wurde (freilich hatte ein Konkurrent zur Premiere in Rom bezahlte Störenfriede ins Theater entsandt;

wenige Tage später bei der zweiten Aufführung in Paris wurde die Oper stürmisch bejubelt), ein zweites Mal, als er Carafa eine Arie singen hörte, und schließlich, als ihm auf einer Bootsfahrt ein getrüffelter Truthahn ins Wasser fiel. Nach ihm ist eine klassische Garnierung der französischen Küche benannt: Tournedos à la Rossini sind fünf Zentimeter dicke, rund geschnittene Scheiben vom Rinderfilet, in Butter gebraten, serviert auf Toast mit einer reichen Trüffel-Madeira-Rahm-Sauce und geschmückt mit einer Scheibe Gänseleber nebst schwarzem Trüffel.

In einem Brief an seine Geliebte gestand der Meister der italienischen Oper, nach dem Nichtstun wisse er „keine köstlichere Beschäftigung als zu essen, anständig zu essen, versteht sich. Das, was die Liebe für das Herz ist, ist der Appetit für den Magen. Der Magen ist der Dirigent, der das große Orchester unserer Leidenschaften leitet und aktiviert. Den leeren Magen stellt das Fagott dar, dass das Missvergnügen brummend intoniert, oder die Pikkoloflöte, die das Verlangen hinausschreit. Der volle Magen hingegen ist die Triangel des Vergnügens oder die Kesselpauke der Freude."

Zwei Zitate

Victor Hugo, Der Glöckner von Notre-Dame

Die Zigeunerin gab keine Antwort. Sie verzog wieder verächtlich die Lippe, stieß den Kopf vor wie ein Vogel und lachte unbändig. Dabei verschwand der allerliebste Dolch, wie er gekommen war, nämlich ohne dass Gringoire sah, wo die Biene ihren Stachel verbarg.

Gleich darauf wurde der Tisch mit einem Roggenbrot, einer Schnitte Speck, ein paar verschrumpften Äpfeln und einer Kanne Kräuterbier gedeckt. Gringoire fiel heißhungrig über die Nahrung her. Wer das ungestüme Geklapper seiner eisernen Gabel auf dem Steingutteller hörte, musste zum Schluss kommen, all seine Liebe habe sich in Esslust verwandelt.

Das Mädchen saß vor ihm und schaute ihm schweigend zu. Es hing offensichtlich einem anderen Gedanken nach, bei dem es hin und wieder lächelte. Dazu streichelte es mit seiner feinen Hand den klugen Kopf der Ziege, die sich ihr sachte ans Bein schmiegte.

Eine Talgkerze erhellte dieses Bild der Gefräßigkeit und der Versonnenheit. Als Gringoire den ersten Drang seines Hungers gestillt hatte und sah, dass nur ein einziger Apfel übrig blieb, beschlich ihn ein Anflug von Scham: „Esst Ihr nichts, Fräulein Esmeralda?" ...

James Joyce, Ulysses

Mr. Leopold Bloom aß mit Vorliebe die inneren Organe von Vieh und Geflügel. Er liebte dicke Gänsekleinsuppen, leckere Muskelmägen, gespickte Bratherzen, panierte kroß geröstete Leberschnitten, gerösteten Dorschrogen. Am allerliebsten hatte er gegrillte Hammelnieren, die seinem Gaumen einen feinen Beigeschmack schwachduftigen Urins vermittelten.

Nieren beschäftigten seine Gedanken, während er sich sacht in der Küche umherbewegte und ihr das Frühstück richtete auf dem bucklig verzogenen Tablett. Eiskalt waren Licht und Luft in der Küche, doch draußen überall linder Sommermorgen. Er bekam richtig etwas Appetit.
Die Kohlen begannen sich zu röten.

Noch eine Scheibe Brot mit Butter: drei, vier, recht so. Sie mochte ihren Teller nicht zu voll. Recht so. Er wandte sich ab von dem Tablett, hob den Kessel vom Herdeinsatz und stellte ihn seitwärts aufs Feuer. Da hockt er, plump und vierschrötig, die Tülle vorgestreckt. Bald eine Tasse Tee. Gut. Trockener Mund. Die Katze umschritt steif ein Tischbein, den Schwanz in der Höh. ...

Historische Menüs

Frühstück

Königin Marie Christine von Österreich,

in Madrid am 2. März 1900:

Kraftbrühe mit geröstetem Brot; gekochte Eier in der Schale; garnierte Kalbskoteletts; geschmortes Rinderfilet; Salzkartoffeln; Zunge in Aspik; gebratene Hähnchen, Brunnenkresse; Milchreis, Biskuits.

Déjeuner des

Großherzogs Wilhelm Ernst von Sachsen

auf Schloss Weimar am 25. Oktober 1912
(am Tag nach der Fasanenjagd, Gast war Kaiser Wilhelm II.):

Geflügel-Kraftbrühe; Eier auf Artischocken; Wildschnitte auf dem Rost gebraten mit Gemüse; Medaillons von Zunge; Gemüse; Eisbirnen, Schokoladensauce, Obst.

Wedding Breakfast, gegeben von

Queen Victoria

im Buckingham Palace am 6. Juli 1893 für ihren Enkel
Georg, den späteren König Georg V.,
anlässlich seiner Vermählung mit Prinzessin Mary von Teck:

Suppen:

Berner Suppe "Kaiserin" (Kalbskraftbrühe mit Mandeln, Hummerklößchen, Spargel und Kerbel); Reiscremesuppe auf polnische Art.

Warme Zwischengerichte:

Lammkoteletts auf italienische Art (in Parmesan und Ei paniert, gebraten, mit Tomatensauce); Dünne, blutig gebratene Brustscheiben von Enten.

Hauptgang:

Rinderfilet Neapler Art; Masthähnchen mit Brunnenkresse.

Kalte Zwischengerichte:

Übersülztes Geflügel mit Gemüsen; Hummer-Lachs-Salate; Geflügelgalantine in Aspik; Kalbsfilet in Gelee; Grüne Bohnen; Spinat.

Nachtisch:

Kaltschale von Früchten, feines Backwerk.

Seitentisch:

Kaltes Geflügel, kaltes Rindfleisch, Zunge.

Déjeuner

König Carols I von Rumänien

auf Schloß Pelesch am 2. Juli 1902 mit seiner Gemahlin:

Reissuppe mit Gemüsen; Tomaten-Omelette; gekochtes Rindfleisch, Schnittlauchsoße, Spinat mit gerösteten Brotecken; gebratene Kalbskeule; Salat; Grütze aus Pfeilwurzelmehl;
Nachtisch.

Jagdfrühstück

König Edwards VII

von Großbritannien und Irland am 26. Januar 1907

Zur Speisenfolge: Indische Currysuppe mit Kalbfleisch, Kalbskopf, Geflügel, Kaninchen und Gemüsen / Lammkoteletts mit Parmesankäse und Ei, paniert und gebraten, mit Tomatensoße / Gebratener Fasan mit Möhren, Kastanien, Tafelpilzen, kleinen Zwiebeln, Räucherspeck und kleinen Würsten (chipolatas) / Kalte Geflügelpastete mit Gemüsesalaten / Mit Käsesoße überbackener Spinat / Serviettenknödel aus Äpfeln, Korinthen, Ingwer, Eiern, Mehl, gehacktem Rindernierenfett usw. / Pfirsichkompott.

Königliche Frühstückstafel in Potsdam, den 17. Juni 1890

Kraftbrühe mit Einlage, Trüffel-Pastetchen,
Forellen mit Butter,
Kalbsrücken und Hammelrippchen mit Gemüse,
Rehschnitten mit Morcheln, Metzer Hühner,
Früchte, Salat, Frische Artischockenböden,
Ananaskuchen, Käsestangen, Gefrorenenes

Frühstückstafel Kaiser Wilhelms II. in Berlin am 24. Mai 1913:

Reichhaltiges Frühstück für die Kaiserfamilie mit Gästen am Hochzeitstag der Kaisertochter. Das Frühstück fand etwa um 8.30 Uhr statt.
Zur Speisenfolge:
Fisch in Bierteig gehüllt, in Fett ausgebacken, mit Tomatensoße
Profiterolen: kleine Windbeutel mit Vanillecreme gefüllt und mit Schokoladensoße überzogen
gefüllte Tauben
Orangenspargel
Butter und Käse

Kieler Räucheraal,
Nüsse mit Traubensaft,
Rühreier mit Trüffeln,
Hummer nach amerikanischer Art,
Hähnchen nach Hausfrauenart,
Erbsen mit Lattich,
Reis auf Kaiserin-Art,
Wiener Törtchen

Artischocken auf griechische Art,
Sardinen mit Curry,
Forelle nach Müllerin-Art,
Schnepfenpudding mit Trüffeln,
Grüne Bohnen nach englischer Art,
Anna-Kartoffeln,
Krebs-Auflauf nach Florentiner Art,
Suzette-Krapfen,
Früchte

Colchester-Austern,
Gebackene Eier,
Weißling auf der Platte,
Lamm-Nuß nach Rachel,
Strohkartoffeln,
Selleriesalat mit Trüffeln,
kleine Condés,
Früchte

Gekühlte Cantaloup-Melone,
Matrosengericht von Seezunge,
Geflügel-Risotto,
Maronenpüree,
Sulzgericht von Hummer,
Gemüsesalat,
Birnen in Rotwein

Eier in Kokotte,
Seezunge geröstet nach Teufels-Art,
Gedämpfter Fasan mit Sellerie,
Parfait von Gänseleber,
Rachel-Salat,
Schokolade-Auflauf,
Früchtetörtchen

Gekühlte neue Feigen,
Gefüllte Oliven,
Omlette mit Artischockenböden,
Langoustine mit Kräutersauce,
Geschmorter Ochsenschwanz,
Kardonen mit Parmesan,
Loretten-Salat
Erdbeeren und Pfirsiche in Maraschino
Gebäck

Norwegische Sardinen, Oliven,
Krevetten,
Forellen, Blau,
Terrine von Rouener Ente,
Römischer Salat,
Grüne Spargeln,
Erdbeer-Schaumgefrorenes
Tausendblätterkuchen

Marinierte Gurken mit Pfefferschoten,
Duchesse-Krapfen mit Kaviar,
Gebackene Eier,
Huhn nach Hausfrauen-Art,
Heißes geröstetes Brot,
Spargel in Öl,
Pfirsiche nach Kardinals-Art,
Gebäck

Frühstücks-Variationen

Motto: Der Mensch kann sich glücklich frühstücken

Jeder Mensch muss essen und trinken, um zu überleben. Hunger und Durst kennen keine dauerhafte Sättigung, das Duo hat morgens das erste und abends das letzte Wort. Das ist auch gut so, denn ewige Sattheit wäre das Ende aller Hoffnung und würde uns vieler schöner Erlebnisse berauben: Erlebnisse, wie sie auch ein leckeres Frühstück zu vermitteln vermag. Warum also aus der Pflicht nicht eine Kür machen, Hunger und Durst als liebe Freunde willkommen heißen?! Denn eines ist sicher: sie kehren immer wieder. In der Küche haben sich die Rezepte geändert, seit Esau sein Erstgeburtsrecht für ein Linsengericht an Jakob verscherbelt hat, nicht jedoch die Lust an einem guten Frühstück. Die ist unsterblich: Wer nicht frühstückt, wird zur tragischen Figur. Unser Jahrhundert wendet sich allerdings mehr und mehr von den einstigen lustvollen Tafelfreuden ab. Inzwischen sind die Menschen beim Essen gehetzt, von einer metaphysischen Furcht durchdrungen, dem Pillenwahn verfallen und dem Diätkult ergeben. Sprühten die Tischgespräche einst bei den opulenten Dejeuners früherer Jahrhunderte vor Witz und Geist, so drehen sie sich heute, angesichts eines trostlosen Rohkostsalats, monoton um ein und dasselbe Thema – was dick macht und was nicht.

Das ist Unkultur und schade obendrein, denn tatsächlich hat das Essen, haben die Produkte psychopharmakologische Wirkungen. Man kann sich glücklich essen, wie Hirnforscher inzwischen bewiesen haben. Lange haben Wissenschaftler die wichtigen Verbindungen zwischen Leib und Seele übersehen oder als zu vage und esoterisch abgetan. Jetzt zeigen Forschungsarbeiten, dass Essen nicht nur unsere sinnlichste Verbindung zur Welt ist, ein Ausdruck der Lebenslust, sondern dass es direkten Einfluss auf die Psyche hat. Ein perfekt zubereitetes Spiegelei, vielleicht beträufelt mit einigen Tropfen Kürbiskernöl, kann unsichere Seelen nahezu keck werden lassen, ein delikat belegtes Brot oder ein Obstsalat, köstliche Marmelade oder die Sauce Béarnaise zum Roastbeef machen aus einem Zahlenmenschen einen Romantiker.

Was praktizierende Gourmets schon lange fühlten, ist jetzt also medizinische Gewissheit: Die Macht der Speisen ist groß, und die beginnt im Lichte des Morgens.

Frühstücks-Variationen

Frühstück im Bett:

Der praktizierende Genießer muß schon morgens – jedenfalls, wenn es die zeitlichen Umstände erlauben und keine Arbeit zwingend ruft – eine schwierige Entscheidung treffen: Frühstück im Bett oder am Tisch. Ersteres hat seinen Reiz, ist freilich nicht ohne eine gewisse Planung machbar. Erfahrene Bettfrühstücker lehnen beispielsweise das Tablett ab und favorisieren das Tischchen mit den breit ausgestellten Füßen. Falls nicht gerade ein Butler zur Hand ist, muss zur Besorgung des kulinarischen Sortiments der nächtliche Hafen erst einmal verlassen werden. Notfalls bedeutet das auch den Gang zum Bäcker wegen frischer Brötchen.

Argumente gegen das Frühstücken im Bett gibt es viele. Als Erstes die Brösel! Für manche schlimmer noch als Falten im Laken. Verschütteter Tee, verpatzter Honig, vom Becher gerolltes Ei! Und überhaupt: Frühstücken im Bett sei unbequem, ist zu hören. Das Tablett beenge, der Tee lasse sich nicht ohne Verrenkungen eingießen und wehe, man/frau hat auch nur eine Kleinigkeit wie die Salzmühle, die Butter oder ein Löffelchen vergessen. Dann heißt es, erneut raus aus dem warmen Nest, automatisch gefolgt von der Überlegung, ob man nicht lieber gleich konservativ frühstückt, also am Tisch?

Das mag ja alles stimmen, aber tatsächlich ist frühstücken im Bett eine durch und durch bequeme Angelegenheit; es bedarf lediglich einiger Routine und eines gewisssen Geschicks, um das Frühstück im Bett vergnüglich zu gestalten. Und vor allem ist die Annahme, das Morgenmahl im Bett unterscheide sich von einem üblichen Frühstück nur durch den Schauplatz, ein fundamentaler Irrtum. Frühstück im Bett ist wie essen in einem Kokon, der schützt und einen darüber hinaus mit jener wohligen Wärme versorgt, die Kraft gibt und ein tapferes Herz für den vom Schicksal nicht immer genial geplanten Tag.

....
....
....

Flirtfrühstück:

Nie geliebt, nie gelebt! Alles auf Erden dreht sich um die Liebe und wie man sie entfacht. Meister der modernen Verführungskunst wissen das. Sie spielen auch beim Frühstück mit ihr oder ihm die kulinarische Karte aufs Raffinierteste aus. In der Liebe sind wie im Krieg schließlich alle Mittel erlaubt – vorausgesetzt, es handelt sich um elegante Schachzüge, nicht um obskure Tricks.

Das erste Mahl kann entscheidend sein. Entsprechend sorgfältig muss das Essen komponiert werden. Subtil soll es sein, niemals schwer. Von dicken Suppen und kapitalen Fleischgängen ist deshalb abzuraten. Zwei, drei leichte Speisen von aparter Struktur sind der ideale Eröffnungszug, um die Sinne ins heitere Schwingen zu bringen. Austern sind nie verkehrt. Auch Kaviar, pur mit etwas saurer Sahne zu einem dezent getoasteten Brot fördert den Gang der Dinge. Zu entzücken vermag ein schaumig geschlagenes Omelette, als persönliches „Surprise" vielleicht über ein nur sekundenlang in Butter angedünstetes Lachsfilet geschlagen und flankiert von einigen Löffelchen rosarotem Lachskaviar.

Krabbensalat mit Avocadovinaigrette

Zutaten:

250 g Crevetten
2 große, reife Avocados
1 EL Sonnenblumenöl, 1 El Estragonessig
Salz, Pfeffer aus der Mühle
Etwas Butter, Eisbergsalat

Zubereitung:

Die Avocados schälen, halbieren, den Kern lösen und in Würfel schneiden; Essig, Öl, Salz und Pfeffer verrühren und leicht erwärmen. Je nach Reife der Avocados etwas mehr oder weniger Essig verwenden. Die Marinade mit den Avocadowürfeln vermengen.
Aus einigen Blättern des Eisbergsalates auf einem Teller ein Nest formen.
Die Crevetten kurz in brauner Butter schwenken, in das Nest setzen und die Avocadowürfel darüber geben.

Heinz Winkler

Wonnen vermittelt ein Selleriesalat, der an Eleganz ungemein gewinnt, wenn er mit ein paar Scheiben von der schwarzen Trüffel angereichert wird. Ein Rührei, hübsch serviert in der ausgehöhlten Eischale, wäre ein ebenso schickes Entrée wie eine Krabbentorte, eine klare Ginsengsuppe mit Chrysanthemen oder Erbsen, die nur sanft in Butter geschwenkt worden sind. Ein Gang muss unbedingt dabei sein, den man mit den Fingern isst: Krebse, Spargel, Austern, Artischocken mit Vinaigrette. Liebenden, die sich bis zum zweiten Frühstück oder einem Mittagessen stärken wollen, bevor sie sich noch einmal in die Kissen sinken lassen, sei eine Passage der Dichterin Colette empfohlen, in der sie ein Frühstück nach der Hochzeitsnacht beschreibt: „Zartester Schinken, mit feinem Speck in einer Kasserolle im eigenen Saft gebraten und mit

Julienne von Sellerie, Rettich und vielerlei anderem gesunden Gemüse aromatisch untermalt. Auch Crèpes hatten wir ..."

Mindestens so wichtig wie das Essen ist das Drumherum, auch Flair genannt. Bereitet man das Flirtmahl zu Hause zu, dürfen auf dem individuell und witzig gedeckten Tisch weder Kerzen noch Blumen fehlen. Die Servietten kann man dezent mit Rosenöl parfümieren. Ein bisschen Mozart aus dem Hintergrund ist stilvoll, gefolgt von Swing à la Nat King Cole („Mona Lisa ...") oder Fats Waller. Ravels Bolero empfiehlt sich zum süßen Finale und wenn man zu allem bereit ist. Süßes hat eine stimulierende Wirkung. Es schmeichelt dem Gaumen und beflügelt die Sinne. Kleopatra war sich dessen ebenso bewusst wie Casanova. Zucker entwickelt im Körper ein Hormon, das die Stimmung hebt. Dabei versteht es sich von selbst, dass nicht schweren Torten, sondern der leichten Patisserie der Vorzug zu geben ist.

Arbeitsfrühstück:

Angeblich eine Erfindung der deutschen Diplomatie. Dabei kann es sich tatsächlich um ein Frühstück handeln, das morgens eingenommen und dazu benutzt wird, um zeitsparend über Politik oder Geschäfte zu parlieren. Es kann aber auch am späten Vormittag oder frühen Mittag gereicht werden, aus gleichem Anlass, aber mit erweitertem Angebot an Speisen.

Im Grunde handelt es sich dann um ein kleines Mittagessen, das protokollarisch als Frühstück oder in der Diplomatensprache als „Petit Déjeuner" gehandelt wird.

Früher einmal, in der Zeit vor der Frauen-Emanzipation, hat man solche Essen auch „Herren-Frühstück" genannt. In der Zeitschrift „Kochkunst und Tafelwesen", erschienen 1907, ist ein solches Herren-Frühstück aufgezeichnet: Austern; kleine Marmite (Fleischbrühe mit Rindfleisch und diversem Gemüse, serviert in einem Topf aus braungelbem Steingut); Risotto mit Krebsschwänzen; Feldhühner auf Straßburger Art mit überkrustetem Kartoffelbrei; normannische Apfeltorte.

Luxusfrühstück:

Es war die gute alte Tante Jolesch, die gesagt hat: "Ein Mann, was schöner ist als ein Aff', das ist Luxus." Vielleicht hatte die Frau recht, nur: Luxus soll sein, nicht nur beim Mann, sondern auch in der persönlichen Gestaltung des Lebens, der Lebenskultur. Wenn Reporter des Boulevard, jene Traumtänzer des seichten Scheins, ihre Federn wetzen, um beispielsweise über den 2000 Euro teuren Schuhputzkasten aus Mahagoni von Lorenzi oder eine Nacht in der Präsidentensuite des "Ritz" so leichthin zu schreiben, wie andere Leute beim Kuchenessen bröseln, flüstert das Volk in wonnigem Schauer: Ja, das ist Luxus. Die meisten Menschen verbinden Luxus mit Geld, und sie haben damit nicht unrecht, aber auch nicht ganz recht.

Der Begriff des Luxus ist ebenso relativ wie der der Armut. Es ist noch gar nicht lange her, da waren Güter wie Zucker und Glas, Samt und Licht, Pfeffer und Spiegel in Europa einer kleinen Minderheit von Vermögenden vorbehalten. Vieles von dem, was heute zum selbstverständlichen Standard eines Arbeiters oder Angestellten gehört, war früher ein Privileg der Fürsten. So oder so, jeder versteht unter Luxus etwas anderes. Hat Luxus notwendigerweise und immer etwas mit Eleganz, mit Stil, schlicht mit Kultur zu tun oder ist er nur überhöhter, teils ins Monströse gesteigerter Komfort, das Abgleiten ins grotesk Hollywoodeske? Was bedeutet Luxus überhaupt in einer Zeit, in der es heißt, Arbeit zu haben sei Luxus? Ist es schon Luxus, Muße zu haben, sie sich zu nehmen? Ist es gar Luxus, gegen den Luxus zu sein?

Als sicher darf angenommen werden, dass Luxus unsterblich ist. Die Frage ist also nicht, ob er überleben wird, sondern wie, in welcher Art und Form. Knapp, selten und teuer sind im Zeichen des wuchernden Konsums nicht schnelle Autos und goldene Armbanduhren, sondern elementare Lebensvoraussetzungen wie Zeit, Ruhe, gutes Wasser, frische Luft, genügend Platz und Sicherheit. Auch die Inszenierung des Frühstücks – zumal in thematischer Form – ist ein Stück angewandter Luxus. Schließlich hängt es entscheidend von der morgendlichen Kür ab, wie die Frau und der Mann in den Tag gehen: zögerlich, leer, unzufrieden oder erfüllt, tapferen Herzens und voller Mut, es mit dem Alltag in jeglicher Hinsicht aufzunehmen.

Man kann auch sagen: Der Mensch braucht ein gewisses Quantum kultiviert gelebten Luxus als Nahrung für seine von Arbeit und Geschäft strapazierte, nicht selten ausgelaugte Seele. Und das Leben ist zu kurz, um es sich mit mäßigen Dingen zu möblieren. Genießen ist auch ein Ernstnehmen der Schöpfung, und das beginnt logischerweise morgens, wenn der Tag noch voller Unschuld ist, mit einem besonders arrangierten Frühstück. Kurzum: Es ist Luxus, sich außerhalb der Alltagsnorm ein Frühstück zu gönnen.

Trüffelrührei mit Hummer

Zutaten:

2 Hummer á 500 g
0,2 l Nage (schaumige Butter)
Etwas feste Butter
8 Eier
0,1 l geschlagene Sahne
0,1 l flüssige Sahne
3 EL weißes Trüffelöl
Salz
Etwas Kerbel

Zubereitung:

Hummer (mit dem Kopf voraus) in reichlich heißem Wasser ca. 6-8 Minuten abkochen, herausnehmen und das Fleisch ausbrechen. In Medaillons schneiden und in der leicht erwärmten, schaumigen Butter beidseitig kurz anschwitzen.
Die Eier und die flüssige Sahne mit einer Prise Salz aufmixen und das Trüffelöl einrühren. Etwas Butter in einer Teflonpfanne zergehen lassen, die Eiflüssigkeit zugießen und stocken lassen, kurz verrühren. Die Eier nicht zu fest werden lassen. Die geschlagene Sahne unter die Eier heben.
Die Rühreier auf die Teller verteilen, mit den fertigen Hummermedaillons umranden und mit Kerbel garnieren.

Heinz Winkler

....
....
....

Champagnerfrühstück:

Das berühmteste Frühstück fand im Film statt: Breakfast at Tiffany's. Aber auch ohne Tiffany wird ein Frühstück quasi automatisch zum Champagnerfrühstück, sobald dazu Champagner getrunken wird. Empfehlenswert ist übrigens ein Blanc de Blancs, wie Champagner heißt, der nur aus der weißen Chardonnaytraube gemacht wurde; er verfügt über besonders rassige und blumige Finesse, wie sie eben zu einem zart erblühenden Tag passt. Und weil es auch beim Tee ein wenig spezieller sein darf, wird ein Champagner-Tee gut ins Bild passen: aus Tee und wenig Wasser einen starken Teeextrakt brauen, nach Belieben mit Kandis süßen, mit etwas Zitrone oder auch

Gewürzen abschmecken, erkalten lassen, mit Champagner glasweise auffüllen und eventuell mit einigen Scheiben Zitrone oder Orange anreichern.

Zu den großen Wahrheiten des Lebens zählt ja die Erkenntnis, dass Champagner vor, während und nach der Liebe schmeckt, also jederzeit und besonders gut vormittags, weil jede elegant nach oben tänzelnde Perle in der Lage ist, eine Gehirnzelle aufzumuntern. Dieser Charmeur unter den Getränken ist so etwas wie ein Joker, nur: Vorsicht ist angezeigt bei der Wahl der Marke, denn neben grandiosen Assen gibt es auch erbärmliche Pik sieben.

Generell lässt sich guter von schlechtem Champagner bereits an der Art des Mousseux erkennen. Je feiner die Perlen tänzeln, umso besser. Ein wesentliches Kriterium ist das Bukett. Feiner Champagner riecht nicht, er duftet. Je nach Typ wird die Nase zart nuancierte Aromen nach Blüten, Aprikosen, Apfel, Lindenblüte, Erdbeere, Haselnuss, Mandel, Zitrone, Vanille und Honig wahrnehmen. Auch Mineralien gehören zum Duftspektrum, ferner Töne, die sanft an frisches oder leicht getoastetes Weißbrot erinnern. Schlechter Champagner riecht streng, irgendwie chemisch, auch nach Geranien, Molke, altem Most, feuchtem Papier, Hefe, fauligem Brot und schimmmeligem Keller.

Im Umgang mit Champagnern kommt es häufig zu Missverständnissen. Drei sind besonders bemerkenswert, weshalb sie aufgezählt werden sollen:

Irrtum Nummer eins: Champagner ist ausgereift, sobald er im Handelsregal steht. Das gilt allenfalls für kleine Standard-Bruts ohne Jahrgang, nicht jedoch für hochwertige Vintage-Champagner oder gar die noblen Prestige-Cuvées (wie „Cristal" von Roederer, „Dom Perignon", „Bollinger R.D." „La Grande Dame", „Sir Winston Churchill" von Pol Roger, „Comtes de Champagne" von Taittinger, „Célébris" von Gosset, „Salon", „Dom Ruinart" etc.). Die gewinnen durch zusätzliche Lagerung im Privatkeller an Finesse; sie werden feiner, graziler, ohne an Temperament zu verlieren. Ein 1982er Krug ist zur Zeit ebenso ein Hochgenuss wie etwa der 1975er Dom Perignon, der 1986er Comtes de Champagne, 1976er Salon, 1985er Sir Winston Churchill oder der 1961er Veuve Clicquot aus der Magnum.

Irrtum Nummer zwei: Champagner passt am besten zur feinen Küche. Das Gegenteil stimmt. Die Kohlensäure sprudelt gnadenlos jede Saucensubtilität hinweg. Ideale Frühstückspartner für Champagner - und jeden anderen Schaumwein – sind Speisen mit starkem Aroma à la Würstchen mit Senf, Salate, marinierte Sülzen. Auch Leckereien der trendigen Tex-Mex-Küche sowie asiatische Finessen harmonieren bestens mit Champagner. Ein Klacks Kaviar macht sich immer gut. Lachs passt, ebenso Fischsalat, getrüffeltes Rührei, Rochen in brauner Butter, Krebse, ein zartes Leberparfait, marinierter Tafelspitz oder ein Carpaccio. Was jedoch nicht ideal miteinander harmoniert, obwohl es notorisch als Inbegriff des feinschmeckerischen Luxus gilt, das sind Austern mit Champagner. Das lebhafte Prickel-Temperament des Schampus schäumt die Auster im Mund auf und verhindert ihre geschmackliche Entfaltung.

Avocadosalat mit Nordseekrabben (für 4 –6 Personen)

Zutaten:

300 g Nordseekrabben
2 Avocados
20 Kirschtomaten
1/2 Zitrone
1 kl. rote Zwiebel
3 EL weißer Balsamicoessig
1 EL Wasser
1 EL Sherryessig
4 EL Olivenöl
1 kl. Bund Schnittlauch
1 EL gehackte Petersilie
etwas Zucker
Salz, Pfeffer aus der Mühle
Garnitursalate, Basilikumblätter

Zubereitung:

Die Avocados halbieren, aus der Schale nehmen. In Würfel schneiden und mit Zitronensaft beträufeln. Kirschtomaten waschen und halbieren, große vierteln. Die Avocadowürfel auf flachen Tellern ausbreiten, darauf die Kirschtomaten legen und mit Salz und Pfeffer würzen.
Für die Kräutermarinade Schnittlauch klein schneiden. Petersilie und Zwiebeln fein hacken und mit weißem Balsamicoessig, Wasser, Sherryessig und Olivenöl verrühren. Mit Salz, Pfeffer und einer Prise Zucker abschmecken.
Die Krabben auf den vorbereiteten Tellern verteilen und die Kräutermarinade darüber geben und mit Blattsalaten Ihrer Wahl und Basilikumblättern servieren.

Jörg Müller

Irrtum Nummer drei: Aus welcher Flasche der Korken auch hüpft, getrunken werden sollte Champagner niemals schluckerlweise wie Wein. Das ist der halbe Genuss. Schampus muss in Strömen fließen. Zwei, drei kleine Schlückchen in einem Zug sind der rechte Rhythmus, um die Sinne anzuregen und den Kreislauf zu animieren. Das stimuliert auch Emotionen, aber bitte, nichts ist angenehmer und macht die Menschen schöner sowie geistreicher als ein süßer kleiner Champagnerschwips. Das meinte wohl auch Catherine Deneuve mit ihrem poetischen Bekenntnis: "Der erste Schluck - und du sitzt auf einer rosa Wolke und beginnst zu schweben."

Schöner, genussvoller, heiterer lässt sich der Tag nicht beginnen.

Schlemmerfrühstück:

Der erfahrene Frühstücker wird niemanden nur deshalb einladen, um nicht allein zu sein, aber er weiß, dass ein gemeinsames Essen ein wertvolles Stück angewandte Lebenskultur ist, daß Sattsein freundlich und ein opulentes Frühstück weniger misstrauisch macht. Die Franzosen sagen „à la grâce de Dieu", also wenn es Gott gefallen mag, dass sich Leute finden, deren Gesellschaft ein Essen nicht nur schöner macht, sondern darüber hinaus der Mahlzeit den eigentlichen Sinn gibt. Solcherart wird schon der Frühstückstisch zum Kommunikationszentrum, an dem die heiteren Stücke ebenso gespielt werden wie die ernsten – ob im Restaurant oder zu Hause.

Von den Sinnenfreuden, die das ausgedehnte Tafeln in geselliger Runde allen bereitet, die nicht gerade magenkrank oder puritanisch erzogen sind, lassen uns die Bilder flämischer Meister, etwa Pieter Brueghels Gemälde einer Bauernhochzeit, etwas ahnen. Diese Gelage waren seit den Zeiten Homers immer festliche, verschwenderische Höhepunkte, doch blieb auch im Alltag das Essen in der Gemeinschaft die Regel. Wer sein Mahl abseits der anderen verzehrte, mit dem war, wie es der Volksmund schlicht ausdrückte, nicht gut Kirschen essen.

Tempora mutantur, sagt der Lateiner, die Zeiten ändern sich. Der Lebensrhythmus hat sich erhöht, Hetze und Stress haben den modernen Menschen im Griff – mit der Folge, dass vielfach und jedenfalls morgens die Nahrungsaufnahme zumeist allein, schweigend und in Eile erfolgt. Die Gemütlichkeit endet sozusagen am Tellerrand, selbst kulinarische Kunststückerln hinterlassen, individuell in sich hineingelöffelt, einen schalen Nachgeschmack.

Basilikum-Rührei

Zutaten:

6 Eier	Milch
Butter	Salz
Einige Blätter Basilikum	30 g Pinienkerne

Zubereitung:

Eier mit etwas Milch verrühren und mit Salz würzen. Fein geschnittenes Basilikum einrühren. Pinienkerne ohne Zugabe von Fett in einer beschichteten Pfanne bei milder Hitze rösten. Geröstete Pinienkerne unter das Rührei mischen. Butter in der Pfanne schmelzen und die Eimasse hinzugeben. Unter mäßigem Rühren das Ei stocken lassen. Die Oberfläche sollte glänzend sein, da es sonst zu trocken werden könnte.

Helmut Thieltges

Umso wertvoller ist die Inszenierung eines Schlemmerfrühstücks, und dies nicht nur an einem Festtag, sondern sozusagen grundlos auch an einem Werktag, indem nach Lust und Laune aufgetischt wird, inklusive dem Bewusstsein, auch mal fröhlich wider alle Regeln einer angeblich gesunden Ernährung zu verstoßen. Also hinweg mit Müsli, Joghurt, Haferflocken, Cereals und aufgetischt mit Toast, Weißgebäck, Hörnchen und Butter, mit Käse, Schinken, Würsten, Salaten, Lachs, Nudeln, Pasteten, Sülzen und Eiern in jeglicher Zubereitungsform. So ein Frühstück ist ein hochsinnliches Erlebnis, ein privates Weltereignis, das man sich öfter gönnen sollte, denn es vermag auch befreiend zu wirken und gibt einem zudem etwas, was man ansonsten bei jedem normalen Frühstück vermisst: Zeit!

Fasten-Frühstück:

Alle haben plötzlich Hunger auf Gesundheit. Feinschmecker, denen Kalbsstelzen und Buttersaucen gestern noch ein unbedenkliches Stück Tafelgenuss waren, singen heute das Hohelied auf Yin und Yang. Sie goutieren sich an Schrotkost, löffeln Müslis, trinken Kräutertees, knabbern Möhren, schwärmen vom schwerelosen Essen. Das liebe Kräutlein, das süße Körnderl! Seltsam ist zwar, dass einige jener militanten Ökoköstler saftlos wirken, verhärmt wie der personifizierte Verrat am Genuss. Biofreaks, Trennköstler, Vegetarier und Genossen sind fraglos ehrenwerte Menschen, nur gibt es darunter etliche, die essen nicht Gemüse, Früchte und Vollkorn – vom Genießen ganz zu schweigen -, sondern Moral, Tugend, Askese und so weiter im genussfeindlichen Kontext.

Nun ist es keine neue Erfahrung, dass der Mensch in Zeiten des Überflusses gerne mit der Mäßigkeit kokettiert. Das war im alten Rom so, wo Dichter in Versform die pompösen Gelage der Reichen geißelten. Mohammed, Allahs Prophet, warnte weiter östlich vor übertriebener Esslust mit der ungemein griffigen Formulierung, dass der Mensch sich mit den Zähnen das Grab schaffe. Im Barock entsprach die Majestät des Leibes zwar der Mode, aber das hielt Moralisten nicht ab, lauthals gegen die Fressnarren und Saufbolde zu wettern. Ähnlich erklingt es heute, wobei sich im Ruf nach einer grünen Küche das Ideal oft hart am Sektiererischen reibt.

Dabei ist Ideologie bei Tisch so überflüssig wie ein Tomatenfleck auf einem weißen Hemd. Zum einen wird ein fröhlich verspeister Schweinsbraten sicher gesünder sein als eine lustlos gelöffelte Graupensuppe. Zwischen schmackhafter und bekömmlicher Küche muss es sowieso keine Gegensätze geben. Und wer in fleischloser Kost nicht sein alleiniges Heil sieht, sondern eine Einlage zwischendrin, kann durchaus genüsslich auf Rind, Geflügel & Co. verzichten. Zumal in den diversen, übers ganze Jahr verteilten Fastenzeiten bietet sich dafür eine gute Gelegenheit.

Konstantin Grcic, Designer:

Braucht morgens nach eigenem Bekenntnis zwar lange, um in die Gänge zu kommen, ist dennoch ein echter Frühaufsteher. Genießt dann die Ruhe, das schöne Licht und sich als geborenen Frühstücks-Helden. Ein ausgiebiges Frühstück gehört für ihn zum morgendlichen Ritual, bestehend freilich aus immer den gleichen Teilen, nämlich: sensationelles Müsli vom Bäcker mit frischen Früchten, „dazu Tee, Tee und nochmals Tee.“

Gemüse-Müsli (für 4 Pers.)

Zutaten:

Gemüseflakes und Nüsse
200 g kleine Kartoffeln
200 g Petersilienwurzel
1 Fenchelknolle, ca 150 g
200 g Karotte
100 g Sellerie, geschält
40 g Blattpetersilie, gezupft, nur die Blätter
10 g Pecannüsse, grob gehackt

Zubereitung:

Die Kartoffeln, die Petersilienwurzel und die Karotten schälen.
Die Gemüse auf einer Reibe in dünne Scheiben schneiden und getrennt lagern. Den Fenchel und den Sellerie auf leicht geöltem Backpapier verteilen und im 80° C heißen Backofen 60 Min. trocknen. Die Backofentür sollte einen Spalt geöffnet sein. Die anderen Gemüse, sowie die Blattpetersilie nach und nach in einer Fritteuse, ausbacken und auf einem Küchenkrepp abtropfen lassen. Alle Gemüse leicht salzen.

Für die Milch

500 g Petersilienwurzel
900 g Vollmilch
Salz

Die Petersilienwurzel waschen und schälen, danach auf einer Reibe in Streifen schneiden, in der Milch aufkochen und ca. 10 Min. ziehen lassen.
Die Petersilienwurzelmilch auskühlen lassen und durch ein Sieb geben.
Die fertige Milch abschmecken und kalt stellen.

Zubereitung:

Die eiskalte Milch in eine Müslischale geben, servieren und dann die gemischten Gemüseflakes sowie die Nüsse zugeben.

Thomas Bühner

Wer die Welt eine Zeitlang zu innig durchs Bratrohr betrachtet hat, wird, sofern er auch morgen noch Freude an gepflegten Tafeleien haben will, ohnehin und ganz ohne Ideologie kaum um asketische Einlagen herumkommen. Man muss es ja nicht gleich so rigoros angehen wie die alten Anachoreten, jene frühchristlichen Eremiten, denen sieben Oliven als Tagesnahrung ausreichten. Aß einer dieser Hungerkünstler acht, beging er die Sünde der Völlerei, begnügte er sich mit sechs, verstieß er gegen die Sünde des Stolzes. Hingegen wird jeder Feinschmecker und jede Feinschmeckerin wissen, dass es keiner großen Braten bedarf, um kulinarisch zu genießen. Mit urnatürlichen Produkten wie der Auster, der Morchel, der Jakobsmuschel oder der Trüffel lassen sich auf unkomplizierte Weise prächtige Gerichte zubereiten. So eine Fastendiät de luxe ist nicht billig, aber ungemein lecker. Und das ist die erfreuliche Botschaft für den Rest des neuen Jahrtausends: die leckere Allianz von Braten und Gemüse, von Fisch und Fleisch mit Rohkost und Kräutern, von Vollkorn und Brioche, von Obstsaft und Wein. Suum cuique, jedem das Seine – wenn dir aber einer einreden will, nur in der Rohkost läge das Heil der Welt, dann halte dich an Danny Kay, den Schauspieler, der einmal gesagt hat: „Mit Vegetariern muss man diskutieren, sobald sie eine Wurstfabrik geerbt haben." Wichtig bei aller Diät ist zudem die Beachtung einer biblischen Mahnung: „So ihr aber fastet, sollt ihr nicht sauer sehen wie die Heuchler."

Frühstück im Grünen:

Gewiss hat das Essen und Trinken im Freien seine speziellen Gesetze. Man fühlt anders als in einem geschlossenen Raum. Tauscht man die Wände gegen den nach oben hin offenen Horizont, muss man eventuell gewisse atmosphärische Widrigkeiten billigend in Kauf nehmen wie etwa säuselnden Wind, ins Glas fallende Blätter oder ungebetene Insekten. Zudem hat die frische Luft, auch wenn sie lau ist, eine besondere Chemie, die schon mal filtrierend auf die Sinnesorgane wirken kann. Draußen erfasst man die Raffinesse einer Küche oder die grazilen Nuancen eines Getränks nicht so detailliert wie drinnen.

Doch ein Frühstück im Grünen ist mehr als bloße Nahrungsaufnahme. Das "Déjeuner sur l'Herbe" ist, wie das Picknick, ein Ritual, ein Fest, bei dessen Inszenierung der Phantasie ein großer Spielraum gebührt. Schinken gehört nebst Würsten, Käse (vielleicht ein Potpourri aus cremigem Brie de Meaux, etwas Ziege, altem Gouda und Parmigiano Reggiano), Oliven, Tomaten, Essiggurken, hartgekochten Eiern, Räucherlachs, Butter, Marmelade, Honig und diversen Brotsorten zum Standardprogramm eines Frühstücks im Freien.

Darüber hinaus gibt es eine kulinarische Kür, deren Ausführung von Appetit, Geschmack und finanziellem Potential abhängt. Etwas getrüffelte Gänseleberterrine wird keine schlechte Wahl sein. Auch Kaviar aus der großen Blechdose vermag ein morgendliches Picknick mit einem aparten Hauch von Luxus zu erfüllen. Andererseits ist ein Roastbeef mit Kartoffelsalat ein Erlebnis der besonders herzhaften Art. Salate, bereits zu Hause angemacht, bereichern das Mahl im Grünen ebenso wie Wildpastete mit Preiselbeerkompott, Tafelspitzsülze mit Schnittlauchsauce, erkaltete Bratenstücke, Ziegenkäse mit Quittengelee und derlei köstliche Vulgaritäten.

Wenn der Sommer in grellen Farben aufglüht und der Himmel im Lichte kommmender Zärtlichkeiten erstrahlt, gibt es nichts Schöneres als ein Essen im Freien. Die Rosen duften mit dem Thymian und dem Lavendel um die Wette, Grillen zirpen, Vögel fliegen ihre Hochzeitstänze. Jeder kennt diese Sinfonie der Sinnlichkeit. Solche himmmlisch schönen Erlebnisse bietet nur das Tafeln im Freien, wenn sich die Gefühle wohlig dehnen und du weißt: man sitzt und genießt sozusagen näher bei den Engeln, die, weil der liebe Gott gerade nicht zuhört, Mozart anstelle von Bach spielen.

....
....
....

Gabelfrühstück:

Auch zweites Frühstück genannt. Historisch berühmt ist das gegen Ende des 18. Jahrhunderts von Madame Hardy in Paris installierte „déjeuner à la fourchette", was direkt übersetzt eben Gabelfrühstück heißt. Madame hatte es für die Abgeordneten der Nationalversammlung entwickelt und bald mutierte diese beliebte gastronomische Institution zum schlichten "déjeuner".

In einem Buch über die feine Kochkunst aus dem Jahre 1858 hat es folgende Anweisung zur Dramaturgie eines Gabelfrühstücks für eine Person gegeben: „Teller Austern mit Citronen. Caviar mit Butter. Kalbskotelett auf dem Roste gebraten. Hammelnierchen. Gebackene Seezungen." Trafen sich mehrere Leute zu einem solchen Gabelfrühstück, fiel die Empfehlung des feinen Kochs schon üppiger aus: „Geflügelbouillon, kleine Pastetchen, Schill mit Kartoffeln, Beefsteaks auf Haushofmeisterart, Pflückerbsen auf englische Art, gebratene Kapaunen ..." Zuvor sollten serviert werden: Sardinen in Öl, Galantine vom Indian mit Aspic, Hamburger Pökelfleisch, kleine Terrine mit Gänseleber.

Kaisergulasch (für 4 Personen)

Zutaten:

800 g ausgelöste Kalbsstelze in Würfel geschnitten
Salz
200 g fein gehackte Zwiebel
5 Zehen Knoblauch gehackt
4 EL Schmalz
2–3 EL Rosenpaprika
1 TL Tomatenmark
100 g geschnittene Äpfel
1 l Wasser
1/4 l Weißwein
3/8 l Sauerrahm
2 EL griffiges Mehl
20 g Zitronenschale, 20 g Ingwer
1 EL kleine Essigkapern

Zubereitung:

Zwiebel und Knoblauch in Schmalz leicht goldgelb rösten. Äpfel dazu, kurz mitrösten. Paprika und Tomatenmark beigeben, einmal gut durchrühren und mit Weißwein ablöschen. Mit Wasser aufgießen und 20 Minuten langsam kochen lassen. Anschließend passieren. Das Fleisch salzen, dazugeben und weich dünsten (ca. 25–30 Minuten). Sauerrahm und Mehl glatt rühren, mit etwas Gulaschsaft verrühren und das Gulasch damit binden. Verkochen lassen und mit Salz abschmecken. Zitronenschale und frisch geschälten Ingwer in feine Streifen schneiden und in etwas Weißwein blanchieren. Zitronenschalen, Ingwer (ev. auch etwas Fond von Zitronenschale und Ingwer) samt Kapern ins Gulasch einrühren und noch einmal aufkochen lassen.

Heinz Reitbauer

Klassisch ist das Wiener Gabelfrühstück, das gegen 11 Uhr serviert wird und, begleitet von einem Glas Bier oder spritzigem Weißwein, beispielsweise so aussehen kann: Tafelspitzsülze, sauer angemacht; Kalbsbeuscherl; Beinschinken mit Erbsenpüree und Kren, kleines Gulasch, geröstete Leber, Tellerfleisch, begleitet von Semmeln, Brezen und – unerlässlich – Salzstangen. Auch gelierte und mit Mayonnaise angereicherte Kleinigkeiten auf der Basis von Fisch, Ei, Gemüse, Fleisch gehörten zum klassischen Wiener Potpourri. Arbeitssame Schweizer Traditionalisten pflegen ihr „Znueni", das von neun Uhr abgeleitete zweite Frühstück.

Leider ist uns das Gabelfrühstück weitgehend abhanden gekommen; es wurde ein Opfer des modernen Lebens- und Arbeitsrhythmus.

....
....
....

Single-Frühstück:

Ein Single-Frühstücker ist man/frau, grob gerastert, in zwei Ausführungen: mehr oder weniger freiwillig als Lebensform oder alleine auf Reisen. Andy Warhol, die stets traurig dreinblickende Pop-Ikone, hat uns das Bekenntnis überliefert, die ideale Mahlzeit stelle er sich in einem "Restaurant for the Lonely Person" so vor, dass der Gast mit seinem Tablett in einer Einzelkoje sitzt und dort fernsehen darf. Darüber lässt sich streiten, aber man muss die Aussage erst einmal so hinnehmen. Man weiß ja, dass der Mann nichts von kultiviertem Essen und Trinken hielt. Das jeweils Schönste an Tokio, New York und Paris war ihm ein McDonalds. Armer, einsamer Warhol, der wohl niemals das von Auguste Renoir so ungemein lebensfroh gemalte Bild vom „Frühstück der Ruderer" gesehen hat, aber bitte: Mit solchen Thesen wurde der Mann unsterblich über seinen Tod hinaus.

Unabhängig davon, ob man/frau generell das Frühstück in Gesellschaft vorzieht oder sowieso das Ritual der Einsamkeit vor allem morgens pflegt, gibt es Stimmungen, in denen man/frau lieber solo frühstückt. Unterwegs im Hotel ist es keineswegs immer die wahre Freude, sich dem Gedränge am Buffet, muffigem Service oder den überwiegend lieblosen Blicken der Gäste und deren mitunter nervendem Verhalten auszusetzen. Da mutiert selbst der aktive Gesellschaftsmensch lieber zum Single und frühstückt alleine im Zimmer, mit sich in bester Gesellschaft.

Rührei mit Krabben

Zutaten:

pro Person

1–2 frische Landeier	1–2 Essl. frische Milch
1 Prise Salz	15 g Butter
1 Essl. Nordseekrabben	etwas geschnittener Schnittlauch

Zubereitung:

Eier aufschlagen, mit Milch und Salz verquirlen. Die Butter in einer beschichteten Pfanne erhitzen, die Eier zugeben und unter Rühren mit einem Holzlöffel stocken lassen. Auf einem warmen Teller anrichten. Die Krabben kurz in der Pfanne erwärmen, über die Rühreier geben und mit Schnittlauch bestreuen.

Jörg Müller

Nicht jeder ist ein geborener oder gelernter Morgenmensch, der singend wie eine Lerche in den Tag startet. Da ist der Mann, der morgens glasigen Auges durch die Wohnung tappt und nichts anderes braucht als eine Tasse Tee. Er sagt nichts, denkt wenig, genießt nur den Tee, bis er endlich wach ist und in der Lage, Guten Morgen zu sagen, gegebenenfalls halt zu sich selber. Ein Partner, der ohne Rücksicht auf solche subtile Befindlichkeit genau jetzt ein weich gekochtes Ei aufschlüge oder, noch horrendere Vorstellung, krachend in ein Brötchen, einen Apfel gar bisse, würde ihn zum Mörder machen. Er ist der Typ Mann, der auch das Apartment der Geliebten noch nachts verlässt, weil er wohl das Bett, nicht jedoch den Frühstückstisch mit ihr teilen will.

Aber egal, ob Lerche oder Nachtigall, Morgen- oder Abendmensch, ob Single auf Zeit oder aus Überzeugung: auch er sie es bedarf einer gewissen morgendlichen Leib-Seele-Schmierung, um jene Taggeister zu wecken und zu beleben, die nachts in Träumen verloren gegangen sind.

Valentino, Couturier:

Begreift sich nicht als Morgenmenschen, greift nach dem Aufstehen zu Tee und Toast, flankiert auch von ofenfrischen Muffins nebst Feigen, Beeren, Äpfel, Pfirsichen und Melonen.

....

....

....

Katerfrühstück:

Ist fällig, wenn der Morgen mit einem unangenehmen Geschmack im Mund und einer Unsicherheit im Körper beginnt. Das überflüssigste Wort nach einer durchzechten Nacht ist der Rat, man hätte weniger trinken sollen. Zu spät. Heute Nacht noch hat man sich als Held gefühlt, unzerstörbar und nach dem fünften Glas fit für alles, aber jetzt ist man matt, durstig, lebensmüde und zur Reue bereit. „Hangover" nennen die Amerikaner diesen erbärmlichen Zustand als Folge von zu viel Alkohol. Man hat Appetit auf alles und nichts, auf Saures, Süßes, Salziges, Bitteres, Scharfes, aber nicht hintereinander, sondern gleichzeitig. Kurz gesagt: alle Nerven singen den Kater-Blues. Jetzt hilft nur ein Frühstück, das ganz gewiss nicht kontinentalen Zuschnitts sein darf, sondern herzhaft komponiert sein muss, von saurem Hering, kleinem Gulasch und klarer Rinderbrühe bis zum Sauerkrautsalat.

Als Erstes muss der gestörte Wasser- und Salzhaushalt in Ordnung gebracht werden, was heißt: reichlich trinken, vor allem Mineralwasser, frisch gepresste Fruchtsäfte mit hohem Vitamin-C-Gehalt, Molke, Tee, Buttermilch und dergleichen Nützlichkeiten. Saurer Hering hilft, entfettete Fleischbrühen sind zu empfehlen, gut sind auch Schafskäse mit Oliven, frisches Sauerkraut, mit Zitrone beträufelte Avocados und ein Selleriesalat.

Ein delikates Mittel, um Körper und Geist wieder ins rechte Lot zu bekommen, sind Austern, wobei die tief zerklüfteten Felsenaustern – wie z. B. die heimische „Sylter Royal" – wegen ihres kräftigen mineralischen und jodigen Geschmacks offenbar bessser wirken als die flachschaligen, sanfteren Belons. Dean Martin, der routinierte Trinker, schwörte auf einen Bananen-Milch-Shake, während Gilbert Bécaud das Rezept eines Schäfers bevorzugte: Ein Pfund Brennnesseln in Butter kurz andünsten, mit Salz und Pfeffer würzen, mit Milch aufkochen, etwas Hühnerbrühe dazugießen, Kartoffelpüree untermischen und mit 50 Gramm frischen Brennnesseln auftischen. Augen zumachen, essen und auf das Wunder der Heilung warten.

Tapferer lässt sich der Tag nach dem Genuss von „Präsident Tafts Opossum" angehen: In ein Rotweinglas, mit Angostura ausgeschwenkt, gibt man eineinhalb Teelöffel besten Weinessig, lasse darauf sachte ein Eidotter gleiten, gieße etwas feinstes Olivenöl darüber, würze mit Pfeffer und Salz, vervollkommne mit einigen Tropfen Worcestershire-Sauce und eventuell einem Schuss Cognac. Lautes Schimpfen verstärkt die Wirkung, was auch fürs „Katergift" gilt: Ein Teelöffel brauner Zucker, ein rohes Ei, ein halbes Wasserglas Sherry der Sorte Fino (sehr gut: Emilio Lustau) werden nebst einem Schuss Angostura mit zerstoßenem Eis heftig verquirlt - abgießen, entschlossen trinken und daran glauben.

Den fröhlichen Namen "Kikeriki" trägt eine Mischung aus einem halben Glas Mineralwasser, einem Glas herben Weißwein (ideal: Riesling, Muskateller, steirischer Sauvignon Blanc oder der Clos de la Coulée de Serrant, ein großer Wein aus Savennières an der Loire) und einem kleinen Glas Portwein (10 oder 20 Jahre alter Tawny, am besten von Taylor's, Fonseca oder Ramos Pinto): mit Eis durchschütteln, abseihen, trinken. Eine Verwandte der klassischen "Prärie-Oyster" (Worcestershire-Sauce, Eidotter, Pfeffer, Salz) ist die Anreicherung von Tomatensaft mit einem Eigelb, zwei Esslöffel saurer Sahne, schwarzem Pfeffer, Salz und einem Hauch Muskat.

Auch die gute alte „Bloody Mary" nützt beim Verjagen der Nachtgespenster. Eiswürfel in ein Glas geben, Selleriesalz, frisch gemahlenen Pfeffer, zwei Tropfen Tabasco, acht Spritzer Worcestershire-Sauce, einen Teelöffel Limonensaft sowie einen doppelten Wodka dazutun, mit Tomatensaft auffüllen, gut umrühren und in ein hohes Glas seihen. Wirkungsvoll ist der „Bullshot", eng verwandt mit der „Bloody Mary": In ein hohes Glas auf Eiswürfel den Saft einer halben Zitrone, Selleriesalz, frisch gemahlenen Pfeffer, zwei Spritzer Tabasco, fünf Spritzer Worcestershire-Sauce geben und mit klarer Rinderkraftbrühe auffüllen (nach Laune einen doppelten Wodka drunterrühren). Ein wirksames Hausmittel ist die gute alte Hühnersuppe, angereichert mit Sellerie, Karotten, Zwiebeln und ein bißchen Ingwer. Köstlich schmecken Weißwürste mit süßem Senf.

Chinesen schwören auf folgendes Rezept: Chinakohl in dünne Streifen schneiden, salzen und eine Stunde lang ziehen lassen. Eine kleine Ingwerknolle und vier Chilischoten fein hacken. Aus vier Esslöffel Honig, 250 ml Wasser und 80 ml Reisessig eine Marinade rühren, in einer schweren Pfanne in vier Esslöffel heißem Erdnussöl die Chilis, den Ingwer und zehn Körnchen Sichuanpfeffer anbraten und mit der Honig-Wasser-Essig-Liaison ablöschen. Alles aufkochen, danach gut überkühlen und damit die ausgepressten Kohlstreifen übergießen, durchmischen, über Nacht stehen lassen. Die sich dabei absetzende Flüssigkeit weggießen und stattdessen einen Esslöffel Sojaöl darunter rühren.

Für den Fall, dass der Kater sich nicht vertreiben lässt, hat nur eines Sinn: entweder ein Hefeweizenbier oder ein Glas Champagner trinken, sich ins Bett legen, auf die Leistungsgesellschaft pfeifen und vielleicht an Kurt Tucholsky denken, der erkannt hat: „An einem Rausch ist das schönste der Augenblick, in dem er anfängt, und die Erinnerung an ihn."

....
....
....

Dessert-Frühstück:

Die Macht des Süßen ist nicht nur in der Literatur eindrücklich belegt, wie beispielsweise besonders effektvoll im „Leoparden", wo Lampedusas Fürstin ihrem müde gewordenen Mann ein exquisites, mit Früchten gespicktes Dessert bereitete, bei dessen Genuss der Fürst spontan den Entschluss fasste, ins Dorf zu fahren und die Nacht bei seiner Geliebten zu verbringen. Süßes animiert; es schafft euphorische Gefühle, macht den Menschen positiver und ist deshalb auch schon morgens ein ideales Mittel, um Leib und Seele zu charmieren und bestens für den Tag zu präparieren.

Nichts aus der Küche hat mehr Anmut als eine süße Näscherei. Das wussten natürlich auch die Römer. Schon im ersten Jahrhundert nach Christus gab es in Rom neben dem Koch und dem gewöhnlichen Brotbäcker den „dulcinarius", einen Mann – Frauen spielten in der Profiküche keine Rolle –, der ausschließlich für die süße Abteilung zuständig war, für die „dulces", die süßen Sächelchen. Der Dichter Martial, ansonsten gefürchtet wegen seiner bissigen Verse, schrieb über diese Ur-Patissiers des Abendlandes bewundernd: „Tausend süße Figuren baut dir diese Hand".

Die ersten Meister der Konditorkunst waren freilich die Araber, denn sie verfügten früh über einen wertvollen Rohstoff: Zucker. Die Römer hatten noch weitgehend mit Honig gesüßt. Erst 991, nach dem Handelsvertrag des venezianischen Dogen Pietro II. Orseolo mit den Arabern, in dessen Folge ganze Schiffsladungen voll Rohrzucker aus Ägypten und Syrien in die Lagunenstadt kamen, blühte die Konditorkunst auf. Man erfand Marzipan, nach dem Stadtpatron "Brot des heiligen Markus" genannt: Marki panis.

„Im neuen Jahr werde ich auch weiterhin zum Frühstück ein dickes Dessert essen, wenn mir danach ist."

Brooke Shields, Schauspielerin

Italien war damals und bis weit in die Neuzeit hinein das führende Land für Süßigkeiten. Aber die Nordländer holten mächtig auf und 1508 erregten die Wittelsbacher internationales Aufsehen mit einem bombastischen Leichenschmaus bei der Beerdigung Herzog Albrecht IV., bei dem acht Hofkonditoren zwischen den insgesamt 15 Gängen für die Höhepunkte des Festes sorgten, indem sie die Welt von der Erschaffung an in sieben Akten zeigten, geformt aus Back- und Zuckerwerk.

Die Konditoren waren immer schon angesehene Leute mit gehörigem Standesdünkel. Wer als Lehrling in die Zunft aufgenommen werden wollte, musste einen "ehelichen Geburtsbrief" vorlegen. Unehelich Geborene sowie die Söhne von Stadtknechten, Turm- und Feldhütern, Totengräbern, Schäfern und Scharfrichtern waren von dem vor-

nehmen Gewerbe ausgeschlossen. Solche soziale Diskriminierung ist heutzutage verpönt, aber die Patissiers spielen innerhalb der Kochkunst nach wie vor ihr eigenes, sehr individuell angelegtes Solo. So heißt es beispielsweise in einem Manifest der modernen Konditorkunst aus dem 19. Jahrhundert: "Die Zunge soll uneingeschränkt zu ihrem Recht kommen, darüber hinaus aber auch das Geistige, die tief verankerte Freude am Schönen."

Selbstverständlich wird man zum Frühstück nicht schon dicke Torten und kapitale cremige Schnitten auf den Tisch bringen. Das belastet eher als dass es zu Taten animiert. Gefragt ist die leichte Kavallerie unter den Desserts, sozusagen süße Poesie à la Soufflés, Schokoladiges, Waffeln, zarte Petit Fours, ein himmlischer Gugelhupf, vielleicht ein schaumig hingezaubertes Gratin von Walderdbeeren, ein Salat von Zitrusfrüchten, ein Wölkchen von einem Grießknödelchen mit Zwetschgenkompott, ein Topfengratin, heiter umspielt von Ananas und Mango, ein mit Trauben gefülltes Crêpe, ein Honigmus auf eingelegten Gewürzorangen.

Schokoladensuppe mit Schnee-Eiern

Zutaten:

Schokoladensuppe:

200 ml Milch	200 g Sahne
40 g Zucker	250 g schwarze Schokolade

Schneeeier:

3 Eiweiß	75 g Zucker
Passionsfrucht	Frische Minze

Zubereitung:

Schokoladensuppe: Milch und Sahne aufkochen, vom Herd nehmen, Zucker und Schokolade unterrühren, abkühlen lassen.
Schnee-Eier: Eiweiß mit dem Zucker steif schlagen, bei etwa 100°C im Ofen stocken lassen, zur Seite stellen.
Die Schokoladensuppe in tiefe Teller geben, pro Teller je 3 Schnee-Eier mit dem Löffel aus der Masse lösen und auf der Suppe aufsetzen. Passionsfrucht halbieren und das Mark über den Schnee-Eiern verteilen. Mit der frischen Minze ausgarnieren.

Oliver Fabing

....
....
....

Butterbrotfrühstück:

Es ist höchste Zeit für eine Hymne auf das Butterbrot. Im Internet geschieht dies bereits unter dem flehentlich-kämpferischen Titel „Rettet das Butterbrot", wo man beispielsweise erfährt, dass in deutschen Landen seit rund 700 Jahren die Butter aufs Brot geschmiert wird. Aufs Brot kam die Butter übrigens dank neuer Konservierungsmethoden: gesalzene Butter, die Handelsschiffe aus Skandinavien und den Niederlanden fassweise in die deutschen Städte brachten, blieb das ganze Jahr über schmackhaft und streichfest.

Edmund Stoiber, Ministerpräsident

Beginnt den Tag zeitig und eher frugal mit Kaffee, Obst, Müsli; allerdings feiertags gönnt sich der leicht asketisch veranlagte Politiker eine Bretzel mit Butter.

Nun scheint also das Butterbrot bedroht, attackiert von Sandwich, Tramezzino, belegtem Baguette, Croissant, Burger & Kebab. Dass sich das gute alte Butterbrot, auch Bemme, Stulle, Schnitte, Bütterken und Knifte genannt, bislang noch so gut gegen die internationale Konkurrenz behauptet, verdankt es vor allem einem Umstand: Es ist ein Stück schmackhafte deutsche Identität, die bürgerliche Alternative zum amerikanischen Fastfood-Wahn und sogar protestantisch geweiht, seit Martin Luther 1525 in einer Epistel über die „Putterpomme" das Butterbrot als Nahrung auch für Kinder rühmte.

Ein weiterer Grund für den Siegeszug des Butterbrotes war das in der gewerblich tätigen Bevölkerung Mitteleuropas im Spätmittelalter entstehende Bedürfnis nach Zwischenmahlzeiten, da die langen Arbeitstage und die anstrengende und meist eintönige Arbeit mit nur zwei Hauptmahlzeiten kaum durchzustehen waren. Damit stieg die Nachfrage nach sättigenden Brotspeisen. Das konnten die alten Brotbreie sein, aber zunehmend beliebter wurden die mit Butter bestrichenen Brotschnitten. Diese Butterbrote konnten leicht mit Käse, Wurst, Schinken, Fisch oder auch – wie ab dem 18. Jahrhundert – mit Marmelade aufgewertet werden und taugten so als ambulante Imbisse.

Herrenschnitte de luxe (*für 4 Personen*)

Zubereitungszeit: 20 Minuten

Zutaten:

4 Scheiben Toastbrot
4 Scheiben Roggenbrot
360 g Rinderfilet, geputzt
1 El Sonnenblumenöl, kalt gepresst
2 wachsweich gekochte Bio-Eier
1 Schalotte, geschält und in feine Ringe geschnitten
60 g Imperialkaviar
1 EL Butterschmalz
4 Sardellenfilets in Öl, abgetropft
1 TL Kapern nonpareilles, abgetropft
Salz, weißer Pfeffer aus der Mühle, Zucker

Zubereitung:

Das Rinderfilet mit einem scharfen Messer fein hacken, mit Sonnenblumenöl mischen, salzen, leicht zuckern und pfeffern. In einer Pfanne das Butterschmalz erhitzen und die Brotscheiben darin auf beiden Seiten goldbraun braten. Auf ein Küchentuch legen und abtropfen lassen. Das Tartar auf den Brotscheiben verteilen. Den Kaviar mit Hilfe von Klarsichtfolie zu vier kleinen Rollen formen und auf die Toastscheiben geben.

Die Schalotten auf den Roggenbrotscheiben verteilen. Die wachsweichen Eier schälen, halbieren, mit Kapern und Sardellen garnieren und zum Brot reichen. Mit einem Glas Champagner servieren.

Tipp:

Das Sonnenblumenöl am Anfang zum Tartar geben, damit dieses nicht anläuft, sich die Gewürze einfacher verteilen und das Tartar einen schönen Glanz erhält.

Kolja Kleeberg

„Oh Butterbrot, mein Butterbrot, was tät ich ohne dich?" reimte ein weiblicher Stullenfan als eine Art kulinarischen Lobgesang auf das Butterbrot. Ob man es puristisch anlegt und das Brot wirklich nur mit Butter beschmiert, ob man es buttert und schlicht mit Wurst, Schinken, Käse, Ei, Kresse, Speck oder Schnittlauch, gestifteltem Knoblauch & Co belegt, süß mit Marmelade und Schokolade oder etwas exaltiert mit Lachs, Kaviar und derlei Delikatessen: so ein Butterbrot ist in jedem Fall ein Triumph der einfachen Gaumenfreude und ein köstliches Stück deutscher Esskultur, nach der sich dem Tag gelassen entgegen gehen lässt.

Blütenfrühstück:

Man muss kein Blumen-Gourmet sein, um zu wissen, dass Freilandrosen betörend duften und auch geschmacklich voller Süße sind. Rosenblätter sind der kreative Pfiff mancher Säfte und Tees. Und die bunten Blüten von Kresse, Zucchini und Kürbis erfreuen über das Dekorative hinaus durch feinwürzigen, apart säuerlich unterlegten Geschmack. Die Blüten der Ringelblume machen sich geschmacklich gut mit Schnittlauch oder Dill. Kleine Stiefmütterchen kann man wie Veilchen kandieren oder zum Aromatisieren von Essig verwenden. Köstlich schmecken gebackene Rosenblätter mit Balsamico-Erdbeeren. Feinschmecker lassen solche Blüten niemals auf dem Teller liegen. Wer sie verschmäht, der tut dem Koch weh und ist ein Ignorant oder, verzeihlich, ein gastronomisches Erstsemester.

Veilchenblüten werden seit Jahrhunderten in Küchen und Backstuben verarbeitet. Kristallisierte Veilchen schmückten im Mittelalter an den Höfen der Fürsten und Äbte allerliebst Torten und Kuchen. Später füllten Veilchen, zusammen mit kleinen Silberkügelchen, die Pralinenzwischenräume der Bonbonnieren aus und verfeinerten in Form getrockneter Blüten herzhafte Gerichte wie Fleischsülzen oder, ebenso kühn wie elegant und lecker, einen Salat aus Spargel und Bohnen.

Weit ungewöhnlicher als derlei blümerante Küchenstückerln ist freilich ein Essen, bei dem Blumen nicht nur schöne Form sind, sondern der Inhalt jedes Speisegangs, zumindest dessen hauptsächlicher Aromafaktor. Ein Salat aus Hibiskus-, Lilien-, Stiefmütterchen- und Fuchsienblüten mit Kapuzinerkresse und einigen Blättchen Löwenzahn, angemacht mit einer raffinierten Vinaigrette aus Himbeeressig und Walnussöl, ehrt jedes Blütenfrühstück. Gang Nummer zwei kann eine "Blütensuppe" aus Rosen und Chrysanthemen sein. Originell ist Hummer, über Kamille gedämpft und mit den Blüten angerichtet. Stets ein Genuß fürs Auge wie den Gaumen ist ein Rosen-Sorbet.

Chrysanthemen schmecken beispielsweise ein bisschen wie Blumenkohl; man kann sie sanft dünsten. Naturgemäß ist nicht jede Blume essbar und keineswegs jede Blüte in der Küche brauchbar. Hinweise darauf findet man in der botanischen Literatur, seit kurzem auch in einschlägigen Büchern über die Blümchenküche. In den USA hat "Guide to Cooking with Edible Flowers" von Jay und Pamela North frische Düfte in viele Küchen gebracht. Das Farmer-Ehepaar züchtet im kalifornischen Summerland in biologisch-dynamischem Anbau Blumen, experimentiert damit in der Küche und machte die neue Essvariante populär.

Gebackene Zucchiniblüten, ein Melonensorbet mit Duftgeranien, Apfelgelee mit Jasmin sind weitere blumige Apartheiten. Ein bekanntes Stück aus der bodenständigen Küche sind Holunderblüten, in einen dünnen Beignetteig getaucht und in heißem Öl herausgebacken. Fischiges gewinnt durch Blüten von Kresse oder Kürbis. Blumen lassen sich mit geschmacklichem Gewinn verzuckern, frittieren, in Gelee einlegen, zum

Würzen benutzen oder zu Butter verarbeiten. Jedenfalls ist die Blumenküche optisch attraktiv, also Augenlust. Obendrein erhöhen Blumen und Blüten, sinnvoll eingesetzt, die Gaumenlust. Es muss ja nicht gleich beim ersten Flirt mit dieser prächtigen Naturküche ein Geranienpudding sein oder eine gezuckerte Magnolie in Weingelee. Aber wie wär's mit einem Rosensorbet oder einigen Gänseblümchen, frisch gepflückt und fröhlich in die Kartoffelsuppe gegeben oder über den Salat gestreut? Das ist Liebreiz mit Wohlgeschmack!

Bunte Blütenbutter ist dekorativ und zudem kinderleicht herzustellen. Man nehme: etwa 200 Gramm Butter, weich und schmiegsam gemacht, würze nach Gusto mit Salz und Pfeffer, mixe darunter die gewünschte Blütenpracht – entweder kleingehackt oder ganz gelassen -, gebe der Sache eine Form (attraktiv machen sich Rollen) und lasse die Butter cirka eine halbe Stunde lang im Kühlschrank kalt und somit fest werden. Bestens geeignet sind die Blüten von Zucchini, Kürbis und Kapuzinerkresse. Die solcherart quasi intarsierte Butter passt zu kross getoastetem Weißbrot, zu Nudeln und Fischgerichten.

Familienfrühstück:

Zwischen Traum und Realität, also morgens, wenn der Tag keimt und noch voller Unschuld ist, spielt das erste Mahl naturgemäß eine besondere Rolle. Es soll uns für alle Anforderungen des Lebens wappnen, und dies geschieht laut wissenschaftlichen Untersuchungen am besten und wirkvollsten im Rahmen eines Frühstücks mit der Familie. Das ist mehr als die schiere Aufnahme von Nahrung, heißt es zusammengefasst in einer Studie der "Family meal"-Forschung der Universität von Minnesota in Minneapolis. Die Wissenschaftler fanden heraus, dass die Kinder umso glücklicher und gesünder aufwachsen, je zahlreicher die Mahlzeiten in der Familie stattfinden, beginnend beim Frühstück.

Das innerfamiliäre Frühstück ist also ein Indikator für seelisches Wohlbehagen; das muss nicht langmächtig belegt werden, das erlebt jede Familie. Wenn das amerikanische Forscher-Team um Dianne Neumark-Sztainer nach einer Serie von Umfragen konstatiert, dass sich an der Zahl der Familienmahlzeiten sogar die Qualität des Familienlebens ablesen lässt, so bestätigt das nur die Praxis. Ein weiterer, mittels Studien erhärteter Vorteil des gemeinsamen Mahls ist, dass in der Familie in der Regel kulinarisch sowie physiologisch wertvoller gefrühstückt wird. Vor allem jedoch bietet das gemeinsame Mahl – oft ist es das einzige am Tag und insofern schon das wichtigste – auch die Möglichkeit zum Austausch von Botschaften bis hin zur Tagesplanung und Problembewältigung

Ein amüsanter, vielleicht auch erziehungspolitisch interessanter Nebeneffekt eines Familienfrühstücks mit Kindern ist, dass die Jugend, die sich mittags wie abends vorzugsweise von Nudeln, Pommes frites mit Ketchup oder Pizza ernährt, am Frühstückstisch plötzlich und ohne Vorwarnung wählerisch bezüglich des Nahrungs-

Potpourris abseits von Tee, Brot und Marmelade agiert. Das Schwanken der kleinen Tyrannen zwischen Schokomüsli, Cornflakes oder Crispies zeugt weniger von feinschmeckerischer Raffinesse, sondern ist geprägt durch modische Aspekte wie sie über die Werbung vermittelt wird. Kinder registrieren nämlich sehr genau, was à la mode ist und was nicht, und wenn die Jüngste plötzlich nach Weizengras-Saft verlangt, hat sie mitgekriegt, dass dies Madonnas Favorit ist.

Galt der Familientisch früher einmal als autoritäres Symbol, an dem der Vater als Patriarch seine Macht demonstrierte, so haben sich die Verhältnisse inzwischen längst auch bei Tisch demokratisiert. Man frühstückt liberaler, und so lässt sich postulieren: Am gemeinsamen Tisch beginnt das Leben und lernt man fürs Leben.

....
....
....

Cooles Frühstück mit sieben Klassikern:

Der Sommer glüht in grellen Farben, rund herum schwelt die Hitze. Sie lässt uns sinnlich träumen, lehrt uns aber auch die Kälte zu lieben. Auf einmal begreifen wir das kulinarische Mirakel eisiger Speisen auch und gerade auf dem Frühstückstisch in Form von kalten Speisen. Damit sind, um ein etwaiges Missverständnis gar nicht erst entstehen zu lassen, weder harmlose Näschereien wie etwa Sorbets gemeint noch Gerichte, die auch kühl schmecken, sondern Speisen, deren höchste Tugend darin liegt, kalt angerichtet und genossen zu werden.

Sieben von ihnen kann man nicht entkommen – und will es wohl auch nicht, denn sie gehören in die begehrte Kategorie „leicht und delikat".

1. Der Gazpacho:

So heißt die ideale Sommersuppe, die ursprünglich, bevor sie international avancierte, ein simples spanisches Bauerngericht war, zubereitet aus Brot und Gemüseresten. Die Köchin nahm, was sie in der Vorratskammer fand. Deshalb gibt es auch keine verbindliche Rezeptur bezüglich der Zutaten. Klassisch ist, dass die Grundpro-dukte püriert werden, und zwar frisch und kalt. Ansonsten darf man improvisieren. Keinesfalls sollte der Gazpacho mit einer schlichten Tomatensuppe verwechselt werden. Tomatensuppen sind, auch wenn sie kalt serviert werden, gekochte Suppen, wohingegen der roh zubereitete Gazpacho die Frische selbst ist, eine innige Hommage an die Natur.

Typisch für den Gazpacho ist, dass er aus zwei Teilen besteht: Erstens aus der Grundsuppe. Das ist eine musige Mixtur aus Gemüse (vorzugsweise Tomate und Gurken), Weißbrot, Aromaten und selbstverständlich Olivenöl. Zweitens aus der Einlage. Die besteht beispielsweise aus Gemüse, das stets roh sein soll, aus gerösteten Brotwürfeln, Eiern, alles gewürfelt und separat angerichtet.

Für die Suppe werden zwei dicke Scheiben Weißbrot (ohne Kruste), eineinhalb

Pfund enthäutete Tomaten (geht am leichtesten, wenn sie vorher überbrüht werden), eine große Zwiebel und zwei Knoblauchzehen (klein gewürfelt), kalte Hühnerbrühe (etwa 1/8 Liter, Puristen nehmen nur Wasser), ein bis zwei Esslöffel feinen Rotweinessig (oder Sherryessig), Basilikum, Petersilie (jeweils die Blätter von zwei Zweigen) mit fünf Esslöffel bestem Olivenöl glatt püriert. Das kann man kommod mit dem Mixer erledigen oder traditionell per Hand im Mörser.

Dieser homogene Basisbrei wird nun mit Salz, Pfeffer und einer Prise Zucker gewürzt; Köche nennen das abschmecken. Es gibt Rezepte, die schreiben vor, dass außer den Tomaten auch Gurken sowie Paprikaschoten püriert werden. Sollte das Gemenge zuwenig nach Tomaten schmecken, was bei der matten Qualität der heutigen Marktprodukte anzunehmen ist, kann man mit einigen Esslöffeln Tomatenmark nachhelfen. Die Schüssel nun zudecken und für wenigstens zwei Stunden in den Kühlschrank stellen. Zum Gazpacho werden kleingehackte Gurken, Tomaten, Zwiebel, Eier und Brotwürfel gereicht, wobei letztere an Aroma gewinnen, wenn sie kurz in Olivenöl goldbraun und knusprig zu so genannten Croutons geröstet werden.

2. *Tomaten mit Mozzarella:*

Eine unverwüstliche Kombination, nach der Pasta die wohl beliebteste Mitgift aus Italien. Was unter diesem Titel vielfach aufgetischt wird, ist freilich mit dem Wort erbärmlich noch milde beschrieben: fader Käse, geschmacksarme Tomaten, mattes Basilikum. Wirkliche Klasse hat diese Speise eben nur, wenn auch die Zutaten erste Klasse sind, also der Käse echter Büffel-Mozzarella ist, die Tomate süßlich schmeckt und sofort an Sonne denken läßt, das Basilikum frisch gepflückt worden ist und das Olivenöl seidig fließt.

„Keine der üblichen Verhaltensregeln ist auf das Frühstück anwendbar. Es ist wie Liebe: Konversation wirkt störend, und Zuschauer ruinieren es."

Nicholas Monsarat

3. *Vichyssoise:*

Der französische Kaltklassiker. Dahinter verbirgt sich eine einfache Lauchsuppe mit Kartoffeln, Hühnerbrühe und Sahne: Zwei große Lauchstangen und 300 g mehlige Kartoffeln klein schneiden, in Butter leicht dünsten, mit etwas Zitronensaft sowie Muskat würzen, einen Dreiviertelliter Hühnerbrühe dazugießen und eine halbe Stunde köcheln lassen. Danach alles pürieren, durch ein Sieb passieren, 150 g Crème fraiche drunterschlagen. Die Suppe kalt stellen, mindestens ein Stunde lang ziehen lassen. Vor dem Anrichten würzen, mit frisch gehackten Kräutern (z.B. Estragon, Schnittlauch) garnieren. Reicht für vier Personen.

4. *Jamaikanische Ingwer-Consommé:*

Aus der Karibik stammt dieses aparte Rezept mit Ingwer: Einen Dreiviertelliter entfettete Fleischbrühe mit einem Esslöffel dunklem Rum und zwei Esslöffel frisch gewürfeltem Ingwer vermischen und kurz aufkochen lassen. Den Saft einer Zitrone hinzufügen und die Suppe längere Zeit im Eisschrank kühl stellen oder cirka eine Stunde lang im Gefrierfach eiskalt werden lassen. Serviert wird diese geeiste Ingwer-Consommé mit streifig geschnittener Zitronenschale.

5. Geeiste Rinderbrühe:

Unkompliziert in der Zubereitung, dabei elegant und überaus effektiv in der Wirkung ist eine kräftig angelegte Rinderbrühe, die nach dem kräftigen Einköcheln geklärt, in Suppentassen gefüllt und zum Gelieren in den Kühlschrank gestellt wird. Serviert wird diese Köstlichkeit mit einem Häubchen aus Sauerrahm sowie – falls vorhanden – einem ordentlichen Klacks Kaviar oder alternativ mit fein geschnittenem Schnittlauch.

6. Cacik:

Eine türkische Spezialität, die sich einfach und blitzschnell herstellen lässt. Gemüsegurken entkernen, klein hacken und mit eisgekühltem Yoghurt – Menge nach Belieben – mischen. Das lässt sich spielerisch verfeinern, beispielsweise mit Sahne, Balsamessig, zerdrücktem Knoblauch, Dill, Streifen von Räucherlachs.

7. Dim Sum:

Diese kantonesische Spezialität in Form von Röllchen, rundlich geformten Päckchen und Täschchen aus hauchdünnem Klebreis-, Hefe- oder Weizenmehlteig werden frittiert, in Fleischbrühe behutsam gesotten, in Butter zart gedünstet oder traditionell in Bambuskörbchen über kochendem Wasser gedämpft: Leckerbissen, die nach chinesischer Manier in einer mit Chilipaste angerührten Sojasauce getunkt werden. Die Füllung der Mini-Gerichte besteht vorzugsweise aus Hackfleisch, Meeresfrüchten und Gemüse. Jedes gute China-Restaurant hat Dutzende von Dim-Sum-Variationen im Programm.

Wie auch immer Leib und Sinne gekühlt werden: Hauptsache, es duftet in den Tellern frisch nach Sommer – und aus den Gläsern, denn das beste Mahl ist belanglos ohne das passende Getränk. Ideal zu coolen Speisen ist die leichte Kavallerie unter den Getränken à la grüner Tee oder Säften, die ungemein an Attraktivität gewinnen, stimmt man sie inhaltlich sowie farblich auf das jeweilige kühle Gericht ab. Man isst und trinkt und spürt, dass das Leben rund ist und rot wie ein Apfel und jede Sünde wert.

....
....
....

Brunch:

Es muss wohl ein Sonntagsmensch gewesen sein, der keine langen Worte schätzte und kurzerhand den Brunch, zusammengefügt aus Breakfast (für Frühstück) sowie Lunch (für Mittagessen), schuf, eine sprachliche Fusion als Zauberwort für Langschläfer mit Freude an üppigem und geselligem Essen. Als erster angerichtet, zumindest propagiert hat den Brunch der britische Schriftsteller Guy Beringer, als er

1895 in einem Artikel über „Brunch - eine Verteidigung" sein Loblied auf das sonntägliche Spätfrühstück sang, das einerseits die Hausfrau entlaste, vor allem jedoch als Gruppenessen „heiter, gesellig, anregend und gesprächsfördernd" sei. Tatsächlich hat eine Untersuchung der Georgia State University ergeben, dass der Mensch in Gesellschaft von sechs und mehr Personen sich inniger dem Essen widmet, selektiver ausprobiert, zudem gegenüber neuen Geschmackserlebnissen eher aufgeschlossen ist als beim Frühstück allein oder zu zweit.

Der in den 70er-Jahren des 20. Jahrhunderts mit Macht einsetzende Siegeszug des Brunch in Deutschland, der Schweiz sowie Österreich hatte auch eine politische Komponente. Nicht nur die Generation der so genannten 68er wertete den Brunch als politisches Manifest, als antibürgerliche Revolution in Form eines Ausbruchs aus familiären Machtstrukturen mit festgefügter Essenszeit, dem Vater als Patriarchen auch am Chefsessel bei Tisch und der Mutter als strapazierter Bratenköchin. Der Tod des sonntäglichen Rinderschmorbratens nebst den üblichen Beilagen wurde auch von unpolitischen Menschen als Ausdruck einer neuen Freiheit verstanden. Wer brunchte, galt als modern, weltoffen und kulinarisch gewieft.

Zwar hat es beim öffentlichen Brunch in einigen gastronomischen Betrieben nach einer mondänen Startphase so etwas wie einen qualitativen Abschuppungsprozess gegeben; verschwitzte Wurstscheiben drängen sich an trockenem Schinken, altem Brot und müdem Käse mit zerkratzten Eierspeisen. So mancher Wirt betrachtete den Brunch als willkommene Einladung zur Resteverwertung. Und Ästheten scheuen sowieso vor Gästen mit vollgepackten Tellern, auf denen Heringssalat mit Roastbeef und Müsli innig techtelmechteln, zurück. Aber abgesehen davon, dass es selbstverständlich Hotels mit delikatem Brunch gab, waren und sind das auch schon die unvermeidlichen Grausamkeiten zum Thema Brunch in der Gastronomie.

Für das gemeinsame Schmausen mit Familie und Freunden ist der Brunch ein ideales Medium. Es ist Sonntag, man ist ausgeschlafen, hat gemeinhin Zeit, die Sinne sind noch hellwach und bereit für alles, was gut und schön ist, beginnend beim Tee und endend beim Glas Champagner. Also adieu biederes Stullenfrühstück, weg mit dem altmodischen Dreisprung aus Haferflocken, Marmelade und Aufschnitt – ein schreckliches Wort, die normale Frühstücksfadesse bestens symbolisierend – und herbei mit Brot, Brötchen, Baguette, Brioche und Toast, mit Bagel, Croissant und Hörnchen, Butter, tausend Ei-Variationen, Salaten, Terrinen, Sülzen, Schinken, Speck, Wurst und diversen Würstchen, Roastbeef, kalten und warmen Braten, Aufläufen, Nudelgerichten, Lachs, kleinen Sardinen und Meeresfrüchten, Crêpes, Rohkost, Käse, Müsli, Quark, Joghurt, Marmelade, Honig, Kuchen, Obst, Eis, exotischen Früchten, Kuchen und vieles mehr - und das alles à discrétion, also so viel man mag, nach dem Motto: "Ein Teller geht immer noch!"

Frühstücksbuffet:

Auf zum ersten Gefecht des Tages, das Frühstücksbuffet ist ein feiner Seismograph der Sitten. Vor dem Buffet sind zwar alle Menschen gleich, was das kulinarische Angebot betrifft. Es ist für alle alles ausgebreitet, man weiß von Anfang an Bescheid. Aber nirgendwo sonst offenbart sich Benehmen in derart krasser Unterschiedlichkeit, stehen sich Höflichkeit, Anstand und Moral so nahe mit Egoismus, Rücksichtslosigkeit und Rüpelei. Die Würde des Menschen ist in seine Hand gegeben, doch am Buffet entgleitet sie manchen Gästen total, tritt selbst Hass offen zu Tage, wenn einem der Nachbar soeben das letzte Würstchen weggeschnappt hat und die Aussicht auf Nachschub gleich Null ist.

„Ich liebe mein Frühstück mit Eiern, Speck und jeder Menge Kaffee, weil es alle Elemente enthält, nach denen sich mein Körper sehnt: Koffein, Salz, Zucker, Cholesterin und Fett. Bei den kalifornischen Gesundheitsfreaks wird ein solches Frühstück schon als Selbstmordversuch angesehen."

Kinsey Millhone, brünette Detektivin in den Romanen der Amerikanerin Sue Grafton

Gewiss hat das Frühstücksbuffet seine Vorteile. Man ist nicht so sehr vom Kellner abhängig. Es gibt ja so etwas wie den funktionalen Charme der Selbstbedienung. Der Gast nimmt, was er will und wieviel er will. Allerdings kann dieses Zuviel an Freiheit zu einer Überfrachtung des Magens führen mit der fatalen Folge, dass man den Tag nicht gestärkt, sondern geschwächt beginnt. Satt macht müde und seltsam teilnahmslos. Ein absoluter Vorzug hingegen ist die Vielfalt, vorausgesetzt freilich, es handelt sich um ein Hotel mit einem Direktor, der wie der Küchenchef seine Gäste liebt.

Nun wird es dienlich sein, ein bisschen zu differenzieren. In schätzungsweise 95 Prozent aller Herbergen gleicht das Frühstücksbuffet einem austauschbaren Modell, sich allenfalls unterscheidend in einigen regionalen Petitessen wie beispielsweise einer Brezen in Bayern, Krabben im Norden, Blutwurstsalat im Südwesten. Ansonsten herrscht die Diktatur des Ewiggleichen von den unseligen Käse-Dreiecken über Pressschinken, lasche Brötchen, überfetten Lachs, ledrig gewordenem Rührei und viel zu süßen Marmeladen bis hin zu den langweiligen Wurst-Potpourris auf Cromarganplatten und Schnittkäse, dem die Herkunft aus der Folie mit freiem Auge anzusehen ist.

Die Butter ist steinhart, auf der Wurst haben sich ungustiöse Schweißperlen gebildet. Das Brot muss man erst schneiden, Orangen selber pressen, Toast rösten, Tee aufbrühen. Da wird der Gast zu seinem eigenen Kellner degradiert. Auf den Tischen stehen diese grotesken Mülleimerchen aus Plastik mit Blumenmotiven. Für den feinsinnigen Sir Peter Ustinov waren diese Buffets die letzte Rache des Sozialismus.

Bei den restlichen fünf Prozent muss noch einmal unterschieden werden. Da gibt es Hotels mit verheißungsvollem Frühstücksprogramm, nur hapert es am Service, was praktisch bedeutet, dass ab neun Uhr die Lücken im Buffet nur noch notdürftig oder gar nicht mehr aufgefüllt werden. Es entsteht ein Bild der Verwüstung, was die ebenso einsam wie hoffnungslos überfordert agierende Servicekraft ungerührt lässt, denn spätestens um zehn Uhr werden sowieso die letzten Reste abgeräumt. Wer zu spät kommt, den bestraft halt ein geplündertes Buffet.

Morgendlichen Frühstücksgenuss bieten wenige Häuser. In der Regel sind dies Hotels mit gehobener Gastronomie oder, umgekehrt, hochbesternte Restaurants mit Hotel im Anhang. Das Ideal ist ein großzügig bestücktes Büffet in der Kombination mit einem Service, der außer den Getränken – Tee selbstverständlich von einer kennerisch zusammengestellten Karte – heikle Gerichte à la Tartar, Meeresfrüchte und Carpaccio sowie alles Warme wie Eierspeisen, klare Suppen, Würstchen, Scheiben vom pochierten Rinderfilet und Kalbsmedaillons frisch zubereitet aus der Küche bringt. Da beweist sich die hohe, doch selbst in der Luxushotellerie rar gewordene Kunst der Gastgeberei.

Kaffee & Tee

Man wird nicht sagen können, dass sich Kaffee und Tee feindlich gegenüberstehen. Zwar lieben sie sich nicht, aber tagsüber leben sie versöhnlich nebeneinander, kommt es schon vor, dass ein Kaffeetrinker auch zur Teetasse greift und umgekehrt. Nur morgens gibt es keine Koexistenz, sondern glasklare Trennung. Nirgendwo sonst wie beim Frühstück teilt sich die Nation in Kaffeetrinker und Teefreunde. Und ein Haushalt, in dem Kaffeetrinker und Teetrinker vereint sind, kann nur in Frieden überleben, wenn es zwei Kannen gibt, die um Gottes willen niemals verwechselt werden.

Kaffee – eine Hommage an ein Überzeugungsgetränk

Vermutlich ist es nur eine Legende, dass Mohammed, als er Kaffee trank, danach 4o Männer aus dem Sattel hob und hinterher 40 Frauen liebte. Der überzeugte Kaffeetrinker wird diese Geschichte nicht ganz unglaublich finden, jedenfalls der Meinung sein, dass die schwarze Verlockung namens Kaffee nicht nur stark macht, sondern auch den Geist antreibt. „Wenn meine Ziegen die Kaffeebeeren fressen, beginnen sie zu tanzen", soll ein Hirte im achten Jahrhundert gesagt haben. Tatsache ist, dass die Kirchenoberen das schon wegen dieser Wirkung als teuflisch angesehene Getränk erst ablehnten, doch das köstliche Aroma soll ihr Gemüt schließlich doch besänftigt haben. Und so wurde der Kaffee das Überzeugungsgetränk des aufstrebenden Bürgertums.

„Drei Tassen Kaffee, schwarz und heiß. Wenn Sie die intus haben, halten Sie Ihren Kopf einige Minuten lang unter fließendes, eiskaltes Wasser. Danach sind Sie voraussichtlich in der Lage, einen ersten Blick auf die Morgenzeitung zu werfen. Sie können die Schlagzeilen lesen. Gut – Ziehen Sie sich jetzt langsam an und kochen zwei Eier, maximal 4 1/2 Minuten."

Philip Marlowe

Für den Botaniker sind solche kulturgeschichtlichen Vignetten vermutlich zweitrangig. Er wird dozieren, dass der auch Coffea genannte Kaffee zur Familie der Rubiceae (Rötegewächse) gehört. Seine Urheimat ist das Hochland von Äthiopien, das frühere Abessinien. Hier wächst der Kaffeebaum noch wild und wird bis zu zwölf Meter hoch. Heute ziehen sich die Anbaugebiete wie ein breiter Kaffeegürtel entlang des Äquators rund um die Erde, vom Wendekreis des Krebses bis zum Wendekreis des Steinbocks. In den Plantagen werden die Bäume durch steten Beschnitt auf zweieinhalb bis drei Meter Höhe gehalten, was die Erträge fördert und vor allem die Ernte erleichtert.

Zwei Sorten dominieren den Markt: die Coffea arabica sowie die Coffea canephora, besser als Robusta bekannt. Die beerenartige Frucht mit einem Durchmesser von etwa 15 Millimeter wird als Steinfrucht oder Kirsche bezeichnet. Unter einer Schale und einer weichen Schicht aus Fruchtfleisch befinden sich in der Regel zwei Samen beziehungsweise Bohnen, die von einer weißlichen Pergamenthaut geschützt sind. Diese grünen, oval geformten Bohnen von durchschnittlich zehn Millimeter Länge wiegen 0,15 Gramm und bilden, sobald sie rot gereift sind und geerntet werden, das eigentliche Gold der Kaffeepflanze, aus dem durch einen Röstungsprozeß das tägliche Lieblingsgetränk für rund eine Milliarde Menschen erzeugt wird.

Auch wenn sich die Bohnen der beiden Sorten – Arabica und Robusta – sehr ähneln, sind die Unterschiede im Geschmack doch erheblich. In genetischer Hinsicht besitzt die Arabica 44 Chromosomen, die Robusta nur die Hälfte davon. Der Koffeingehalt der Arabica beträgt 1,1 bis 1,7 Prozent, bei der Robusta sind es 2 bis 4,4 Prozent. Arabica-Kaffee ist also deutlich milder und aromatischer, nicht so bitter und adstringierend wie Robusta. Die hierzulande marktüblichen Mischungen bestehen überwiegend aus Arabica-Bohnen, doch bleibt es in der Regel ein Geheimnis der Röster, welche Arabica-Varietäten sie für ihre Cuvées vermählen.

Die Auswahl ist jedenfalls selbst innerhalb der Arabica-Familie groß, denn zu dieser Kaffeesippe gehören beispielsweise der milde, weiche Santos (eine brasilianische Weiterentwicklung der Bourbon), der eher strenge und säurebetonte Rio, der milde, subtil aromatische Kolumbia, der Caracas mit kräftigem Aroma und feiner Säure, die Java von der gleichnamigen Insel, der kleinbohnige Mokka oder die Maragogypen, die nicht gezüchtet werden, sondern als Naturlaune durch plötzliche Veränderung des pflanzlichen Erbguts entstanden sind. Kaffee hat übrigens einiges mit Wein gemeinsam, unter anderem dass dieselbe Sorte auf unterschiedlichen Böden auch unterschiedliche Qualitäten hervorbringt. Die Höhe des Anbaugebiets ist für die Güte der Kaffeebohne ebenso entscheidend wie das sogenannte Terroir und schließlich die Pflückmethode, von der es abhängt, ob die Kaffeebohnen durchweg reif oder im Gemisch mit unreif – wie bei der Robusta-Sorte üblich – geerntet werden.

Über den fertigen Kaffee, ob es ein schlichter Schwarzer ist, ein Mokka, Espresso oder eine sonstige Spezialität wie der tatsächlich aus männlichen Kaffeebohnen gewonnene „café macho", muss man freilich nicht mehr langmächtig plaudern. Da wissen speziell die Frühstücker bestens Bescheid. Ohne zwei, drei Tassen ihres „braunen Goldes" treten sie nicht ins Leben hinaus. Zur Ideologie wird das Thema, wenn es um die Antwort auf die Frage geht, was denn nun ein guter Kaffee sei. Dann gibt es unter tausend Kaffeetrinkern auch tausend Experten mit tausend Meinungen. Die Herkunft der Bohne sei ebenso wichtig wie die Art der Röstung, das Mischungsverhältnis und schließlich die Zubereitung, bei der wiederum die Qualität des Wassers von besonderer Bedeutung ist, was praktisch heißt: je weicher, desto besser.

Die Wissenschaft teilt hingegen nüchtern mit, dass ein „üblicher" Kaffee etwa 80 Miligramm Coffein enthält. Ein schwach gebrauter Kaffee enthält nur halb so viel, ein Espresso hingegen die doppelte Menge an Coffein, das sich rasch in den Körpergeweben verteilt und die bekannte Wirkung entfaltet, vor allem als Stimulans. Positive Effekte sind auch bei der Verbesserung der intellektuellen Potenz beobachtet worden, in jedem Fall bei der „intellektuellen Geschwindigkeit", was heißt: Kaffee macht nicht gescheiter als man ist, aber er lässt den Menschen schneller denken.

Tee muss nicht rituell zelebriert werden

Teegeschichten, die in erhabenem Pathos mit der Beschreibung der japanischen Teezeremonie beginnen, sollte man nicht zu Ende lesen. Zwei, drei Tassen starken Tees, ob schwarz oder grün, haben durchaus eine affektreinigende Wirkung. Notorische Teefexe können das bezeugen. Eine ganze Kanne macht dich angenehm high, hochsensibel und fähig, die Einstein'sche Relativitätstheorie spontan zu begreifen. Tee ist nun mal eine wunderbare Droge für den Geist. Ein Darjeeling trimmt die Gehirnzellen so effektiv wie ein Assam, ein Oolong oder grüner japanischer Sencha. Tests haben ergeben, dass Mathematiker mit Tee schneller Aufgaben lösen als nach Kaffee. Aber was Japans Teemeister aufführen oder, ärger, ihre europäischen Adepten, das gleicht dem Lockendrehen auf einer Glatze. Beim Teeismus triumphiert der Kult über den Genuss: wichtiger als der Geschmack ist in dieser Disziplin die prätentiös ästhetisierte Zubereitung, das Zeremoniell.

Liebe zum Tee: ja. Teekultur: ja. Kult: muss nicht sein.

Es gibt kein größeres Mißverständnis als die Annahme, Tee müsse zelebriert werden. Wenn Queen Elizabeth sich nachmittags den Teewagen ins Arbeitszimmer rollen lässt, der Butler den Darjeeling einem kostbaren, holzintarsierten „teacaddy" entnimmt und die Milch dem geliebten Kännchen in der Form einer silbernen Kuh, eines Erbstücks seit Generationen, dann ist das Kultur, faxenlos genossen aus feinem Crown-Derby-Porzellan.

Von der leisen Kraft und wärmenden Schönheit einer Tasse Tee zum Tagesbeginn zeugt auch der von Cecil Rhodes nacherzählte Dialog, der sich morgens in einem englischen Landschloss zwischen Diener und Gast entspann: „Good morning Sir, Tee, Kaffee oder Schokolade?" – „Tee, bitte." – "Indischen, Ceylon oder chinesischen, Sir?" – „Indischen bitte." – „Mit Zitrone, Rahm oder Milch, Sir?" – Der Gast, noch verschlafen und leicht unduldsam werdend mit knorriger Stimme: „Milch!" – Worauf sich der Butler ungerührt nach der Rinderrasse erkundigt: „Jersey, Hereford oder Shorthorn, Sir?"

Diese Zeiten sind passé. Sie waren spleenig, liebenswert und stilvoll bis hinein ins Detail. Das hatte freilich nichts mit jener Gekünsteltheit zu tun, die heute von manchen Intellektuellen sowie Öko-Jüngern rund um den Tee zelebriert wird. Man zitiert Kakuzo Okakura, den Oberguru der japanischen Teephilosophie, für den Teeismus ein zarter Versuch war, „etwas Mögliches zu vollenden in diesem Unmöglichen, das wir Leben nennen". Das klingt poetisch, aber ein Westler versteht derartige Weisheit wohl eher nach einer Flasche Schnaps als einer Kanne Tee.

Aus genau diesem Muster ist allerdings der Mythos gestrickt, der das Getränk überholt und aus einer unschuldigen Sinnlichkeit ein Geheimnis macht, eine Religion. Fatal an solchen Ritualen ist ihre abschreckende Wirkung, indem sie das Vorurteil begründen und nähren, Tee sei eine komplizierte Angelegenheit. Also versuchen viele Leute gar nicht erst, den Tee in seiner reichen geschmacklichen Vielfalt zu erforschen und ihn über das durstlöschende Moment hinaus als angewandte Trinkkultur zu begreifen. Stattdessen greifen sie allenfalls zum nächstbesten Beutel mit irgendeinem Tee – und das Unheil nimmt seinen Lauf. Selbst Freunde von ansonsten gepflegter Lebensart zeigen beim Tee deutliche Blößen und begnügen sich mit Mittelmaß. Wer das tut, wird nie das Genie eines feinen Tees begreifen.

Dabei bedarf es keines Tamtams, weder poetischer Sprüche noch graziler Gesten, um einen Tee gut in die Tasse zu bringen. Außer Wasser, das möglichst weich sein soll, damit sich die feinen Aromen eines eleganten Darjeeling, blumigen Jasmin, malzigen Assam oder nach Honig und exotischen Früchten duftenden Grüntees auch richtig entfalten können, benötigt man nur Tee, notabene: den möglichst besten in seiner Klasse. Und hier beginnt, zumal für den Tee-Eleven, die Crux, nämlich die Schwierigkeit, unter den Tausenden von Teesorten, die der Handel feilbietet und wunderhübsch beschreibt, wirklich die Spitzentees herauszufinden

Selbstverständlich ist Tee nicht gleich Tee. Die Unterschiede in Stil und Qualität, in Duft und Geschmack sind riesengroß, vergleichbar mit Wein vom simplen Bauerntrunk bis zum Grand Cru. Tee kann herb sein oder lieblich, grob oder fein, zart oder kräftig. Er kann nach Honig duften, nach Pfirsich und Mango, nach Blumen wie eine Sommerwiese, nach Karamel, Mandelblüten oder feinstem Malz. Andere Tees duften nicht, sondern riechen: nach morschem Unterholz, feuchtem Stroh, Gras, auch übertrieben parfümiert.

Nadja Swarowski, Unternehmerin

Beginnt den Tag mit Pfefferminztee oder heißem Wasser mit Zitrone, später gibt es Kaffee.

Ein Earl Grey kann ein grober Lackl sein, zusammengemixt aus Billigtees und künstlich parfümiert. Noblesse hat er, wenn die Zutaten hochwertig sind, vielleicht eine Komposition aus feinblumigem Darjeeling, malzigem Assam, zitrusartigem Ceylon plus ein bisschen Jasmin, einem Hauch rauchigem Lapsong Souchong und etwas chinesischem Keemun. Und das charakteristische Aroma soll nicht aus dem Laboratorium stammen, sondern das echte Öl der Bergamotte sein, einer birnenförmigen, goldgelben Zitrusfrucht, aus deren Schalen der herbwürzige Extrakt gewonnen wird. Solch ein Earl Grey ist eine Köstlichkeit, passend zu exotischen Speisen und ganz besonders zur Melancholie des Herbstes.

Jasmintee, der mit naturidentischen Aromen, also künstlich parfümiert wurde, verfügt niemals über die Delikatesse eines grünen Tees, der durch echte Jasminblüten sein zartes Flavour erhält. Und so genannter Lagen- oder Gartentee, handgepflückt und in ganzen Blättern besonders sorgsam behandelt, wird mehr Charakter und Rasse haben als Billigblends. Letzteres ist Tee-Konfektion, ersteres mit der Haute Couture zu vergleichen. Dies gilt für alle Arten Tee und Sorten, ob schwarz, grün oder mittendrin. Es gibt nun mal Massenware und Auslesequalität.

Zur Haute Couture zählen beispielsweise die Gartentees. Die können das Nonplusultra der Teekultur sein: per Hand ausgelesene und sorgfältig verarbeitete Blätter von den besten Teesträuchern einer Plantage, teuer, individuell im Geschmack, voll aromatischer Tiefe und geschmeidiger bis würziger Finesse, je nach Herkunft und Pflückperiode.

Darjeelings haben ein betont feinblumiges Aroma – wie Rieslingweine. Assams (übrigens die Basis ostfriesischer Mischungen) sind von malziger Dichte – wie

Traminer. Tees aus Ceylon verfügen über eine zitrusähnliche, spritzige Frische – wie nicht in Barriques ausgebauter Chablis. Tees der ersten, „First flush" genannten Pflückperiode haben ein herbes Temperament und eine freche, maiglöckchenartige, mitunter grasige Frische – wie ein schlanker Muskateller. Sie charmieren durch ihre jugendliche Unbekümmertheit. Dunkelfarbiger, reicher im Geschmack, sozusagen von divenhafter Anmut, sind die ab Sommer aktuellen „Second flush"-Tees der zweiten Pflückperiode – vergleichbar mit der distinguierten Pracht einer Auslese von der Mosel.

An nebligen Tagen mag die malzige Würze eines Assam passen oder ein halbgrüner Oolong mit seinem aparten Aroma nach Pfirsich nebst einem Hauch von Vanille. Fühlt man sich in Harmonie mit der Welt, wird ein Second flush, der rotgolden schimmert und in der Tasse leuchtet wie ein schöner Sonnenaufgang, mit seiner reich nuancierten Aromatik der rechte Partner sein. Und nie verkehrt ist ein Grüntee: damit genießt man sozusagen konservierte Natur, je nach Herkunft und Qualität duftend nach Blüten, Honig, Limone und Steinobst, zuweilen auch zart wie Gewürze, Kräuter und grüne Mandeln.

Otto Waalkes
Komiker

Schätzt Tee, abstammungsgemäß eine ostfriesische Mischung, gesüßt mit dickem weißem Kandis und angereichert mit flüssiger Sahne, und zwar in dieser Reihenfolge: erst die Kluntjes in die Tasse, dann den Tee, danach die Sahne ohne umzurühren!

Jedenfalls ist Tee als Stimulans jederzeit herzlich willkommen. Er schärft nicht nur die Sinne. Er beflügelt auch die Phantasie, animiert zu kühnen Gedanken abseits unserer Alltagswelt und beschert Schluck für Schluck immer wieder neuen Genuss. Außerdem ist Tee ein wahrer Jungbrunnen; Wissenschaftler entdecken immer wieder neue Tugenden zum Frommen unserer Gesundheit. Tee soll Cholesterin abbauen, die Verdauung fördern, das Infarktrisiko senken, Karies vorbeugen, krebshemmend wirken und noch einiges mehr.

Gesund und wohlschmeckend, das ist eine attraktive Kombination. Darüber hinaus ist Tee ein reizvoller Begleiter vieler Speisen. Kräftiger Assam harmoniert mit Hartkäse (speziell altem Bauerngouda und Bergkäse). Der rauchige Lapsong Souchong trinkt sich bestens zu Emmentaler, Schinken, Räucherlachs und Gerichten der feurigen Tex-Mex-Küche, während Grüntees (inklusive Jasmin) ideale Partner der würzig-pikanten asiatischen Küche sind. Cremige Torten gewinnen an Leichtigkeit durch einen Darjeeling. Ceylon passt zu fein marinierten Sülzen sowie Salaten. Und Gaumenwonnen vermittelt ein Teeparfait mit Dörrpflaumen, flankiert von einem mit Kandis subtil gesüßtem Assam.

Die Wahl der Teesorte hängt naturgemäß vom Anlass ab. Für jede Stimmung lässt sich ein spezieller Tee aufbrühen. Es gibt Frühstückstees und Abendtees. Den einen Tee trinkt man bei der Arbeit, den anderen in der Mußestunde, nach der Liebe oder zur Zigarre. Ein Tee passt zu Sonnenstunden, der andere zu Kälte oder Regen. Die Kunst, für jede Stimmung den rechten Tee auszusuchen, ist ein Abenteuer, das man Teekultur nennt.

Kaffeeografie – Die Herkunftsländer des Kaffees

Anbau:

Ursprünglich war die Kaffeepflanze nur in Afrika verbreitet. Die erste Kultivierung außerhalb Afrikas und Arabiens geschah durch van Hoorn, der als Gouverneur von Niederländisch-Ostindien 1690 (nach anderen Quellen bereits 1658) in Ceylon und 1696 (oder 1699) auf Java erste Versuche anstellen ließ. Die dort verwendeten Pflanzen stammten aus Arabien. Von diesen Plantagen gelangten 1710 mehrere Exemplare nach Europa und wurden hier in verschiedenen botanischen Gärten kultiviert, zum Beispiel in Amsterdam, wo erstmals ein Kaffeestrauch auf europäischem Boden gezogen wurde.

1718 brachten die Holländer den Kaffee nach Surinam, die Franzosen 1725 nach Cayenne, 1720/1723 nach Martinique, 1730 nach Guadeloupe und gegen Ende des 18. Jahrhunderts gehörte der Kaffee bereits zu den verbreitetsten Kulturpflanzen in den Tropen. Dies ist auch auf die Ausbreitung der europäischen Kolonien zurückzuführen, ohne die die heutige weltweite Verbreitung des Kaffees nicht zu verstehen ist.

Sir Terence Conran, Designer

Geht morgens alles ruhig an, rituell schon um sechs mit einem Bad in der Wanne. Danach gibt es Tee in der Küche, in der Regel ohne was zu essen. Im Büro, so gegen acht Uhr, trinkt er sehr starken Kaffee und raucht die erste Zigarre. Danach ist „der Tag richtig eingeläutet".

Kaffee gedeiht nur unter speziellen klimatischen Bedingungen, was heißt: Jahrestemperaturen zwischen 15 und 25 Grad Celsius, Niederschlagsmengen um die 1.500 bis 2.000 Millimeter. Die Anbauhöhen liegen zwischen 300 und 2.200 Meter (Ostafrika: 1.100 bis 2.200, Java: 300 bis 1.400, Indien: 800 bis 1.700). Robustabohnen sind kälteempfindlicher als Arabica-Kaffee, vertragen jedoch mehr Wärme und Feuchtigkeit und werden daher überwiegend im Flachland kultiviert. Die Anbauzone reicht entlang des Äquators etwa vom Wendekreis des Krebses bis zum Wendekreis des Steinbocks. Auf der nördlichen Halbkugel wird von Dezember bis Februar geerntet, auf der südlichen Seite von Mai bis August.

Aroma:

Ein unschuldiger Sonntagstrinker wird die Frage, wie viele und welche Aromen in einer Tasse Kaffee wahrzunehmen sind, vermutlich mit einem vordergründig unwiderlegbaren "Klar, Kaffee riecht und schmeckt nach Kaffee" beantworten. Ein präziseres Bild vermittelt die Untersuchung im Gaschromatographen. Diese chemische Nase hat inzwischen rund 800 Aromastoffe ermittelt - vermutlich sind es sogar mehr, variierend je nach Kaffeesorte, regionaler Herkunft, Art der Röstung und Zubereitung. Zu den wichtigsten der insgesamt etwa 1.000 in der Kaffeebohne ermittelten Substanzen zählen Coffein, Kohlenhydrate, Fette, Salze, Säuren, Öle, Wasser, Eiweißstoffe, lebenswichtige Mineralien, Vitamine, Spurenelemente wie Eisen, Kalium, Magnesium und Mangan sowie ein ganzes Bündel an Aromen bis hin zu schokoladigen Noten. Es ist der Duft, der den Okzident mit dem Orient verbindet.

Bohne:

Das schwarze Genussmittel namens Kaffee, coffee oder café beginnt mit dem unschuldigen Weiß einer Blüte und dem verheißungsvollen Rot einer Frucht: der Kaffeekirsche mit den sinnesbelebenden Kaffeebohnen als Urstoff des Kaffees. Die Kaffeebohnen werden aus Steinfrüchten verschiedener Pflanzenarten aus der Familie der Rubiaceae gewonnen, wozu auch der als Bowlenkraut beliebte Waldmeister gehört. Die Kaffeefrucht (Kaffeekirsche) ist beerenartig und etwas oval geformt mit einem Durchmesser von bis zu 1,5 Zentimeter. Die von einer dünnen weißlichen Pergamenthaut überzogene Bohne ist eine von meist zwei Samen in der Beere, die sich aus jeder Blüte entwickelt. Diese Steinfrüchte wechseln ihre Farbe während des Reifeprozesses von grün über leuchtendes Gelb und hellrot bis hin zu einem satten Karmesinrot mit violettem Schimmer. Sie sind die eigentlichen „Kaffeebohnen".

Cafés:

In Istanbul soll Kaffee 1517 erstmals öffentlich getrunken worden sein (eingeführt durch Sultan Selim nach der Eroberung von Ägypten); jedenfalls wurde dort 1554 – nach heftiger Opposition von Kirche und Staat – das erste europäische Kaffeehaus eröffnet. 1645 verfügte Venedig, 1650 Oxford und 1652 London über eine solche Einrichtung. In Frankreich entstanden um 1659 erste Kaffeehäuser in Marseille. Paris folgte 1672, nachdem ein Armenier in St. Germain eine Kaffeebude aufgeschlagen hatte. Das erste eigentliche Pariser Kaffeehaus war jedoch das bis heute berühmte Café Procope, das um 1689 von dem Sizilianer Francesco Procopio de' Coltelli aufgemacht worden ist.

Das erste Wiener Kaffeehaus öffnete 1683, nachdem im Kampf gegen die Türken 500 Sack Kaffee erbeutet worden waren. (Angebliche Gründung durch Georg Franz Kolschitzky, einem Polen, der in türkische Gefangenschaft geraten war.) Nach Deutschland gelangte der Kaffee offenbar über Frankreich und wurde erstmals 1673 in Bremen ausgeschenkt. Hier entstand dann 1697 das Bremer Kaffeehaus im Haus

Schütting. 1675 kannte man Kaffee bereits am Hofe des Großen Kurfürsten, doch wurde hier erst 1721 das erste Kaffeehaus errichtet. In Hamburg entstand 1679 ein Kaffeehaus, das von einem Engländer gegründet wurde, in Regensburg 1686, in Leipzig 1694.

Crema:

So nennt man das Aromaschutzhäubchen auf dem Espresso. Aus der trockenen Sicht eines Chemikers ist die Crema ein mehrphasiger, kolloidaler Schaum, der sich beim Aufbrühen des Kaffees durch den hohen Druck und das heiße Wasser bildet. Der Genießer betrachtet das schaumige Spiel naturgemäß emotionaler. Die haselnussbraune oder leicht getigerte Farbe ist ihm die erste augenfällige Verheißung auf seinen geliebten Trunk. Eine nussbraune Färbung mit eventuell rötlicher Schattierung und fein eingewobenen Bläschen weist übrigens auf einen Kaffee mit überwiegend, vermutlich sogar 100-prozentigem Anteil an Arabica hin. Dominieren hingegen die Robusta-Bohnen, gibt sich die Crema eher dunkelbraun mit leicht gräulichem Schimmer und grobporig mit größeren Bläschen.

Genuss:

Kaffee war ursprünglich recht teuer, deshalb konnten sich nur gut situierte Bürger und Aristokraten das aromatische Getränk leisten. Der Kaffee wandelte sich freilich bald vom Luxustrunk zum Überzeugungsgetränk des selbstbewussten Bürgers. Er machte den Kopf wach und somit war Kaffee das rechte Stimulans für den erfolgreichen Bourgeois, um den Adel erst wirtschaftlich und dann auch politisch zu entthronen. Kaffee zum Frühstück als morgendliches Ritual war bald ein unersetzliches ideologisches Credo, ob zu Hause oder in den Kaffeehäusern, die – ausgenommen in Wien, wo sie vorrangig eine literarische Hebammen-Funktion hatten – in Handelsstätten wie London und Hamburg sich zu legeren Zentren der Börsen- und Wirtschaftswelt entwickelten.

Ludwig van Beethoven hatte es sich angeblich angewöhnt, genau 60 Kaffeebohnen abzuzählen, um daraus eine Tasse Mokka zu brauen. Von Johann Wolfgang von Goethe stammte die Idee, man solle die Bohnen destillieren. Beim Umsetzen des Gedankens entdeckte der Chemiker Friedlieb Ferdinand Runge das Koffein. Der Philosoph Immanuel Kant war ein notorischer Kaffeetrinker, und der Komponist Johann Sebastian Bach komponierte eine musikalische Hommage: die Kaffeekantate.

Honoré de Balzac trank stets sehr viel starken Kaffee, um wach zu bleiben; er arbeitete meist zwölf Stunden am Tag. Von ihm stammt ein schwärmerischer Hymnus auf den Kaffee: „Der Kaffee gleitet hinab in den Magen, und dann gerät alles in Bewegung: Die Ideen rücken an wie die Bataillone der großen Armee auf dem Schlachtfeld; der Kampf beginnt. Erinnerungen treffen im Sturmschritt ein als Fähnriche des Aufmarsches. Die leichte Kavallerie entwickelt sich zu einem prachtvollen Galopp. Die Artillerie der Logik braust heran mit ihrem Train und ihren Kartuschen. Die geistreichen Einfälle greifen als Tirailleurs (sind Schützen in geöffneter Ordnung) ins Gefecht ein. Die Gestalten kostümieren sich. Das Papier bedeckt sich mit Tinte, die Schlacht hebt an und endet unter Strömen schwarzer Flut, so wie die wirkliche Feldschlacht in schwarzem Pulverrauch ertrinkt."

Charles Maurice Talleyrand, der französische Diplomat beim Wiener Kongress, hat seine Vorstellung, wie Kaffee für einen Kenner und Liebhaber zu sein hat, ebenso blumig wie suggestiv formuliert: "Heiß wie die Hölle, schwarz wie der Teufel, rein wie ein Engel und süß wie die Liebe!" Auch ein arabisches Sprichwort reduziert guten Kaffee auf eine einprägsame Formel: "Der Kaffee muß so heiß sein wie die Küsse eines Mädchens am ersten Tag, süß wie die Nächte in ihren Armen und schwarz wie die Flüche der Mutter, wenn sie davon erfährt."

In Zeiten und Phasen, in denen Kaffee teuer und selten war, wurde er von ärmeren Bevölkerungsschichten durch Ersatzprodukte wie Muckefuck, Malzkaffee oder Zichorie ersetzt. Der heute wenig verbreitete Ausdruck "echter Bohnenkaffee" entstand zur Abgrenzung gegenüber den ebenfalls als Kaffee bezeichneten Ersatzprodukten.

Gesundheit:

Nach Auffassung einiger Mediziner kann der übermäßige Genuss von Kaffee zwar gesundheitsschädlich sein. Er soll den Insulinspiegel, den Blutdruck und den Blutzucker erhöhen, er entwässere den Körper und schädige so insgesamt das Herz-Kreislauf-System. Neben zumeist älteren Untersuchungen, die diesen Standpunkt stützen, zeigen in letzter Zeit jedoch immer mehr Studien, dass Kaffee möglicherweise gar nicht so ungesund ist wie bislang vermutet, im Gegenteil sogar gesundheitsfördernde Eigenschaften aufweist. Thomas Hofmann, Direktor des Instituts für Lebensmittelchemie an der Universität Münster, sagte: „Die Aussage, dass Kaffee generell schädlich sei, ist heute nicht mehr haltbar, früher hat man zum Teil negative Wirkungen einzelner Kaffeeinhaltsstoffe auf den Gesamtkomplex Kaffee übertragen".

Allgemein wird Kaffee meist nicht wie andere Getränke als normaler Durstlöscher eingenommen. Kaffee ist aufgrund seines Koffeingehaltes für seine aufmunternde und leicht antidepressiven Wirkung bekannt. Das Koffein blockiert die Wirkung des schlaffördernden Botenstoffes Adenosin. Kaffeetrinker erhoffen sich eine anregende Wirkung. Nach einer Studie des an der University of Scranton tätigen US-amerikanischen Chemikers Joe Vinson von August 2005 dient Kaffee, neben dem traditionellen Verzehr von frischem Obst und Gemüse, als eine wichtige Quelle von Antioxidantien. Das sind sekundäre Pflanzeninhaltsstoffe, die indirekt das Krebsrisiko verringern.

Haushaltsmittel:

Nach dem Aufbrühen kann der Kaffeesatz wegen seines hohen Stickstoffgehaltes noch als Garten-Dünger verwendet werden. Sein hoher Gehalt an Kalium, Phosphor und anderen Mineralstoffen ist gut für die Pflanzenentwicklung. Viele Gärtner schwören auf Kaffeesatz als Rosendünger. Kaffeesatz ist zudem ein probates Handwaschmittel für stark verschmutzte und beanspruchte Hände. Durch die körnige Struktur wirkt es leicht schmirgelnd und die Öle machen ein nachträgliches Einfetten überflüssig. Die schmirgelnde Wirkung des Kaffeesatzes findet auch bei der Reinigung von schwer erreichbaren Stellen Anwendung, wie sie beispielsweise bei Flaschen oder Thermoskannen vorliegen. Kaffeesatz ist unter anderem ein hervorragendes Wurmfutter für die Haltung von Tauwurm (Lumbricus terrestris) oder Kompostwurm. Das Lesen des sich insbesondere bei Mokkazubereitungen bildenden Kaffeesatzes dient im Volksspiritismus zum Wahrsagen über die Zukunft und wird "Kaffeedomantie" genannt.

Herkunft und Regionen:

So unterschiedlich wie die Kulturen der Länder sind, in denen Kaffee gewonnen wird, so vielfältig und vielschichtig schmeckt das Getränk auch. Jeder Kaffee ist in diesem Sinne ein Weltbürger mit eigenem, regional spezifischem Charakter.

Brasilien – Santos: Aus den mittelmäßigen Arabica-Sorten ragt der Bourbon Santos heraus. Aber auch diese geschmacklich abgerundete Sorte erfüllt nicht allerhöchste Ansprüche. Der Duft ist nicht besonders ausgeprägt und der Kaffee hat kaum Säure. Das Aroma ist weich, dabei lieblich, ausgewogen. Brasilianischer Kaffee wird hauptsächlich für Mischungen verwendet.

Mexiko: Der Kaffee zeigt viel Temperament. Schon der Duft ist würzig, ja von geradezu forscher Intensität. Der Körper hat Kraft und die Säure ist lebendig, also gut zu spüren. Der Geschmack ist rassig, leicht herb und eine Spur sandig. Nicht sehr nachhaltig, doch ausgewogen, harmonisch. Die besten Sorten sind Chiapas, Coatepec, Oaxaca und Pluma. Sehr mild leicht und harmonisch sind die Riesenbohnen Maragogype.

Ecuador: Eine Bohne mit wenig Körper, die für Mischungen verwendet wird. Der Duft ist intensiv, die Säure mittelmäßig, der Geschmack mild und ausgewogen mit sanfter Bitternote.

Honduras: Der sehr kräftige Duft verspricht oft mehr, als der Geschmack hält. Schwache Säure, aber harmonisch milder Gesamteindruck.

Guatemala: Ein reiches Aroma und viel Körper zeichnen diesen überwiegend exquisiten Kaffee aus. Die harmonische Milde mit leichten Säurespitzen macht ihn sehr angenehm und bekömmlich. Herausragende Anbaugebiete sind Antigua und die Gärten um den Attitlansee. Hier besticht neben dem vollmundigen Geschmack noch eine elegante Bitternote. Auch Kaffees aus dem Distrikt Cobán sind hervorragend.

Costa Rica: Viele halten ihn für einen der besten Kaffees der Welt. Schon der intensive Duft kündigt ein rassiges Aroma und viel Körper an. Die Säure ist ausgeprägt, aber nicht dominant, der feine reine Geschmack harmonisch. Neben besten Qualitäten aus dem Landesinneren kommen allerdings auch viele minderwertige Sorten auf den Markt.

Kolumbien: Dieser weltberühmte Andenkaffee vereint in sich alle Eigenschaften, die ein exzellenter Hochländer haben sollte, nämlich reiches, rundes, ausgewogenes Aroma mit leicht süßlichen Nussanklängen, einem kräftigen Körper und spürbarer, doch fein angelegter und bestens eingebundener Säure.

Jamaica Blue Mountain: Der König unter den besten Kaffees der Welt – und auch der teuerste von allen. Er wächst in Höhenlagen zwischen 500 und 1.600 Metern. Die handverlesenen Bohnen sind gleichmäßig, voll und kräftig. Unvergleichlich ist das Aroma, leicht süßlich mit zarter Säure. Seine komplexe Fülle verträgt eine höhere Dosierung. Er bleibt Schluck für Schluck lange am Gaumen haften und befriedigt höchste Ansprüche.

El Salvador: Ein ausgewogenes mildes Gewächs. Der Körper dieses Kaffees ist nicht sehr voll und seine Säure gering. Eine exzellente und mildwürzige Ausnahme bildet die Pacamara-Bohne, eine Kreuzung zwischen Maras und Maragogype.

Kenia: Dieser Kaffee hat in den letzten Jahren an Qualität eingebüßt, gehört in Afrika aber immer noch zur Spitze. Viel Körpervolumen und Kraft, fruchtig, etwas herb mit erdigen Untertönen. Die Säure ist stark, trotzdem bleibt die Balance gewahrt.

Ruanda: In Äquatornähe wachsen die Kaffeebäume sehr schnell. Daher zeigt die Bohne einen vollen, fast fetten Körper, aber nur wenig Säure. Das ergibt einen runden, weichen Geschmack. Ein bekömmlicher, kein aufregender Kaffee.

Tansania: Ein mittelmäßiger bis guter Kaffee, der viel zum Mischen benutzt wird. Er hat weniger Säure als der kenianische Nachbar, schmeckt fruchtig, süßlich. Die besten Bohnen kommen aus der Gegend von Moshi am Kilimandscharo. Sie haben einen verführerischen Duft.

Äthiopien: Im Geburtsland der Kaffeepflanze wird auch heute noch ein besonderes Gewächs gezüchtet. Die Hochlandbohne hat zwar nur wenig Körper, überzeugt jedoch mit feinem Duft und einem dezenten Aroma mit elegant austarierter Säure, die sich mitunter freilich etwas scharf geben kann. Die berühmteste Sorte heißt Harrar und wirkt manchmal spritzig und wild auf der Zunge.

Jemen – Mokka: Das zartduftige feine Aroma des Jemen Mokkas ist sehr vielschichtig. Es setzt sich zusammen aus einem gehaltvollen Körper, edler Säure und leichten Bitternoten, die auch an dunkle Schokolade erinnern.

Sumatra: Betörender Duft. Der Körper ist nicht ganz so voll und üppig wie beim Java. Das ausgeprägte feinsäuerliche Aroma erhält ein elegantes Profil durch die leichten Bitternoten. Manchmal etwas unausgeglichen. Vielseitig verwendbar, als Espressoröstung oder in der Mischung.

Java: Fast einem Rubenskörper gleicht die im tropischen Idealklima gereifte Javabohne, voll, rund, reich und schön. Der Geschmack geht leicht ins Süßliche, weswegen man die Bohne gern mit dem herben Jemen-Mokka mischt. Kann einer der besten Kaffees der Welt sein, aber unter der Flagge Java segeln auch viele andere zweitklassige Sorten und Blends.

ARBAZU
ANTARA
BASTIAN

Hawaii: Der exzellente Südseekaffee hat einen gehaltvollen und schönen fruchtigen Körper, aber nicht viel Säure. Leichte, süße Nussnoten heben den lieblichen Geschmack. Die beste Sorte heißt Kona und ist pur kaum zu bekommen. Man sagt, daß die Kaffeepflanze nirgends so ideale Wachstumsbedingungen hat wie auf Hawai.

Historie:

Auch wenn sich die Entdeckung der Bohne als Genussmittel im mythischen Dunkel verbirgt, so sind doch einige Eckdaten bekannt. Als Urheimat der Pflanze gilt die Provinz Kaffa im Hochland von Äthiopien, vormals Abessinien, wo die erste wildwachsende Arabica im 9. Jahrhundert erwähnt worden ist. Die äthiopische Zubereitungsart bzw. Kaffeetradition ist denn wohl auch die ursprünglichste: Nach dem Rösten der Bohnen in einer großen Eisenpfanne werden diese grob gemahlen oder im Mörser zerstampft. Das Mahlgut wird mit Wasser und Zucker in der so genannten Jabana (einem bauchigen Tonkrug ähnlich einer Karaffe) aufgekocht und in kleinen Schalen serviert. Das Wort Kaffee stammt allerdings nicht von Kaffa ab, sondern bezieht sich auf qawah, dem arabischen Wort für „anregendes Getränk", auch Wein.

Von Äthiopien gelangte der Kaffee vermutlich im 14. Jahrhundert – manche Chronisten meinen: früher – durch Sklavenhändler nach Arabien. Geröstet und getrunken wurde er aber dort wahrscheinlich erst ab Mitte des 15. Jahrhunderts. Der Kaffeeanbau brachte Arabien eine Monopolstellung ein. Handelszentrum war die Hafenstadt Mocha, auch Mokka genannt, das heutige Al Mukha im Jemen, wo die Arabica-Bohne bereits in Terrassengärten kultiviert worden war. Ab Mitte des 17. Jahrhunderts ist das Kaffee-Monopol der Araber durchbrochen worden, und der Anbau verbreitete sich sukzessive über Sri Lanka, Java und Südamerika weltweit.

Der arabische Arzt Hussein Ibn Abdullah ibn Sina, im Westen besser unter dem Namen Avicenna bekannt, soll „qawah" schon im 11. Jahrhundert erwähnt haben. Zu den Ersten, welche die stimulierende Wirkung des neuen Getränks zu schätzen wussten, gehörten die Mitglieder des Derwisch-Ordens, die damit während ihrer nächtlichen Andachtsübungen erfolgreich gegen den Schlaf ankämpften. Ihnen folgten die Gelehrten und Studenten der großen Moschee in Mekka und von al-Azhar in Kairo.

Mit dem Aufstieg des osmanischen Reiches wurde das Getränk immer beliebter. Das erste Café entstand in Persien. In öffentlichen Kaffeehäusern traf man sich in Kleinasien, Syrien und Ägypten zu Genuss und Plauderei. Der Augsburger Arzt Rauwolff lernte schon 1573 in Aleppo den Genuss von Kaffee kennen und berichtete 1582 darüber. Weitere Nachrichten über den Kaffee gelangten durch Prospero Alpino 1592 nach Italien. Gegen Ende des 16. Jahrhunderts, in der späten Renaissance, wurde der Kaffee über den Hafen von Venedig nach Europa eingeführt. Die ersten kleinen Kaffeehäuser stammen aus dieser Zeit. Diese Orte waren kommunikative Zentren; man traf sich, ergötzte sich an Spielen, rauchte, führte lebhafte Gespräche. Das Kaffeehaus diente - sehr zum Verdruss der stockleinenen Traditionalisten – als so genannte "Schule der Weisheit" evolutionär bis revolutionär auch der Aufklärung.

Außerdem sorgten die Kaffeehäuser für wirtschaftlichen Aufschwung, was James Howell 1660 so beschrieb: „Während früher Handwerker und Verkäufer am Morgen Bier und Wein tranken und sich damit den Kopf schwer machten, ohne mehr ernsthaft arbeiten zu können, haben sie sich jetzt dagegen an dieses bürgerliche Getränk gewöhnt, das die Leute wach hält." Insofern galt Kaffee als der „große Ernüchterer". Heute kaum bekannt ist, dass Kaffee in den frühen europäischen Anfängen in erster Linie als Arzneimittel benutzt wurde; der Name „Pharmacia arabica" kommt eben nicht von ungefähr. In Venedig, Marseille und andernorts haben sich zunächst Apotheker die Lizenz zum Verkauf von Kaffee gesichert, was naturgemäß auch ökonomische Gründe hatte, zumal Kaffee ziemlich schnell zum Modegetränk avancierte.

Im Zeitraffer lässt sich die Geschichte vom Kaffee ungefähr so darstellen: Die Araber entdeckten ihn, die Türken erhoben seine Zubereitung zum Ritual, die Österreicher machten daraus eine Kultur und die Deutschen ein Nationalgetränk.

Koffein:

Eine Tasse Arabica-Kaffee enthält im Schnitt 60 Milligramm Koffein, wohingegen sich in einer Tasse Robusta gut die doppelte Menge findet (um die 150 mg). Im Pulverkaffee schwankt der Koffein-Anteil zwischen 50 und 100 Milligramm.

Die Lexikographen von Bertelsmann (Universal Lexikon 1991) schreiben es mit dem hohen C und notieren: „Koffein, Thein, ein Alkaloid, das in Kaffeebohnen, im getrockneten schwarzen Tee und in Kolanüssen vorkommt; wirkt auf versch. Organsysteme anregend (Großhirn, Atemzentum, Nieren, Kreislauf)." So sachlich nüchtern sehen es die Wissenschaftler, abgesehen davon, dass Kakao (enthält Koffein, wenn auch in Kleinstmenge) unterschlagen wird und das Koffein auch im grünen Tee reichlich vorkommt.

Auch der „Große Brockhaus Ernährung" verschweigt den Grüntee als ergiebigen Koffein-Lieferanten, geht jedoch ausführlich auf die Wirkung dieses Stoffes ein und schreibt: „In großen Mengen genossen kann Koffein Beschwerden hervorrufen. Dazu zählen Unruhe, Zittern, Schlaflosigkeit, Magenbeschwerden, Schweißausbrüche und

Herzrasen … In Maßen genossen ist Koffein für den Erwachsenen jedoch nach dem heutigen Stand der Forschung nicht schädlich, u.a. weil Koffein nicht zu den süchtig machenden Substanzen gezählt wird; eine leichte Abhängigkeit kann sich jedoch einstellen …"

Konsum:

Millionenfach trinkt der Deutsche zumal am Morgen den Kaffee. Mit dem statistischen Pro-Kopf-Verbrauch von knapp 152 Litern pro Jahr rangiert Kaffee damit noch vor Mineralwasser, Bier und Wein als des Deutschen liebstes Getränk. Im Trend sind sortenreine Kaffees. Wie beim Wein, wo der Kenner in der Regel auf die Lage setzt, will der Connaisseur auch beim Kaffee sozusagen Grand Cru trinken.

Lagerung:

Kaffee ist ein heikles Produkt. Durch Einfluss von Sauerstoff kommt es rasch zu oxidativen Abläufen mit der Folge von aromatischen Verlusten. Geröstete Kaffeebohnen sollten deshalb stets möglichst luftdicht, kühl, dunkel und geruchsneutral aufbewahrt werden. Originalverpackter Kaffee lässt sich ohne merkbare Veränderungen bis zu einem halben Jahr und länger lagern; manche Firmen geben sogar eine 18-monatige Frischegarantie für ihren vakuumverpackten Kaffee. Eine Qualitätsminderung stellt sich allerdings bald nach dem Öffnen der Packung ein. Stark gerösteter Kaffee neigt überdies zum „Schwitzen", einem Austritt von Öl und zu rascherer Ermüdung. Beim Kauf sollten extrem glänzende Bohnen gemieden werden, denn die sind zu schnell erhitzt worden, geben viel Kaffeeöl ab und neigen zum Ranzigwerden.

Legende:

Die Menschen haben sich immer schon gerne Geschichten erzählt, und dies umso inniger und ausschweifender, je weniger über den Gegenstand bekannt war. Legenden sind also so etwas wie Märchen für Erwachsene: unglaublich faszinierend. Da ist beispielsweise die Mär von Mohammed, dem Propheten Allahs, der nach dem Genuss einer Tasse Kaffe erst vierzig Männer aus dem Sattel gehoben und gleich anschließend vierzig Frauen geliebt haben soll. Kaffeeröster finden an dieser Geschichte großen Gefallen, aber wer weiß, vielleicht war es gar nicht das Koffein, das den Mann beflügelt hatte, sondern das Kardamom, das in einem arabischen Kaffee nicht fehlen darf.

Nach einer vom Maronitenönch Faustus Naironus Banesius, einem gebürtigen Syrer, 1671 in seinem Buch „De saluberrima potione cahve" zu Papier gebrachten Geschichte soll einst Hirten aus Kaffa aufgefallen sein, dass ein Teil der Ziegenherde, die von einem Strauch mit weißen Blüten und roten Früchten gefressen hatten, bis in die Nacht hinein munter umhersprang, während die anderen Tiere müde waren. Als ein Hirte selbst die Früchte des Strauchs versuchte, stellte er auch bei sich eine belebende Wirkung fest. Über dieses ihnen unerklärliche Phänomen berichteten die Hirten den Mönchen eines nahe gelegenen Klosters. Bei Nachforschungen der Mönche an der Grasungsstelle entdeckten sie dort einige dunkelgrüne Pflanzen mit kirschenartigen Früchten. Sie bereiteten daraus einen Aufguss und konnten fortan ohne das gewohnte Schlafbedürfnis bis tief in die Nacht hinein wach sein, beten und miteinander reden.

Mythos: Kaffee wirkt entwässernd

In der Laienpresse, aber auch von manchen Ärzten wird vielfach behauptet, dass Kaffee dem Körper Wasser entziehe und somit nicht zur Flüssigkeitszufuhr hinzugezählt werden dürfe. Dies ist jedoch nach Auffassung der Deutschen Gesellschaft für Ernährung (DGE) und der Gesellschaft für Ernährungsmedizin und Diätetik e. V., die sich auf neuere Studien berufen, wissenschaftlich nicht haltbar. Die DGE dazu wörtlich: „Das Getränk Kaffee ist ein wichtiger Teil der täglichen Gesamt-Wasserzufuhr. In der Flüssigkeitsbilanz kann Kaffee in aller Regel so wie jedes andere Getränk behandelt werden. Die Geschichte vom Kaffee als Flüssigkeitsräuber beruht auf einem Irrtum, ist also eine Mär."

Der in vielen Restaurants übliche Brauch, Kaffee mit einem Glas Wasser zu servieren, dient also nicht dazu, einen etwaigen Flüssigkeitsverlust auszugleichen. Ebenso wie das Glas Wasser zum Wein soll es vielmehr den Gaumen "neutralisieren" und die Geschmacksnerven empfänglich für den Genuss des nächsten Schlucks Kaffee machen.

Röstung:

Die Röstung steht am Beginn der magischen Umwandlung der Bohne zum „schwarzen Gold". Durch diesen Prozess entfalten sich fächerartig die Aromen der Kaffeebohne. Durch die Röstung, auch nicht durch eine dunkle, verliert die Bohne nicht ihren Koffeingehalt. Dennoch enthält eine Tasse Espresso weniger Koffein als eine Tasse Filterkaffee. Die Ursache hierfür ist der bei der Bereitung eines Espressos wesentlich kürzere Kontakt des Kaffeemehls im heißen Wasser. Die unterschiedlichen Röststufen reichen von ungeröstet in aufsteigender Form bis zur Italienischen Röstung:

- Helle Röstung = blasse oder Zimt-Röstung
- Mittlere Röstung = amerikanische Röstung, Frühstücksröstung
- Starke Röstung = helle französische Röstung, Wiener Röstung
- Doppelte Röstung = Continental-Röstung, französische Röstung
- Italienische Röstung = Espresso-Röstung
- Torrefacto (spanisch für geröstet) = Röstung unter Zuckerbeigabe, vor allem in Spanien gebräuchlich. Der so geröstete Kaffee wird dem konventionell gerösteten (tueste natural) zu 20 bis 50 Prozent beigemischt. Das Ergebnis wird als „mezcla" (spanisch für Mischung) bezeichnet. Eine „mezcla" im Blendverhältnis von 70 zu 30 besteht aus 70 Prozent „tueste natural" und 30 Prozent „café torrefacto". Diese Röstungsart reduziert Säure und Bitterkeit des Kaffees.

Sorten:

Geläufig sind vier Sorten, doch haben sich auf dem Markt vor allem zwei durchgesetzt: **Arabica** und **Robusta**.

Arabica ist die wichtigste Sorte. Sie hat nur die Hälfte des Koffeins im Vergleich zur Robusta-Bohne, ist jedoch vor allem wegen ihres feinen, nuancenreichen Aromas beliebt und berühmt.

Robusta ist begehrt bei der Zubereitung von Espresso, weil sie die Bildung der Crema forciert. Optisch unterscheidet sich diese Bohnensorte durch einen geraden Einschnitt in der Bohne von der Arabica mit gewelltem Einschnitt. Von den Farmern wird die Robusta wegen ihrer Widerstandsfähigkeit und ihrer kürzeren Reifungszeit (gegenüber der Arabica) geschätzt.

Excelsa ähnelt in Größe und Aussehen der Robusta, in Wuchs und Blättern der Liberica. Sie gilt als Bohnenrarität, wurde 1904 am Tschadsee gefunden und hat von allen Bohnensorten den kräftigsten Wuchs. Vor allem die Fähigkeit, auf trockenerem Boden gut zu gedeihen und auch in regenarmen Jahren einen befriedigenden Ertrag zu erwirtschaften, zeichnet sie aus. Dennoch nur sehr minimaler Anteil an der Weltproduktion.

Stenophylla: Die besonders kleinblättrige Pflanze aus Westafrika (Französisch-Guayana und Sierra Leone) kann in bis zu 700 m Seehöhe angepflanzt werden. In Sierra Leone wird mit dieser Sorte der bekannte „Highland Coffee" hergestellt. Die Bohnen sind rund und groß, die Früchte werden bei der Reifung schwarz.

Zubereitung:

Die Zubereitungsart von Kaffee ändert sich je nach Kultur, nationalen Gepflogenheiten oder persönlichem Geschmack. Grundsätzlich können fünf Zubereitungsarten unterschieden werden:

Beim in Deutschland, der Schweiz und den USA weit verbreiteten Filterkaffee wird siedendes Wasser durch das in einer Filtertüte befindliche Kaffeepulver gefiltert. Dieses Verfahren wurde 1908 von Melitta Benz erfunden.

Für die Bereitung von Espresso wird Wasser unter hohem Druck (9–15 bar) durch den fein gemahlenen Kaffee geleitet (Extraktion), wobei sich ein Schaum aus Kaffeeölen bildet, die Crema.

Bei der Zubereitung von türkischem Kaffee wird sehr fein gemahlener Kaffee mit reichlich Zucker und Wasser in einem speziell dafür konzipierten, leicht konischen Kupferkesselchen aufgekocht, dem sog. Ibrik oder Cezve.

Eine in Frankreich sehr beliebte Methode des Kaffeekochens wird mittels der French Press oder Pressstempelkanne bewerkstelligt. Ähnlich wie beim türkischen Kaffee wird dabei das Kaffeepulver direkt in das heiße Wasser gegeben und nach einer Weile mittels eines Metallsiebes abgetrennt.

Löslicher Kaffee ist Kaffeepulver, der nur durch Zugabe von heißem Wasser zubereitet wird und ohne weitere Zubereitungsschritte getrunken werden kann. Auf Basis dieser fünf Grundzubereitungen gibt es Tausende von Rezepten für höchst individuelle Zubereitungsarten von Kaffee, per Hand oder mit speziellen Kaffeemaschinen. Kenner schwören auf die Methode, Kaffee nur in der Mühle zu mahlen – und nicht mit Hilfe moderner Maschinen, deren Klingen die Bohne zerschneiden statt sie zu zerbröseln. Eine entscheidende Rolle für die Güte des Kaffees spielt die Wasserhärte. Hartes oder chlorhaltiges Wasser hemmt die Entfaltung der Aromen; Abhilfe vermag eine dem Wasser beigemengte Prise Salz oder Kakao zu schaffen. Als ideale Aufbrühtemperatur gelten 90 Grad, kochendes Wasser zerstört die subtilen Aromastoffe.

Zubereitungsarten - eine Auswahl:

Deutschland

- Eiskaffee – gekühlter Kaffee mit Vanilleeis
- Irish Coffee – starker Kaffee mit Whisky, Schlagsahne und Zucker
- Kaffee Hag – koffeinfreier Kaffee
- Milchkaffee – Filterkaffee, halb Milch, halb Kaffee
- Mokka / türkischer Kaffee – ein starker, süßer, schwarzer (SSS) Kaffee,
- im Kännchen mit Kaffeesatz serviert – bietet die Gelegenheit zum anschließenden Kaffeesatzlesen. Der türkische Kaffee wird auch in Österreich gerne zubereitet.
- Pharisäer – schwarzer Kaffee mit Rum, Zucker und mit reichlich Schlagsahne überdeckt (um den Rum zu tarnen).
- Rüdesheimer Kaffee – Kaffee mit Weinbrand flambiert, mit Schlagsahne, Vanillezucker und Schokoladestreusel
- Schwaten oder Schwatten – schwacher Kaffee mit Zucker und 2 cl Korn pro Tasse (Norddeutsche Spezialität)

Österreich (und Gebiet der ehemaligen K.-u.-K.-Monarchie)

- Almkaffee / Gebirgskaffee – Kaffee mit Eidotter, Obstschnaps und Obers
- Biedermeier – österreichisch; mit Marillenlikör und Schlagobers
- Großer Brauner – doppelter Espresso mit Milch in großer Tasse
- Kleiner Brauner – einfacher Espresso mit Milch in kleiner Tasse
- Doppelmokka – doppelt starker Kaffee in großer Mokkaschale
- Einspänner – großer Mokka im Henkelglas mit Schlagobershaube – die Obershaube hielt den Kaffee bei Wartezeiten länger warm, mit diesem verrührt war er aber auch schnell abgekühlt und trinkbereit wenn eine Fuhre für die Lohnkutscher anstand
- Eiskaffee englischer Art – ein Drittel Kaffee, ein Drittel Eis, ein Drittel Obers

- Eiskaffee Wiener Art – festes Kaffeeeis aus Eidottern, Sahne und Kaffee mit Schlagobers
- Fiaker – ein großer Schwarzer im Glas mit viel Zucker und einem Stamperl Slibowitz oder Rum (Wien)
- Franziskaner – lichte Melange mit Schlagobers und Schokostreuseln
- Gespritzter – schwarzer Kaffee mit Rum oder Weinbrand
- Granita di Caffé – fein gekörntes Eis mit starkem schwarzen gezuckertem Kaffee übergossen
- Häferlkaffee – Kaffee im Häferl (und nicht in einer Tasse), Filterkaffee
- Intermezzo – kleiner Mokka, mit heißer Schokolade und Creme de Cacao verrührt und Schlagobershaube mit Praline (evtl. Mokkabohnen)
- Kaffee Kirsch – Kaffee mit Kirschwasser
- Kaffee Obermeier – schwarzer Kaffee, auf den über einen Löffelrücken eine Schicht stark gekühlter Obers aufgesetzt wird (Wien)
- Kaffee Verkehrt – Kaffee mit 2/3 Milch und 1/3 Kaffee (Wien)
- Kaisermelange – Mokka mit Eidotter, auch mit Honig und Cognac (Wien)
- Kapuziner – schwarzer Kaffee mit einem Schuss Milch (Wien)
- Katerkaffee – starker schwarzer Kaffee, der mit Zuckerstücken gesüßt wird, die man vorher an einer Zitronenschale abgerieben hat.
- Konsul – schwarzer Kaffee mit etwas Schlagobers (Wien)
- Kosakenkaffee – kleiner Mokka im Einspännerglas, vermischt mit Rotwein, Wodka und flüssigem Zucker
- Maria Theresia – Mocca mit einem Schuss Orangenlikör
- Marghiloman – Mokka mit Cognac
- Mazagran – kalter gesüßter Kaffee mit Eisstückchen und Maraschino oder Cognac
- Melange – halb Kaffee, halb Milch
- Mokka gespritzt – Mokka mit Cognac und Rum
- Othello – heiße Schokolade mit Espresso
- Piccolo – kleiner Schwarzer mit Schlag
- Sanca® – koffeinfreier Kaffee (Sanca ist eine Marke)
- Schale(rl) Braun – halb Kaffee, halb Milch
- Schale(rl) Gold – Kaffee mit Milch, etwas heller als ein Brauner (Wien)
- Großer Schwarzer (auch großer Mokka) – österreichisch; doppelter Espresso ohne Milch in großer Tasse
- Kleiner Schwarzer (auch kleiner Mokka) – österreichisch; einfacher Espresso ohne Milch in kleiner Tasse
- Separee – Kaffee und Milch werden getrennt serviert (Wien)
- Sperbertürke – doppelt starker, mit Würfelzucker aufgekochter "Türkischer"
- Türkischer Kaffee passiert – türkischer Kaffee, bei dem der Satz wieder herauspassiert wurde
- Überstürzte Neumann – Schlagobers wird auf den Boden der leeren Schale gelagert und mit heißem Kaffee "überstürzt"
- Ungarischer Kaffee – starker gesüßter Kaffee wird aufs Eis gestellt, dann mit

gekühltem Schlagobers vermengt und im Glas serviert
- Verlängerter – Die Dosierung eines kleinen Schwarzen wird mit der Wassermenge eines großen Schwarzen zubereitet (Wien), oder ein mit etwa doppelter Menge Wasser zubereiteter Espresso.
- Weißer mit Haut – lichte Melange (heller Milchkaffee), der mit heißer, nicht verquirlter Milch serviert wird, worauf sich eine Haut bildet (Wien)
- Wiener Melange – Melange, mit gesprudelter Milch im Glas serviert (Wien)
- Zarenkaffee – starker Espresso, auf den eine Haube aus gesprudeltem Eidotter, vermischt mit Zucker und Eidotter, aufgesetzt wird. Der Lieblingskaffee der russischen Zaren

Schweiz
- Kaffee – Close up
- Kaffee crème – Kaffee mit Kaffeerahm (Sahne)
- Schale – Milchkaffee
- Kaffee mélange – Kaffee mit Schlagsahne, häufig wird die Schlagsahne separat in einem Schälchen serviert
- Luzerner Kaffee, Kaffee Lu(t)z, Kaffee Träsch – teefarbener, dünner Kaffee mit reichlich Zucker und Träsch – im Kaffeeglas serviert
- Kaffee fertig – Kaffee mit noch mehr Schnaps (meist mit Kirsch) – ebenfalls im Glas

Frankreich
- Café au lait – Variante eines stärkeren Cappucinos mit wenig Milchschaum, im deutschen Sprachgebrauch meint man jedoch meist die französische Variante des Milchkaffees
- Café Brulot – Weinbrand oder Cognac mit Zucker flambiert und mit Kaffee aufgegossen
- Café Crème – Kaffee mit Sahne oder Milch, die durch Dampf aufgeschäumt wird
- Café Filtre – Kaffee, der mit einem aufgesetzten Filter direkt in die Tasse filtriert wird. Weniger konzentriert als der Espresso
- Café natur – Kaffee ohne Milch
- Café Royal – wie Café Brulot Canard – Kaffee mit Marc (Traubenschnaps): Ein Zuckerwürfel wird mit Marc beträufelt und in den Mund gesteckt, der Kaffee mit Schnaps und Sahne vermischt und über den Zuckerwürfel getrunken.

Italien
- Caffè Latte – italienische Variante des Milchkaffees, je zur Hälfte heiße Milch und Espresso
- Caffè shakerato – Espresso mit Eiswürfel im Cocktailmixer zerkleinert und aufgeschäumt, evtl. mit Amaretto, Vanille-Aroma oder Grappa
- Cappuccino – je ein Drittel Espresso, heiße Milch und Milchschaum, oft mit Kakaopulver und/oder Zimt bestreut

- Cappuccino con panna – Cappuccino mit Schlagsahne statt aufgeschäumter Milch
- Chocolaccino – Cappuccino mit geriebener Schokolade bestreut
- Corretto – Espresso mit Weinbrand, z.B. Corretto con Grappa, Corretto con Fernet
- Doppio – doppelter Espresso
- Espresso – sehr starker Kaffee ohne Milch und Zucker, bei dem das Wasser unter hohem Druck (9 bar) durch das sehr fein gemahlene Kaffeemehl gepresst wird, eine Tasse hat etwa 25 ml
- Latte Macchiato – „schmutzige Milch" – aufgeschäumte warme Milch mit einem vorsichtig zugegebenen Espresso Lungo – wird (in Italien) eigentlich nur zum Frühstück oder einfach nur vormittags getrunken
- Lungo – Espresso, bei dem die doppelte Wassermenge verwendet wurde
- Mischio – Mischung aus Kaffee und Kakao mit Schlagsahne
- Ristretto – Espresso mit sehr wenig Wasser (15–20 ml statt der üblichen 25 ml)

Spanien

Ein „café" wird in Spanien gewöhnlich mit einer Espressomaschine aus einer dunklen Röstung zubereitet und würde damit im deutschen Sprachraum als Espresso bzw. Brauner bezeichnet.

- Café solo – schwarz
- Cortado – mit einem Schuss Milch oder Milchschaum, meist in Tassen, manchmal auch im Glas oder mit gesüßter Kondensmilch (siehe auch: Cortado)
- Café con leche – Milchkaffee, meist zur Hälfte café, zur Hälfte Milch (oft aufgeschäumt)
- Café americano – Filterkaffee, manchmal auch ein mit Wasser verlängerter Café solo
- Café con hielo – Zum café wird ein Trinkglas mit Eiswürfeln serviert, über die nach dem Zuckern der Kaffee gegeben wird.
- Carajillo – mit einem Schuss Likör, Brandy (Cognac) oder Rum. Zubereitung: Zucker wird im Glas mit dem Alkohol verrührt, angezündet und mit starkem Kaffee (Espresso) aufgegossen. Als Dekoration werden Kaffeebohnen und ein Stück Zitronenschale ins Glas gegeben
- Bombón – Aus der Region Castellón de la Plana – Kondensmilch (leche condensada) wird mit Espresso aufgegossen und in einem kleinen Glas serviert, sodass die zwei Schichten erkennbar sind. Vor dem Trinken wird umgerührt.

Portugal

- Bica – starker, schwarzer Kaffee, aus kleinen Tassen getrunken
- Pingo (Bica Pingada) – Bica mit ein wenig Milch
- Galão – portugiesischer Milchkaffee, aus einem Glas getrunken

Türkei (und Balkanländer)

- Türk Kahvesi – türkischer Kaffee

- Türkischer Kaffee – ungefiltert; mit Kaffeepulver als Bodensatz, meistens zwei Mal aufgekocht, beim ersten Aufkochen wird der Schaum auf die Tassen verteilt.

Griechenland

- Griechischer Kaffee – zwei- bzw. dreifach aufgekochter starker Kaffee, ähnlich türkischem Mokka
- Café frappé – mit Eiswürfeln servierter, kalt aufgeschäumter Instantkaffee.

USA

- Iced coffee – Auf ein Glas mit Eisstücken wird heißer, starker und gesüßter Kaffee gegeben.

Südamerika

- Café Americano – Espresso, der mit heißem Wasser oder Spirituosen verlängert wurde
- Café de olla – Kaffee, der mit Gewürzen wie Zimt zubereitet und dann kalt getrunken wird

Teilweise gibt es unterschiedliche Auffassungen von Land zu Land, welche Benennung auf welche Zubereitungsart zutrifft.

Teeografie – die Herkunftsländer des Tees

Darjeeling:

Das in Nordostindien an den Südhängen des Himalaya-Bergmassivs idyllisch gelegene Anbaugebiet gilt als der Inbegriff für Tees von nuancierter Eleganz. Dem Kenner sind die besten der rund 100 Teegärten so geläufig wie die Namen grosser Weinlagen. Die Teeplantagen liegen in Höhenlagen von 800 bis über 2 000 Metern. Nur in den hoch gelegenen Gärten werden Topqualitäten produziert. Die Güte ist außerdem abhängig vom Klima, der Genauigkeit beim Pflücken und der Verarbeitung in den Fabriken.

In der Vegetationspause von November bis März ruht die Teeproduktion. Wenn die Gebirgssonne im März die ersten Triebe weckt, beginnt die Pflückperiode. Je nach Wetterlage wird vier bis sechs Wochen lang First Flush produziert. Guter First Flush schmeckt frisch und blumig, der Tee hat ein spritziges, fast freches Aroma mit einem Anklang an Maiglöckchen. Witterungsabhängig, ca. Anfang April, wird danach der «In Between» geerntet, der zunächst noch deutliche Züge des First Flush zeigt, dann aber im Mai den hocharomatischen, nussigen und kräftigen Second Flush ankündigt. Dieser wird von Ende Mai bis Ende Juni geerntet. Second Flush-Tees sind Auslesen mit gelblich-braun-rötlicher Farbe, vielschichtiger, ebenso zarter wie tiefer und reicher Aromatik.

Am Ende der Second-Flush-Saison beginnt der große Monsunregen. Die Pflückungen bis September erbringen hohe Ernteerträge, aber eher geringe Qualitäten. Nach dem Regen im Oktober können nochmals gute Tees produziert werden. Typisch für diese „Autumnals" ist ein weiches, ins Liebliche weisende Aroma. Fast alle Darjeelings – zumal die Second Flush-Pretiosen - schmecken am reinsten ohne Zucker; falls eine Süßung gewünscht wird, empfiehlt sich etwas weißer Kandis.

Assam:

Assam, eine Hochebene in Nordindien zu beiden Seiten des Brahmaputra, ist das größte zusammenhängende Teeanbaugebiet der Welt. Die erste Ernteperiode am Anfang des Jahres beginnt nach einer längeren Erntepause im Februar mit der First-Flush-Ernte. Assam First Flush schmeckt duftig, frisch, blumig und etwas würziger als Darjeeling First Flush und hat eine helle, goldgelbe Tassenfarbe. Die besten, hochwertigsten und typischen Assams werden während der Second-Flush-Zeit zwischen Ende Mai und Ende Juni geerntet. Die Tees schmecken kräftig, würzig, malzig, bei kupferroter bis dunkelbrauner Tassenfarbe. Ertragreicher sind die Pflückungen in der Regenzeit von ca. Juli bis Oktober, wenn vom Indischen Ozean starke Monsun-Regenfälle auf den fruchtbaren Boden niedergehen. Die Qualität läßt dann stark nach, die Tees verlieren immer mehr ihr würziges, malziges Aroma und ihre Kraft. Fast alle Assams können mit weißem Kandis, am besten mit Kluntje (großen weißen Kandisklumpen), getrunken werden. Assam Second-Flush schmeckt auch mit einem kleinen Löffel frischer Sahne auf der Tasse. Die Assam Second-Flush Broken bilden die Grundlage vieler Mischungen, insbesondere der beliebten Ostfriesischen Mischung.

Gerhard Meir
Promi-Friseur

Ist nach dem ersten Augenaufschlag schon auf dem Weg zur Teemaschine, nimmt eine Tasse mit ins Bad. Zum Frühstück im Bademantel gehört weiterhin viel Tee, ferner Joghurt und Lektüre der Zeitung

Ceylon

Der Tee des heutigen Sri Lanka wird traditionell nach dem alten Landesnamen Ceylon benannt. Mit ca. 60 % der Exporterlöse ist der Tee wichtigstes Exportgut dieses Landes mit mildem, subtropischem Klima und vielseitiger Vegetation. Die wichtigsten Teeanbaugebiete liegen im zentralen Hochland. Ceylontee wird in drei Kategorien eingeteilt: Lowgrowns wachsen unter 650 Metern. Mediums zwischen 650 und 1300 Metern, Highgrowns von 1300 bis 2500 Metern. Um den Adam's Peak gibt es drei Teedistrikte im zentralen Hochland: Uva im Osten, Dimbula im Westen und Nuwara-Eliya dazwischen. Monsun- und Passatwinde bestimmen die Qualitätsperiode.

Himalaya:

Besonders zu nennen sind hier die Teeanbaugebiete Terai und Dooars, die beide südlich von Darjeeling, aber nur wenige hundert Meter hoch liegen. Die Tees aus Terai haben meist ein gut gearbeitetes Blatt und eine scharfe, leicht süßliche Tasse. Seit einigen Jahren stellen bestimmte Teegärten, allen voran Kamala, im Februar schon First-Flush hoher Qualität her. Die Tees werden im Stile der Darjeelings produziert und haben eine sehr helle, fast grüne Tasse mit Biss. Sie schmecken frisch, aromatisch und feinherb.

Nilgiri:

Im Süden Indiens wird Tee im hügeligen Hochland der Provinzen Karnataka, Kerala und Tamil Nadu in Höhenlagen zwischen 800 und 2000 Metern angebaut. Diesem Tee schreibt man zur Trockenzeit um den Jahreswechsel ein feines, weiches Lemon-Aroma zu. Die Tasse schmeckt dann lebhaft, frisch und mild. Sie kommt dem Geschmack der Ceylontees aus dem Hochland von Nuwara-Eliya recht nahe. Dieses ursprünglich von Dschungel bewachsene, von Elefanten und Tigern bewohnte Gebiet wird verglichen mit den Großplantagen in Assam und wird hauptsächlich von Kleinbauern bewirtschaftet.

China:

Das Reich der Mitte hat wohl die älteste Teetradition. Seit ca. 5000 Jahren in China kultiviert, wurde der grüne Tee erstmals ca. 600 v. Chr. schriftlich erwähnt und ausführlich beschrieben in dem Werk des Dichters Lu Yü (780 n. Chr.).

Seit Jahrhunderten gilt der grüne Tee den Chinesen als gesundes und vitalisierendes Getränk. Die meisten grünen Tees und halbfermentierten Tees (Oolong-Tees) kommen aus den Provinzen Anhui, Zhejiang und Fujian. Der grüne Tee mit seinen positiven Eigenschaften ist für den westlichen Gaumen oftmals gewöhnungsbedürftig. Sehr entscheidend für Geschmack und Wirkung des grünen Tees ist die Zubereitung.

Aber auch schwarzen Tee stellen die Chinesen für den Weltmarkt in erheblichen Mengen her, der allerdings weniger von den Chinesen selbst konsumiert wird. Die unterschiedlichsten schwarzen Tees z. B. aus den Provinzen Yunnan, Hunan und Sichuan schmecken mild, süß-würzig und leicht rauchig. Die bekannteste Sorte ist Keemun. China stellt als einziges Produktionsland Spezialitäten wie Jasmintee, Rosentee und Lichee-Tee her. Die Teesorten werden zusammen mit den entsprechenden Blüten gedämpft und nehmen so deren Duft und Geschmack an. Auch der bekannte Lapsang Souchong, der so genannte Rauchtee, wird nach überliefertem Rezept hergestellt. Der Rauch spezieller Holzsorten gibt ihm seinen charakteristischen Geschmack.

Formosa:

Das heutige Taiwan produziert seit 1870 grünen und schwarzen Tee, der nach dem alten Inselnamen Formosa benannt wird. Im nördlichen und nordöstlichen Bergland wird in ca. 100 relativ kleinen Teebetrieben Tee angebaut. Den guten Ruf bei allen Teeliebhabern der Welt verdankt Taiwan vor allem seinen Oolongs (halbfermentierte Tees) mit dem besonderen aparten Geschmack. Die Bezeichnung Oolong ist chinesischen Ursprungs und bedeutet «Schwarzer Drache». Mit diesem Namen wird seit Jahrhunderten ein Tee bezeichnet, der in Herstellung und Geschmack zwischen dem grünen und dem schwarzen Tee liegt.

Japan:

Der Tee verbreitete sich in Japan, nachdem er im 8. Jahrhundert durch buddhistische Mönche von China auf die Insel gelangte. Der erste Teegarten wurde an Japans größtem See, dem Biwa-ko, angelegt. Wichtigster Anbaubezirk ist Shizuoka, malerisch am Fuße des heiligen Fuji-Berges gelegen. Fast die Hälfte der japanischen Produktion wird dort gepflückt, insbesondere Sencha. Von großer Bedeutung sind auch Kagoshima auf Kyushu sowie Kyoto mit dem Uji- Distrikt, der schon vor Jahrhunderten den berühmten Kaisertee lieferte und heute den Weltmarkt mit dem kostbarsten grünen Japantee, dem Gyokuro, und besten Senchas bedient. Japan produziert nur grünen Tee.

Indonesien:

Der erste Tee, der im 17. Jahrhundert nach Europa kam, wurde mit Dschunken nach Bantam auf Java transportiert und dort auf die großen Schiffe der Ostindienkompanie verladen. Die Teeplantagen auf Java und Sumatra ernten das ganze Jahr über. Java verzeichnet einen deutlichen Qualitätshöhepunkt in den Monaten Juli bis Oktober (Trockenzeit). In dieser Zeit sind Qualität und Geschmack des Tees auf Java vergleichbar mit guten Ceylons bei milderer Tasse. Dagegen produziert Sumatra ganzjährig mehr oder weniger einheitliche einfache bis Mediumqualität, die an später im Jahr geerntete nordindische Sorten erinnern. Teesorten aus Indonesien werden gern in Mischungen verarbeitet, z. B. in Ostfriesischen oder Englischen Mischungen.

Afrika:

Kenia (Orthodoxer Schwarzer Tee)

Das noch junge Teeanbaugebiet Afrika produziert heute ca. 15% der Welt-Teeproduktion - allerdings fast ausschließlich CTC-Tees für den englischen Markt. Hochlandtees, z. B. aus Kenia, können in der besten Erntezeit zwischen Dezember und März hervorragende Qualität erreichen, werden aber leider so gut wie nicht mehr orthodox hergestellt.

Rooitea (auch «Rooibusch» oder «Rooibos Tea»)

Der südafrikanische Rooibusch (Rotbusch) ist eine teeähnliche Pflanze, aus dessen Blättern ein Kräutertee von leichter, aromatischer Tasse und weicher Süße gewonnen wird. Rooibuschtee ist in Südafrika ein beliebtes Volksgetränk, das in vielen Variationen, heiß oder kalt, zu jeder Tages- und Nachtzeit getrunken wird. Im Gegensatz zu Schwarztee hat Rooibuschtee einen niedrigen Tanningehalt (schmeckt nicht bitter)und ist coffeinfrei.

Honeybuschtee (auch «Bergtee» oder «Kaptee»)

Im Ursprungsland Südafrika wird der Honeybuschtee mit seiner natürlichen Honigsüße gern dem schwarzen Tee vorgezogen. Er enthält wenig Gerbstoffe und nur minimalste Restmengen von Coffein im trockenen Blatt und darf daher als coffeinfrei bezeichnet werden - ein geeignetes Getränk auch für die Abendstunden.

Das Wiener Kaffeehaus und die Muße

Kaffeehäuser gibt es überall in der Welt, aber nur die Österreicher haben aus dieser über 300 Jahre alten Einrichtung eine Weltanschauung gemacht, deren innerster Inhalt es laut dem Schriftsteller Alfred Polgar ist, „die Welt nicht anzuschauen". Im Café ist man nicht zu Hause und doch nicht im Freien, nicht daheim und doch zu Hause. Man liest, spielt Schach und Karten, schreibt Briefe, trifft Freunde wie Feinde, klatscht, schaut und will auch gesehen werden.

Tag für Tag zu entscheiden, welches Kaffeehaus an der Reihe sei, kann den geborenen Kaffeehausmenschen zumal in Wien, einer Weltstadt des Kaffeehauses, zur Verzweiflung bringen. Denn in dieser an Widersprüchen reichen Stadt leidet sogar der Kaffeehausgeist an einem inneren Paradox: einerseits neigt er von seiner Natur her zur Sesshaftigkeit, zur Besitznahme der Zuschauerloge; doch andererseits wird er getrieben von dem erregenden Gedanken, ausgerechnet nicht an dem Ort zu sitzen, an dem sich vielleicht gerade das Leben ereignet.

Früher einmal, vor mehr als hundert Jahren, war das Kaffeehaus auch ein Ort der Provokation, politisch wie künstlerisch. Literaten, Maler und Komponisten erschrekkten mit avantgardistischen Werken das Bürgertum, und Revolutionäre probten zwischen Plüsch und Kaffee den Aufstand. Nach dem Zweiten Weltkrieg schienen die Kaffeehäuser gefährdet. Aus vielen von ihnen wurden Banken und Versicherungen, andere modelte man, dem Zeitgeist der Moderne huldigend, zu Eisdielen und Espressos um. Kommerz und Neon triumphierten über Geist und Mahagoni – allerdings nur vorübergehend, denn umzubringen war das Kaffeehaus nicht, nicht als Institution und schon gar nicht als Idee.

Nun wird im Kaffeehaus nicht nur Kaffee getrunken. Nebst dem obligatorischen Glas Wasser, das immer noch unaufgefordert erneuert wird, gibt es Tee, Bier, Likör, belegte Brote, Würstel, Kuchen und Eierspeisen. Man frühstückt im Kaffeehaus und zelebriert seine kleinen Zwischenmahlzeiten bis hin zum Mitternachtsimbiß.

Aber wenn schon Kaffee, dann wird um Kenntnis gebeten. Zumindest der Kellner soll detailliert zwischen zwei Dutzend Arten der Zubereitung unterscheiden können. Ein „Einspänner" ist beispielsweise ein Kaffee mit Schlagobers (Sahne) und Puderzucker, ein „Kapuziner" ein kleiner Schwarzer mit Obers, ein „Verlängerter" ein kleiner Espresso mit mehr Wasser in der großen Schale, eine Melange halb Kaffee, halb heiße Milch, eventuell „mit" oder „ohne" einen Schlag Obers. Wer diese Nuancen beherrscht, ist sozusagen ein promovierter Dr. Kaffeehausgeher, also einer, der im Café allein sein will, dazu jedoch Gesellschaft braucht.

Kaffee-Klatsch
Am Anfang war der Klatsch oder: Lob des Klatsches

Lukian, der alte Hellene, Satiriker und griechische Voltaire, staunte bereits im 2. Jahrhundert n. Chr. über die heimliche Freude des Menschen "an Dingen, die ins Ohr geflüstert werden". Die Lust an der Enthüllung gilt Psychologen als ein Wesenszug der Gesellschaft, und sie nehmen ziemlich unwidersprochen an, dass Erwachsene mehr als die Hälfte ihrer Gespräche dem Tratsch widmen. Klatsch sei der Kitt, der die Sozialität von jeher zusammen halte, ja überhaupt erst ermögliche.

Klatsch ist jedenfalls nicht nur ein Schallwort für kleine akustische, mit den Händen bewirkte Explosionen. Es steht auch für Lautmalerei, die mit dem Mund ausgelöst wird. In beiden Fällen wird emotionaler Stau abgelassen. Klatsch ist ein befreiender Akt, was fürs Applaudieren ebenso gilt wie fürs indiskrete Geschwätz.

Letzteres läßt sich selbstverständlich unterteilen. Da gibt es den simplen Klatsch wie jenen über den Münchner Orthopäden, der selbst zu Wildgulasch einen Weißwein auftischt, weil er zu Hause aus Sorge um den weißen Teppichboden nie Roten entkorkt. Man kennt den intriganten Tratsch: Frau S. soll, so wispert man bei Berliner Empfängen, was mit dem Herrn von P. haben und so weiter… Im Rahmen des noblen Klatsches wird Justus Frantz beispielsweise nichts gegen die Bemerkung haben, dass er das Klavierspiel direkt von Rubinstein gelernt habe. Subtiler Klatsch ist schließlich, was Robert Musil über Thomas Mann sagte: „Las die Buddenbrooks, sehr fein und langweilig." Klatsch ist wohl so alt wie die menschliche Sprache und hat, so diagnostiziert Robin Dunbar, der englische Evolutionspsychologe, für die Menschen das äffische Lausen ersetzt.

Die Kenntnis von den Frühstücksmodalitäten eines Politikers bringt die Welt gewiß nicht weiter, ist aber nicht nur eine grandiose Nutzlosigkeit. Es amüsiert, zu lesen, wie ein Unternehmer, Designer oder Schauspieler den Tag angeht. Das lustvolle Gerede über Abwesende, selbst wenn es hämisch getönt ist, macht Spaß, befriedigt unsere Neugierde und ist zudem ein Ventil für Angst sowie Feindseligkeit. Der Mensch vermag aus dem Tratschmaterial kulturell zu lernen und entdeckt dank Klatsch, dass die „Promis" eben auch ihre menschlichen Stärken oder Schwächen haben - wie du und ich.

Insofern ist das Klatschen auch eine basisdemokratische Kunstform. Oscar Wilde sah im Charme der Indiskretion sowieso nur das zweitschlimmste Übel, unangenehmer erschien ihm „wenn überhaupt niemand über einen redet".

Öffentlicher Tee: eine matte Sache

Teetrinker sind notorische Überzeugungstäter. Unter ihnen gibt es Schurken sowie Heilige. Sie können großmütig sein, kleinkariert, liebenswert, eklig, bescheiden, hochmütig, Simpel oder Genie, doch eines ist ihnen jenseits aller Temperamente gemeinsam: Sie lieben den, der feine Tees nicht nur zu Hause hat, sondern sie auch anmutig zuzubereiten versteht. Und sie verachten alle jene als Banausen, die nur Beuteltee besitzen oder grotesk parfümierten Grüntee, den sie für den Gipfel raffinierter Teekultur halten. Beim Tee lässt ein rechter Teefex kein Wischiwaschi gelten, da hört die Großmut auf. Basta!

Deshalb ist es verwunderlich, dass in der Gastronomie nicht mehr Morde passieren, ausgeführt im heiligen Zorn an Kellnern, die auf die Frage: "Haben Sie Tee?" auch schon dienstfertig enteilen, weil ja doch nur eine lächerliche Sorte angeboten wird, und die ist in der Regel von erbärmlicher Qualität. Schuldig wäre der Ermordete, denn mittlerweile sollte jeder Bürochef, jeder Gastronom, ja jeder Gastgeber mitbekommen haben, dass diese eindimensionale Teepolitik heftig wider den guten Geschmack verstößt.

Tee ist trendy, ist ritzy, ist Kult. Doch die Mehrzahl der Gastronomen, Cafetiers, Hoteldirektoren, Bürochefs, Manager bei Bahn und Fluglinien behandeln Tee immer noch stiefmütterlich. Dabei lässt sich am Tee die Kultur eines Hauses messen. In nichts anderem sind sich Kantinenpächter mit Grandhoteliers so nahe wie im bemitleidenswerten Umgang mit diesem wunderbaren Naturgut. Passionierte Teetrinker können leidvoll und in mehreren Strophen über ihre Erfahrungen klagen, wobei ihnen der altchinesische Kaiser Hui-Tsung in den Sinn kommt, der jeden seiner Minister, der nicht wenigstens 23 Teesorten am Geschmack zu erkennen vermochte, stantepede enthaupten ließ. Das klingt grausam, hat jedoch den Vorzug des kurzen Schmerzes gegenüber der langen Leidenszeit, der Teetrinker in Restaurants und Hotels ausgesetzt sind.

Es wäre also an der Zeit, den nächsten Friedensnobelpreis en bloc den Teetrinkern für deren gewaltlos praktizierte Geduld zu widmen.

Frühstück international

Den Charakter einer Nation über den Frühstückstisch zu bestimmen und im Individuum aufzuspüren ist ein gefährlich verallgemeinerndes Unterfangen. Nicht jeder Amerikaner, nicht jeder Franzose oder Deutsche isst morgens genau so, wie es die Statistik ausweist. Mit Logik ist dem Frühstück sowieso und gottlob nicht beizukommen. Dennoch ist die erste Mahlzeit des Tages – vruostücke, vrüestüc hieß im Mittelalter das frühmorgendliche Stück Brot – ein anthropologisches Phänomen, kulturübergreifend und von hoher Individualität. Beim Frühstück unterscheiden sich die Kulturen in Gestaltung, Zusammensetzung, Ritual, Dauer, Zeitpunkt sowie dem Umfang teilweise stärker als bei anderen Mahlzeiten. Die Internationale der Frühstücke, das ist ein Kosmos an gastronomischer Fülle.

Natürlich gibt es Engländer, die vegetarisch frühstücken und Deutsche, die den Tag bereits mit einem handfesten Steak beginnen. Es soll sogar amerikanische Ladys geben, die auf ihre Cerials zugunsten von Wurst und Käse verzichten. Doch das ist jeweils die Ausnahme von der Regel, und so darf kühn pauschaliert werden, dass zum amerikanischen Frühstück gebratener Speck gehört, die Schweden Knäckebrot und Fisch mögen, die Asiaten den Tag gerne mit Suppigem beginnen, die Türken ihren Fladen mit Ziegenkäse sowie gehackten Kräutern anreichern und das in den Milchkaffee getunkte Croissant ein unverzichtbarer Bestandteil des Pariser Déjeuner ist, darüber hinaus ein Symbol französischer Lebensart und Kultur.

Continental Breakfast

Eine Art Muster ohne näher definierten Inhalt. Darunter ist nahezu alles vorstellbar, sehr zur Freude internationaler Hotelketten und Fluggesellschaften, die unter „Continental Breakfast" oft nur dünnen Kaffee, aromalose Butter, einen Klacks übersüßter Marmelade, gummiartige Brötchen, seltsam süßlich-klebrige Teigstücke, die voller Hohn „danish" genannt werden, und eventuell ein viereckig gepresstes Schinkenfleisch, verpackt in eine Folie, verstehen. Anders gesagt: Das „Continental Breakfast" hat sich weltweit zum größten gastronomischen Missverständnis entwickelt und ist dazu angetan, die Vorurteile der Amerikaner über Europa zu bestätigen. Der Erfinder dieser kulinarischen Heimtücke verdient kein ehrendes Andenken.

„Die Amerikaner essen alles, wenn es nur von einem Zahnstocher zusammen gehalten wird und irgendwo zwei welke Salatblätter heraushängen."

Philip Marlowe

American Breakfast

Gibt es in Dutzenden von Versionen, und dass vieles daran britisch klingt, ist kein Zufall: Die Amerikaner haben die schlechte Küche der Engländer mitgenommen und vervollkommnet. Ein Klassiker kann so aussehen: Eier „sunny side up", „scrambled" oder „over", knusprig gebratener Speck, Pfannkuchen und Waffeln mit Ahornsirup, Hashbrowns, Muffins, Erdnussbutter (peanut butter, Honigpops, French Toast, eine Art Armer Ritter). Dazu gibt es in der Regel Filterkaffee, im noblen Boston und Lokalen mit gehobener Gastrokultur auch Tee. In Kalifornien sind frische Ananas, Fischsalat und mit Avocados gefüllte Omelettes im Trend. Und figurbewusste Amerikaner ordern anstelle von Steak & Eggs & Ham immer öfter "Cerials". Für notorische Frühstücker, die auch tagsüber gerne frühstücken, gibt es "all day breakfast restaurants", in denen teils rund um die Uhr die beliebten Pfannkuchen, Käseauflauf, auch Crêpes und nebst zahlreichen Varianten mit Ei jegliche Art von Burger, Bagel, Muffins & Co. angeboten werden.

Charakteristisch für ein US-Frühstück ist, dass es rund ums Ei kombiniert wird. Eier sind der elementare Bestandteil. „Boiled" meint beispielsweise gekocht, „Scrambled" steht schlicht für Rührei, „sunny side up" für Spiegelei, doch das ist längst nicht alles: Wer „over" bestellt, möchte die Spiegeleier in der Pfanne gewendet haben, doch schon kommt die Nachfrage der Serviererin, ob man „over easy" (oder „over light"), nur ganz leicht angebraten, „over medium" oder „over hard" beziehungsweise „over well" (von beiden Seiten ordentlich gebraten) bevorzugt. Standard-Spruch der Kellnerin: „It's your choice!"

Dies gilt auch für die Würstchen. Speck und Schinken sind eine klare Order; doch bei den Würstchen ist es komplizierter. Da wird unterschieden zwischen „patties" und "links", also Scheiben, die Hamburgern gleichen, doch eher Bratwürstchen zuzuordnen sind, und kleinen Bratwürstchen, die seltsam leer und nur fettig schmecken. Obligatorisch sind Kartoffeln wie „hash browns", so was wie gebratener Kartoffelbrei à la Minireibekuchen. Auch Toast gibt es in etlichen Spielarten von wheat aus Weizen und rye aus Roggen bis zu „dutch" und „plain", flankiert von „raisin" (Rosinenbrot) und, seltener, „suourdough" (Sauerteigbrot).

Die Auswahl an Marmeladen ist passabel, doch schmecken sie nahezu alle gleich süß. Obstsäfte sind gleichfalls ein amerikanischer Frühstücksklassiker. Grapefruit, Orange, Tomate, Pfirsich? „It's your choice!" - und dazu gibt es außer einem Glas mit Eiswasser gratis ein strahlendes „Great" der Kellnerin, so dass der Gast meint, überaus klug und perfekt gewählt zu haben, was sich stimmungsmäßig später aufs wichtige Trinkgeld auswirkt.

Baked Beans

Zutaten:

800 g Coco-blanc-Bohnen, getrocknet
1 Schalotte
1 Nelke
250 g Pancetta (toskanischer Speck)
125 g Rohrzucker
150 g Zuckerrübensirup
2 TL Salz
2 TL Senfpulver
150 g Tomatenketchup
150 g Frühstücksspeck (Bacon)

Zubereitung:

Die Bohnen in zwei Liter kaltem Wasser über Nacht einweichen. Am nächsten Tag die Bohnen in einem Topf mit schweren Boden mit dem Einweichwasser bei kleiner Hitze 40 Minuten kochen. Abgießen und dabei die Flüssigkeit auffangen. Die Schalotte abziehen und mit der Nelke spicken. Den Speck mehrmals einschneiden und in eine ofenfeste Form mit hohem Rand legen. Die Schalotte dazugeben und die Bohnen darüber verteilen. 300 ml Bohnenflüssigkeit mit Zucker, Sirup, Salz und Senfpulver verrühren und mit den Bohnen mischen. Eventuell noch etwas Bohnenwasser dazugießen.
Die Bohnen sollen mit der Flüssigkeit bedeckt sein. Zugedeckt etwa zwei Stunden im vorgeheizten Backofen bei 180°C schmoren. Etwa einmal in der Stunde umrühren und eventuell noch etwas Flüssigkeit dazugeben. Deckel nach zwei Stunden abnehmen. Bohnen mit Ketchup und eventuell noch etwas Wasser verrühen. Mit Baconstreifen belegen und in der offenen Form 30 bis 40 Minuten weitergaren. Die Bohnen werden zum typischen Amerikanischen Frühstück mit Würstchen gereicht.

Nils Henkel

....
....
....

English Breakfast

Galt früher als Nonplusultra der Frühstückskultur. Aber auch das Empire ist nicht mehr, was es einmal war. Ein „full english breakfast" besteht im Kern aus Spiegeleiern mit oder ohne dünnen, kroß gebratenen Schinkenspeck und Würstchen nebst halbierten, mehr gebratenen als gedünsteten Tomaten. Toast mit Marmelade (speziell Bitterorange, die meistens übersüßt ist, seltener zartbittere Klasse aufweist), gehört wie süßes Backwerk zum typischen Potpourri, selbstverständlich der umstrittene Porridge, ferner – im Rahmen eines „cooked breakfast" – Nierchen vom Grill, gebratener Hering, „Kipper" genannt, gebratene Würstchen mit Champignons, „baked beans" genannte weiße Bohnen in leicht süßlich angelegter Tomatensauce.

Queen Elisabeth II., Monarchin

Trinkt Tee und isst Corn Flakes direkt aus der Schüssel.

Schottland bietet darüber hinaus den berühmten wie berüchtigten „Haggis". Das ist eine Speise von dröhnender Dramatik, denn damit testen Schotten die Standfestigkeit ihrer Gäste. Unter Haggis firmieren etliche Rezepturen, eine sieht so aus, daß Leber, Lunge, Herz – eventuell auch Zunge – und Fett vom Schaf mit Salz, Muskat und Cayenne faschiert, durchgeknetet, sodann mit Hafer (Reis oder Gerste) in einen Naturdarm von Schaf oder Ochs gefüllt und wie eine Blutwurst gebraten werden. Dazu gibt es Brei von Steckrüben oder Kartoffeln, auf den Whisky-Inseln auch eine Sauce aus Malt. Was in zarten Ohren reichlich derb und zumal als Morgenspeise ziemlich gewöhnungsbedürftig klingt, kann eine Delikatesse sein, verwandt dem nicht minder legendären Pfälzer Saumagen oder französischen Haschées.

Das typische Getränk ist Tee, keine Frage. Dass der Frühstückstee in der Regel mit Zucker und Sahne beziehungsweise Milch serviert wird, erklärt sich insbesondere aus dem sehr kräftigen, überwiegend schwarzen Tee von rustikalem Charakter. Eine erbittert geführte Debatte bis in die Leserbriefspalten der Times hinein bewegt sich übrigens um die Frage, ob zuerst Milch in die Tasse kommt und darauf Tee oder umgekehrt. Bislang fehlt eine gültige Antwort, trotz wissenschaftlich geführter Tests. Die Royals sollen die MIF-Methode präferieren, also für "Milk in First" sein, doch gibt es Gegner, die meinen, dass es keine bessere Übung gebe, um den Tee zu ruinieren.

Romanisches Frühstück

Italiener und Franzosen sind keine üppigen Frühstücker. Dem Pariser reichen Croissants, die er im Bistro in den „café au lait" tunkt. Die Croissants sind unterschiedlich gefüllt, bevorzugt mit Schokolade oder Nußbrei. Ergänzt werden kann dieses frugale Stilleben durch luftig gebackenes Baguette mit Butter und etwas Konfitüre (Erdbeere, Orange). Auf dem Lande serviert man auch Käse, Schinken und Honig aus der Region, selten Eier. Die Italiener halten es morgens ebenfalls mit der Askese: Brioche, Biscotti-Kekse, Espresso, Zeitung und wenn's hoch kommt, gibt es ein Hörnchen mit Butter und Marmelade, Kuchen, Obst. Eine spezielle Variante pflegt man auf Sizilien: geeisten Espresso mit Rahm zu einem Schokoladenbrioche.

Gefüllte Crêpes

Zutaten:

80 g gesiebtes Mehl Type 405
2 Eier
0,1 l Milch
0,1 l Sahne
20 g Nussbutter
1 Prise Salz
abgeriebene Schale von 2 Orangen
Für die Füllung eignen sich besonders gut:
Obstquark
Fruchtmarmelade, Apfelmus, eingelegte Früchte, Preiselbeeren
Schokoladenmousse, Erdnussbutter, Ahornsirup

Zubereitung:

Das Mehl mit der Milch glatt rühren, eventuell mit dem Mixer glatt schlagen. Sahne, Nussbutter, Eier und etwas Salz zugeben und die Crêpes in einer Teflonpfanne backen.

Heinz Winkler

....
....
....

Asiatisches Frühstück

Klebriger Reis, gegrillter Fisch, Pickles (wie eingelegter Rettich), Misosuppe mit Sojabohnenpaste, frisch gegarter Reis, gegrillter Lachs, gebratene Sardinen oder sonstwas kleines Fischiges: der Japaner frühstückt gerne warm. Auch Eierspeisen sind beliebt, beispielsweise in Form von weich gekochten Eiern, Eierkuchen oder Omeletts mit Spinat gefüllt. Sauer eingelegte Pflaumen sollen – wie eine Dusche von innen – erfrischen und reinigend wirken. Eine spezielle Variante ist der Brauch, ein rohes Ei in eine kleine Schale zu schlagen, es durchzurühren und mit etwas Sojasauce über den heißen Reis zu gießen – dem symbolverliebten Japaner bedeutet ein rohes Ei am Morgen Glück. Dazu gibt es grünen Tee.

In Thailand gehört die individuell gewürzte, schleimig angelegte Reissuppe mit Einlagen wie Schweinefleisch, Garnelen, Huhn, luftgetrockneten Würsten, gesalzenem Fisch, Kräutern und Gemüse zum Morgenprogramm. Eine Alternative ist die populäre Glasnudelsuppe mit Geflügel, Lauch oder gehacktem Schweinefleisch. Curry-Reis und gebratener Fisch finden sich gleichfalls auf dem Frühstückstisch beziehungsweise bei den beliebten Straßenbuden. Tradition haben außerdem gesüßte Puddings aus Kokosmilch.

Ein chinesisches Frühstück von nationalem Wert gibt es nicht, dazu sind die Provinzen zu groß und kulturell zu eigenständig. Als Grundelemente können Reisschleim, Chinakohl und frittierte Teigs, gesüßt mit Honig, begleitet von Schafskäsestäbchen angeführt werden, ferner mit Sesam-Mus gefülltes Gebäck, Salzgemüse und weitere warme, pikant gewürzte Speisen.

Nigiri – Sushi & Nori Maki

Personen: 4

Zeit: 20 Minuten zum Reiskochen

Zutaten:

650 g weißer Rundkornreis (Sushireis)
950 ml Wasser
1 Stück Kombu Seetang
75 ml Reisweinessig
90 g Zucker
3 TL Salz
Wasabi (grüner Meerrettich als Paste)
Eingelegter Ingwer
Noriblätter
Sojasoße
Frischer Fisch in Sushiqualität

Zubereitung:

Den Reis unter kaltem Wasser gut abspülen und abtropfen lassen. In einen handelsüblichen Reiskocher geben, mit dem Wasser übergießen und zusammen mit dem Kombu-Seetang kochen. Wenn der Reis gar ist, herausnehmen und auf einer hölzernen Schale ausbreiten. Mit der Lake aus Reisweinessig, Zucker und Salz beträufeln, dabei abfächern, damit der Reis abkühlt und untermischen. Je nach Geschmack von der Reisweinflüssigkeit hinzufügen. Der Sushireis sollte immer am gleichen Tag verwendet werden und nicht im Kühlschrank kalt stehen.

Nigiri-Sushi sind handgeformte Sushi, d. h. die Hand wird mit etwas Essigwasser angefeuchtet und man formt darin daumengroße längliche Reisbällchen. Auf jedes Reisbällchen legt man ein ca. 1 cm dickes Stückchen rohen frischen Fisch, welchen man mit ein klein wenig Wasabi bestrichen hat.
Der Fisch sollte an allen Seiten über das Reisbällchen überstehen. Im Regelfall werden Nigri immer paarweise angerichtet. Als Fisch eignet sich vor allem Thunfisch in verschiedenen Qualitäten, wobei „Maguru" und „Toro" die bekanntesten sind. Toro ist das Fleisch aus dem fetten Bauchlappen des Thunfisches und wird hochpreisig bezahlt. Des weiteren Lachs (Shake), Butterfisch

(Pompano), Makrele (Saba), Wolfsbarsch (Zuzuki), Hamachi (Gelbflossenmakrele) und Ebi (Garnelen) . Der Kaviar von Forellen, Lachs und Fliegenfisch (Tobiuonoki) wird ebenfalls wie auch Calamare, verschiedene Muschelarten, Gegrillter Aal oder Seeigelzungen verwendet.
Nori-Maki sind Sushi Rollen, die in Nori (Seetangblätter) eingewickelt werden. Hierzu schneidet man sich die Noriblätter in die gewünschte Größe, wobei im Normalfall das Blatt einmal in der Mitte geteilt wird. Diese legt man auf dafür vorgesehene Bambusmatten, belegt sie dünn mit Sushireis und füllt nun in die Mitte die verschiedenen Fische und diversen Gemüse. Etwas Wasabi auf den Reis streichen und mit der Bambusmatte einrollen und leicht festdrücken. Eine Makirolle wird in sechs gleich große Stücke geschnitten. Als Gemüsefüllung eignen sich grundsätzlich Avocadostücke, Gurkenstreifen, eingelegter Kürbis und Rettich. Staudensellerie, süß-sauer eingelegte Pflaumen, gekochte Shiitake-Pilze oder gepickelte Karotten sind weitere Möglichkeiten zum Füllen der Rollen. Eingelegter Ingwer wird vom Japaner zur Neutralisation zwischen den verschiedenen Sushi gegesssen. In einem kleinen Schälchen rührt man sich in seine Sojasoße je nach Geschmack beliebig viel Wasabi ein und taucht die Sushi kurz darin ein.

Tipp:

Machen Sie die Sushi grundsätzlich frisch, da durchgeweichtes Nori leicht klebrig und gummiartig wird. Der Sushireis soll nicht zu fest gedrückt oder zusammengepresst sein, dass man ihn förmlich beißen muss, sondern nur leicht in der Form bleiben und im Mund ohne große Mühe zerfallen. Übrigens darf man Sushi immer mit der Hand essen.

Variante:

Machen Sie ein Sushi-Essen zum gesellschaftlichen Treffen mit Freunden und Bekannten. In lustiger Runde lassen sich verschiedene Sushivariationen ausprobieren und gleichzeitig kann jeder seine Fingerfertigkeit unter Beweis stellen.

Markus Bischoff, Bischoff am See, Tegernsee

Arabisches Frühstück

Zum Fotour genannten Frühstück gibt es über die Grenzen hinweg als gemeinsamen Nenner das Fladenbrot, gesüßt mit Honig, ergänzt mit Schafskäse, Oliven, Tomaten, hart gekochten Eiern. In Marokko mag man auch saftigen Honigkuchen zu stark gesüßtem Pfefferminztee. Die Ägypter schätzen morgens Bohnen mit Zwiebeln in einer würzigen Tomatensauce. Kichererbsen sind ein Frühstücksprodukt. In Syrien labt man sich gerne an Fladenbrot mit Dukha, einer pikanten Gewürzmischung mit Sesam.

Skandinavisches Frühstück

Die Dänen beginnen den Tag mit „Ymer" einer Mixtur aus Dickmilch und Joghurt, traditionell bestreut mit gewürfeltem Schwarzbrot und braunem Zucker. Knusprige Hörnchen gehören dazu, auch Milch, die in allen nordischen Ländern geschätzt wird. Die Auswahl an Knäckebrot ist naturgemäß vor allem in Schweden groß, wo es erfunden worden ist. Kaffee steht in großen Kannen bereit, die Butter ist gesalzen, an Fischigem (Räucherlachs, marinierter Hering) delektieren sich die Schweden und besonders die Norweger – letztere aber erst nach einer Portion Hafergrütze, die mit Zucker und Zimt aufgewertet worden ist. Pfannkuchen zählen zum Frühstücksrepertoire wie Mehrkornbrot, weich gekochte Eier und Käse, darunter als Spezialität der braun karamelisierte „Geitost" aus Kuh- und Ziegenmolke. Zu einem späten Frühstück serviert man auch Leberpastete mit Speckstreifen, Frikadellen, Gurkensalat und marinierte Heringe auf Graubrot.

Spanisch-portugiesisches Frühstück

Den ersten Milchkaffee trinkt der Spanier am liebsten in einer Bar, café con leche. Dazu gönnt man sich ein Hörnchen, eventuell gefüllt mit Schokolade, Vanillecreme oder Konfitüre. Populär sind die „madalenas", das kleine köstliche Biskuitgebäck. In Madrid werden „churros" – in Öl gebackenes und mit Zucker bestreutes Spritzgebäck – in heiße, dickflüssige Schokolade getaucht. Der Süden hält es mehr mit „tostadas", Toast mit Marmelade oder mit Knoblauch parfümiertes und mit Olivenöl beträufeltes Röstbrot, vergleichbar dem toskanischen Bruschetta. Zum späteren Frühstück – so gegen 10 Uhr, wenn die Sinne sich räkeln – labt man sich an Würstchen vom Grill, einem kleinen Omelett oder auch gebratenem Thunfisch.

Auch in Portugal isst man spät zu Abend, weshalb der Appetit morgens nicht sonderlich ausgeprägt ist. Man begnügt sich mit Kaffee inklusive aufgeschäumter Milch. Allerdings wird gerne zu kleinen Näschereien gegriffen wie Reisgebäck, Croissant und den beliebten Vanilleküchlein (pasteis de nata). Wer es herzhafter mag, isst Hartkäse, Wurst oder ein sanftes Sandwich mit gekochtem Schinken.

Deutsches Frühstück

Im Kern ist es ein Continental Breakfast, bestehend aus Kaffee, Brötchen, Butter, Marmelade, Backwaren und so genanntem Aufschnitt zwischen Leberstreichwurst, Schinken, Räucherlachs und Käse. Der Norden bietet Matjestatar, auch Strammen Max, wohingegen der Süden mit Weißwurst, gebratenem Leberkäse und ofenfrischen Laugenbrezeln mit Butter auftrumpft. Komplettiert wird diese Melange durch Eierspeisen. Zunehmend im Trend liegen Vollkornbrot, diverse Müslis, Quark, Joghurt, Obstsalat, Bagels und Crêpes. In der gut geführten Gastronomie wird heute ein Mix aus Continental und English Breakfast angeboten. Hotels mit angeschlossenem Top-Restaurant entzücken zusätzlich mit aparten Stückerln aus der Sterneküche.

Jedenfalls kann das deutsche Frühstück heute international bestehen. Einen anderen Eindruck hatte der scharfsinnige Stendhal 1838 bei einem Besuch in Hamburg gewonnen, als er sich über die Frühstücksbräuche der Hanseaten mokierte: „Diese biederen Deutschen nehmen vier bis fünf Butterbrote zu sich, trinken dazu zwei große Glas Bier und dann ein Glas Schnaps. Diese Kost muss den lebhaftesten Menschen zum Phlegmatiker machen."

Kalbsblutwurst auf Senf-Kartoffelsalat

Rezept für 4 Personen

Zutaten:

400 g Blutwurst, welche zum Braten geeignet ist
(Bei Steinheuers ist es eine hausgemachte, die mit Kalbsköpfen, Kalbsfleisch und Kalbsblut hergestellt wird).
400 g Linda-Kartoffeln (fest, gelb, klein, saftig!)
1 EL grober Senf aus Meaux
1 EL feiner scharfer Senf aus Dijon
0,25 l kräftige Brühe
Salz, Pfeffer aus der Mühle
6 cl feines Pflanzenöl
4 cl Weißweinessig
0,1 l Kalbsjus
5 cl Balsamico
1 kleiner Bund Schnittlauch
4 Schalotten
Frittieröl

Zubereitung:

Die Linda-Kartoffeln in der Schale kochen, dann schälen und in 1 cm große Würfel schneiden. Dann Brühe aufkochen, Kartoffeln mit aufkochen und Senf zugeben. Salzen, pfeffern und vom Herd nehmen, das Pflanzenöl und den Weißweinessig zugeben, Salz, Pfeffer a.d. Mühle vermengen und einige Stunden stehen lassen.
Zur Kalbsjus Balsamico geben und abschmecken. Schnittlauch fein schneiden. Die Schalotten in feine Scheiben schneiden und fritieren.

Anrichten:

Gebratene Blutwurstscheiben auf Senfkartoffelsalat setzen und mit Jus umgießen, feinen Schnittlauch und fritierte Schalottenringe darüberstreuen.

Hans Stefan Steinheuer

„Das sittliche und körperliche Wohlergehen der Menschheit hängt wesentlich vom jeweiligen Frühstück ab."
Isabella Beeton

Die Zutaten

Die Feinschmeckerei beginnt auch und gerade morgens zu Hause

„Bravo Büble" hat ein badischer Gastronom, einstens berühmt und heute i.R., seine Köche gelobt, wenn denen die Spätzle mit Mehl und Gelatine gelungen waren und meldeten: „Chef, es ist kein Ei mehr drin." So wenig wie man aus einem Ackergaul ein Rennpferd machen kann, so wenig läßt sich aus minderen Produkten ein delikates Mahl herstellen. Anders gesagt: Die Güte des Frühstücks korrespondiert mit der Wertigkeit der Zutaten.

Nun ist gegen Kaviar, Austern und Trüffel außer dem hohen Preis nichts einzuwenden. Nicht weniger glücklich ist der praktizierende Gourmet freilich, wenn ihm ein liebevoll gekochtes Spiegelei serviert wird. Daß kulinarisches Genie oft im Einfachen steckt, läßt sich dutzendfach mit schlichten Kombinationen belegen: eine lauwarme Laugenbrezel mit Butter, ein adrett belegtes Brot, Schinken mit Melone, frischer Ziegenkäse mit etwas echtem Balsamessig und Olivenöl oder schwarzer Tee zu Hartkäse sind Wonnen und illusionieren einem schon frühmorgens - und selbst wenn es regnet - ein Gefühl wie Mozart im Mai.

Die Feinschmeckerei gipfelt im Restaurant. Bei den Großmeistern der Küche geht die Seele des Gourmets glücklich vor Anker. Aber beginnen tut die Gourmandise zu Hause, nämlich bei der Auswahl der Produkte. Wer seine Lebensmittel und Getränke aus Bequemlichkeit nur im nächstgelegenen Supermarkt kauft, tut sich nichts Gutes an. Der eine Bäcker hat nämlich ein köstliches Roggenbrot, der andere das bessere Baguette. Der Metzger X versteht sich besonders auf Würste, beim Kollegen Y, drei Straßen weiter, ist die Sülze erste Klasse. In dem einen Laden gibt es taufrisches Gemüse, anderswo ideal gereiften Käse, die beste Kartoffelsorte und Eier von frei laufenden, emsig im Boden scharrenden Hühnern.

Kulinarische Kultur hat mit Luxus nichts gemein. Nicht das Geld macht den Gourmet, sondern die innere Einstellung sowie die Bereitschaft, dafür etwas Zeit zu opfern und Liebe zu investieren.

Kakao & Trinkschokolade

Die heiße Verführung am Morgen

Zum Frühstück begnügte sich die Antike mit einem Glas Wasser oder ähnlich Harmlosem im Stehen, mittags gab es etwas Leichtes quasi im Vorübergehen und erst am Abend wurde grandios geschlemmt, bevorzugt liegend und, wenn es die Mittel erlaubten, mit Wein. Dergleichen Frugalität ist frühstückspolitisch eigentlich nur denkbar, weil es damals noch keinen Kakao gab und somit auch keine heiße Trinkschokolade. Heute weiß der Liebhaber von Kakao, dass dieses verführerische Getränk, morgens aufgebrüht und genossen, den Organismus stärkt, die Nerven stählt und insgesamt schlauer macht, um den Tag mit Bravour anzugehen und zu meistern.

Eine Auswahl exquisiter Schokoladen gibt es bei Chocolats-de-luxe in Schönau, darunter auch das "Xocolatl Grand Cru" genannte Granulat der Edelkakaobohne Criollo aus Maracaibo für die Herstellung von heißer und kalter Trinkschokolade. Schoko-Liste und Infos unter Telefon 06228/912854 oder im Internet unter: www. chocolats-de-luxe.de.

Das genaue Datum, seit wann die Olmeken, die Mayas und später die Azteken die Früchte des Kakaobaumes nutzten, ist unbekannt. In 2 600 Jahre alten Kannen aus Keramik, gefunden in Gräbern hochgestellter Persönlichkeiten bei Colha im Norden von Belize, haben Forscher das Theobromin nachgewiesen – jenen Stoff, der in den Bohnen des Kakaobaumes (Theobroma Caca Linné – Theobroma bedeutet sinnigerweise Götterspeise) vorkommt und in aufgebrühter Form den Mayas als Trank der Götter galt. Archäologen nehmen an, dass die mit einem rohrartigen, bogenförmig gekrümmten Ausguss versehenen und einer sehr bauchig geformten Teekanne ähnelnden Gefäße benutzt wurden, um den Kakao aufschäumen zu lassen, indem man den Trunk aus einiger Höhe in eine Schale umgoss und dieses Prozedere auch mehrmals wiederholte.

Zunächst mussten die im ersten Herstellungsakt gerösteten Bohnen freilich fein zerrieben werden, was auf einem flachen, oben leicht ausgehöhlten Stein mit Hilfe einer steinernen Walze geschah. Je nach Stand und Vermögen des Besitzers war dieser Mahlstein von einfacher oder reich verzierter Form. Durch die Zugabe von Maismehl und etwas Wasser formten die Indios einen Brei, der über schwachem Feuer nochmals behutsam pulverisiert und zu kleinen Scheiben gepreßt wurde, die man erkalten und hart werden ließ. Diese Masse, aufgelöst in Wasser, gilt als die primitivste und wohl älteste Form der Schokolade. Das Geheimnis des Geschmacks lag in der Anreicherung mit diversen Gewürzen wie Zimt, Vanille, Chili, Pfeffer, auch zerriebenen Haselnüssen und Blüten von einem sehr harzigen Baum namens Tlixochitl.

So haben es jedenfalls die spanischen Eroberer beobachtet und berichtet. Das "Schäumchen" war den Indianern ein wichtiges Merkmal, hingegen mochten sich die Konquistadoren für die klassische Rezeptur nicht zu begeistern. Die war ihnen zu fremd, vor allem zu bitter, weil die Azteken die gerösteten und gemahlenen Kakaobohnen schlicht in heißem oder auch kaltem Wasser auflösten und durch wiederholtes Umgießen sowie heftiges Qirlen den begehrten Schaum provozierten. Das Gebräu hatte eine adstringierende Wirkung und darüber hinaus einen Geschmack von scharfer Pikanterie, weil eben mit feurigen Ingredienzien gemischt und gewürzt. Aztekische Krieger stärkten sich auf ihren Feldzügen mit Oblaten aus getrocknetem Kakaopulver – eine Art Instant-Schokolade. Mehr Gefallen hatten die Spanier an der süßeren Variante mit Vanille, Honig oder Rosenwasser.

Diese naschmäulige Spielart war denn wohl auch das Motiv für Hernand Cortez, die Kakaobohne 1528 nach Europa zu bringen. Allerdings hatte der Trank namens Xocolatl beziehungsweise cacauatl wenig mit dem Kakao oder gar der heißen Schokolade von heute gemein. Zwar erkannte man den nektarhaften und vor allem stimulierenden Charakter der Frucht und taufte das daraus bereitete Getränk "chocolate". Aber der alte Kontinent war anfangs eher auf gleichfalls aus der Neuen Welt importierte Pflanzen wie den Mais und die Kartoffel fixiert, die ja auch in den gemäßigten europäischen Zonen kultiviert werden konnten. Girolamo Benzoni, der von 1542 bis 1556 Mittelamerika bereiste und präzise über die Herstellung von Kakao berichtete, kritisierte harsch, das Getränk dünke ihn eher als Sautrank denn Genuss.

Die spanische Aristokratie war bald von der bislang unbekannten delikaten Geschmacksnote angetan, und in ihrer reformierten Zubereitung, also mit Zucker und später auch Milch, gewann die heiße Schokolade die Zungen und Herzen der Mächtigen, der Reichen und Schönen. Anna von Österreich, die Tochter Philipps III. von Spanien, führte 1615 bei ihrer Heirat mit Ludwig XIII. den Trank in Frankreich ein, dessen hedonistisch gesonnene Hofgesellschaft umgehend und zunehmend unter Ludwig XIV., dem schokophilen Sonnenkönig, die heiße Schokolade zu ihrem Lieblingsgetränk erkor, jederzeit genossen, doch besonders gerne zum Frühstück und am liebsten als deliziöses Savoir-vivre serviert im Bett. Berühmt waren die kleinen kulinarischen Schoko-Gastereien, mit denen die genusssüchtige Königin ihre Damen entzückte.

Das 17. Jahrhundert war denn auch die erste Hohe Zeit der Trinkschokolade; sie verbreitete sich von Spanien über Italien, Flandern, Frankreich und Großbritannien rasch in ganz Europa. In den Städten entstanden neben den bereits populären Kaffeehäusern neumodische Schoko-Stuben, wo die feine Gesellschaft ihre heiße Schokolade nippte und dazu feines Gebäck naschte. Die Trinkschokolade, anfänglich ein Privileg des höheren Adels sowie der hohen Geistlichkeit – speziell unter den Jesuiten gab es große Liebhaber –, kam in Mode und bürgerte sich als das tägliche Morgengetränk der begüterten Kreise ein. Schokolade im Bett, das war Luxus, das war „ritzy" und Ausdruck der vollendeten Kunst des süßen Nichtstuns.

Der Mode gehorsam folgend sah man sich in den vornehmen Häusern genötigt, neben dem üblichen Küchenpersonal spezielle Schokoladenköche einzustellen. Italien galt als Land mit der höchstentwickelten Schokoladenkunst, und so wurden italienische Chocolatiers bevorzugt. Wegen ihres hohen Fettgehaltes – die so genannte Entölung ist erst im frühen 19. Jahrhundert von Conrad van Houten erfunden und praktiziert worden – wurde Schokolade kaum roh gegessen, sondern fast ausschließlich in flüssiger Form konsumiert, aufgegossen mit Wasser, Wein und seit Ende des 17. Jahrhunderts auch gelöst in Milch. Dafür gab es eigene Schokoladenkannen aus Porzellan, Silber sowie Gold mit seitlichem Griff und einer Öffnung im Deckel für den Quirl zum Schaumigrühren. Während die Spanier eine eher dickflüssige Konsistenz schätzten und dem Trank auch Eigelb beimischten, goutierte man in Frankreich die Schokolade stark verdünnt.

Wie immer, wenn etwas in Mode ist, obendrein Genuss verheißt und Lust bereits auf Erden, sind die Tugendbolde und Spießer alarmiert, sind die religiösen Eiferer und Fanatiker nicht weit, wittern sie Gefahr und rennen dagegen an. Zwar liegt dem Handeln solcher Genussfeinde – wie dem Puritanismus generell – nur ein einziger ehrlicher Impuls zugrunde, nämlich der Wunsch, diejenigen zu bestrafen, die eine größere Fähigkeit zum Glücklichsein haben. So mancher Prophet des Verzichts ist nur ein Clown des Pessimismus. Aber die sinnenschmeichelnde, samtweiche Schöne namens Schokolade hat es immerhin vermocht, sogar den Klerus zu spalten.

Die enorme Popularität der Trinkschokolade hatte in den katholischen Ländern einen erbittert geführten Streit unter Theologen bis in den Vatikan hinein ausgelöst, ob sie ein Nahrungsmittel oder ein Getränk sei und ob sie während der Fastenzeit genossen werden dürfe. Nach heftigem Hin und Her zwischen den Fürsprechern und Gegnern der Schokolade sprach Professor Thomas Hurtado, eine Autorität der Universität Toledo in Fragen der Moraltheologie, ein salomonisches Urteil, wonach der Verzehr von fester Schokolade das Fasten breche, nicht jedoch der Genuss des Getränks. Kardinal Brancaccio sekundierte: "Liquidum non frangit jejunum" (Flüssiges bricht nicht das Fasten), gleiches gelte schließlich auch für Wein und Bier. Doch trotz eines angeblich positiven Verdikts von Papst Pius schwelte der im 17. Jahrhundert geführte Streit noch weit bis ins 18. Jahrhundert hinein weiter.

Von derlei Sophisterei unbeeindruckt, eroberte sich die Schokolade nach den Fürstenhöfen und Schlössern sturmesgleich wie eine revolutionäre Idee die Bürgerschaft, parallel dazu auch die Bühne und die Literatur. Von Gottfried August Bürger, Schiller, Goethe, Fontane, Tomasi di Lampedusa bis Hugo von Hofmannsthal wurden ihr innige Hymnen gewidmet. Ärzte lobten den hohen Nährwert, auch die heilende Wirkung gegen allerlei organische wie seelische Widrigkeiten. Casanova und seine Adepten rühmten ihre aphrodisische Magie als Schlüssel fürs erfolgreiche Flanieren im Garten der Lüste. Köche nutzten wie Liebeskupplerinnen die Kraft des Kakaos für eine raffinierte Cuisine d'Amour. Schokolade, das Edelbrot der Mayas und Azteken, umwaberte der Nimbus des Kostbaren. Die Sehnsucht spanischer Liebespaare gipfelte in einem Vierzeiler: „Wann wird kommen der Tag / und jener glückliche Morgen, an dem man bringt uns beiden / die Schokolade ans Bett?"

Alte Rezepte belegen, dass die Schokolade bis ins 19. Jahrhundert zumeist nur mit Wasser zubereitet worden ist, mitunter auch mit Wein und Eiern, selten mit Milch. Puristen pflegen ihre Trinkschokolade auch heute noch mit Wasser anzurühren. Wem das zu historisch dünkt, der nimmt Milch oder wählt den Kompromiss von halb Milch und halb Wasser. Entscheidend für die Klasse des Getränks ist naturgemäß die Güte der Inhaltsstoffe. So wenig, wie man aus einem Ackergaul ein Rennpferd machen kann, so unmöglich ist Genuss aus qualitativ unzulänglichem Schokopulver, gar „kakaohaltigem Getränkepulver", das wenig Kakao, dafür viel Zucker, zu viel Zucker nebst Aromastoffen, Emulgatoren und Milchpulver enthält.

Schon im lesenswerten „Appetit-Lexikon" von Habs und Rosner, 1894 in Wien verlegt, heißt es: „Schokolade kommt in sehr verschiedener Güte im Handel vor, ohne dass man ihr von außen anzusehen vermag, wes Geistes Kind sie eigentlich ist. Die guten Sorten riechen…angenehm würzhaft (niemals ranzig), schmecken rein und mild (nicht rauh oder trocken) und setzen namentlich beim Kochen weder oben Fettaugen noch auf dem Boden des Gefäßes eine unlösliche Grundsuppe ab." Die oft stiefmütterliche Behandlung der Trinkschokolade zumal in öffentlichen Cafés, wo einem eine Tasse lauwarme Milch mit einem Beutelchen Schokoladenpulver hingestellt wird, kann freilich nichts an der Faszination eines Kakaos bester Herkunft ändern.

Kurzum: Schokolade war, ist und bleibt eine galante Nische.

Kakaoologie

Anbau:

Der Kakaobaum gedeiht an feuchten, schattigen Stellen im Unterbau der Regenwälder bei einer mittleren Jahrestemperatur von 24 bis 28 Grad Celsius. Daraus ergibt sich die geografische Konsequenz, dass die Hauptanbaugebiete des Kakaos innerhalb des 13. Breitengrads nördlich sowie südlich des Äquators liegen. In Afrika wird inzwischen mehr Kakao produziert als in Mittelamerika. Die immergrünen Bäume tragen das ganze Jahr über kleine Blüten von gelblich-weißer Farbe. Wichtigste Exportländer sind Elfenbeinküste, Indonesien, Ghana, Nigeria, Brasilien, Kamerun, Ecuador, Dominikanische Republik, Venezuela, Malaysia, Kolumbien. Auch im Südosten Kubas wird Kakao angebaut.

Aphrodisiaka:

Ein Wunsch, ein Traum, ein Wahn, was ist Einbildung, was Tatsache? In einer deutschen Schrift aus dem 17. Jahrhundert heißt es vielversprechend: "Es stärcket nemlich der Cacao den Magen, macht Lebensgeister hurtig, verdünnt die Säfte und Geblüht, hilft zur Venus-Lust, stärcket das Haupt, lindert Schmerzen und ist sein Lob sowohl zur Nahrung wie als Medicament nicht genug fast zu beschreiben."

Sapperlot, das klingt in den Ohren von Schoko-Liebhabern wie Mozart im Mai. Chemiker urteilen weniger euphorisch und konstatieren, der hauptsächlich Wohlgefühl auslösende Bestandteil im Kakao sei das Phenylethylamin. Auch andere Stoffe sollen ähnlich stimulierend wirken wie etwa Cannabis; sie veranlassen die Ausschüttung. von Dopamin im Hirn und bewirken dadurch ein steigendes Glücks- und Lustempfinden.

Weil diese Wirkstoffe nur in kleinen Dosen im Kakao enthalten sind, müsste ein Mensch schon um die 20 bis 30 Kilo Vollmilchschokolade essen, um eine berauschende Wirkung zu spüren. Dem ernüchternden Fazit der Wissenschaft, was den offenbar eher dezenten Wert des Kakaos als Glücksdroge anbelangt, steht die praktische Erfahrung gegenüber – und die fällt deutlich positiver aus. Vermutlich bewirkt schon der Gedanke an Schokolade eine verheißungsvolle Stimmung, die durch den Genuss von Kakao & Co. natürlich noch deutlich gesteigert wird, indem der Körper zur Produktion des euphorisierend wirkenden Hormons Endorphin angeregt wird. Allein das unvergleichliche Aroma von Kakao und Trinkschokolade hat wohl von Haus aus einen psychostimulierenden Effekt, was auch den geheimnisvollen Wert der Schokolade als Liebesersatz und seelisches Trostpflaster erklärt. So mancher Kakao, so manche Tafel, so mancher Becher Schokolade dient der Gemütsmassage. Schokolade vermag also schon die körpereigenen Morphine aus ihren Schlupflöchern zu locken.

Begriff:

Kakao und Schokolade können Unterschiedliches wie auch dasselbe bedeuten. Jedenfalls sind sie untrennbar miteinander verbunden – die Schokolade ergibt sich automatisch aus dem Kakao. Das Wort Kakao hat seinen Ursprung im Nahuatl, der Sprache der Azteken. Aus dem dort verwendeten Begriff „cacahuatl" für die Kakaobohne leitet sich anfänglich das „cacao" ab, doch haben die Spanier später das aztekische „xocoatl" oder „chocolaltl" in „chocolate" umgedeutet, woraus danach das „chocolade" wurde und im Deutschen die Schokolade. Unter Kakao firmiert umgangssprachlich alles, von der Kakaobohne über das Kakaopulver bis hin zu den aus Kakaopulver mit und ohne weitere Zusätze hergestellten Getränken. Als Trinkschokolade gilt fachlich das Getränk, das aus pulverisierter Schokolade und nicht aus entfettetem Kakaopulver zubereitet wird. So fein sind die Unterschiede.

Bohne:

Die gurkenförmigen, etwa 25 Zentimeter langen und um die zehn Zentimeter dikken Früchte – im unreifen Stadium grün gefärbt, später gelb bis rotbraun - enthalten cirka 20 bis 50 Samenkerne. Das sind die Kakaobohnen. Die werden nach der Ernte samt dem weißen Fruchtmus (Pulpa) aus der Frucht (Schote) gekratzt und zum Gären, dem Fermentieren, mehrere Tage liegen gelassen, meist unter Bananenblättern oder Zweigen. Dabei wird der von Haus aus extrem bittere Geschmack abgemildert und es entwickeln sich jene Duft- und Geschmacksstoffe, die beim nachfolgenden Prozess des Röstens und Trocknens das charakteristische Kakao-Aroma bilden.

Bei den Ur-Indios war die Kakaobohne auch ein Zahlungsmittel, also Geld. Vierhundert Bohnen bildeten einen Tzontli, zwanzig Tzontli einen Xiquipilli und drei Xiquipilli eine Carga, die höchste Werteinheit. Für zehn Bohnen konnte man immerhin ein Kaninchen kaufen, ein Sklave ist mit ungefähr hundert Bohnen bezahlt worden. Steuern und Tribute sind gleichfalls in Kakaobohnen entrichtet worden.

Etymologie:

Nach neueren Untersuchungen der Sprachforscher ist das Wort Schokolade aus dem „Xocoatl" der Mayas entstanden und von den Mexikanern übernommen worden. Hingegen ist Kakao aztekisch-mexikanischen Ursprungs und ein Bestandteil der Bezeichnungen „Cacahuatl" für Kakao, „Cacahuazintle" für die Kakaofrucht und „Cacahuaquahuitl" für den Kakaobaum.

Genuss:

Zu Ende des 18. Jahrhunderts war die heiße Schokolade in weiten Teilen Europas als das unentbehrliche Frühstücksgetränk der reichen Gesellschaft in Mode gekommen. Man schätzte die Schokolade schon als morgendliche Weckdroge im Bett. In Italien und vor allem im Vatikan war Schokolade zum klassischen Frühstücksgetränk der Geistlichen aufgestiegen, sodass es im Volksmund spöttisch hieß: „Die feinen Pfaffen nähren sich von den Schokoladen, die ihnen bei den Morgenvisiten vorgesetzt werden." Karl Julius Weber, der den Grafen von Erbach als eine Art Reisemarschall begleitete, notierte 1803 in den „Briefen eines in Deutschland reisenden Deutschen": „Es gehörte zum Modeton, selbst der Damen, bei Josty Schokolade zu trinken, halb Schaum und leicht wie ein Zeitungsblatt, das dabei gelesen wird."(Die Brüder Josty, Schweizer aus Graubünden, betrieben in Berlin nahe des königlichen Schlosses eine Konditorei, auch eine Schokoladenfabrik.)

Herstellung:

Um aus den Fruchtkernen des Kakaobaums, die einen hohen Gehalt an Bitterstoffen haben und noch nicht nach Schokolade schmecken, Kakao zu gewinnen, sind mehrere Schritte notwendig:

1. Die Fermentation: Die von Hand gepflückten Kakaofrüchte werden aufgeschlagen und die Samen (Kakaobohnen) mit dem sie umhüllenden Fruchtfleisch entnommen.

In Kästen oder zwischen Bananenblättern geschichtet, werden die Bohnen nun dem traditionellen, rund zehn Tage dauernden Gärprozess unterzogen, bis sie ihre typische braune Farbe erhalten und das charakteristische Aroma entwickelt haben. Spezielle Mikroorganismen, die durch Insekten (Fliegen) auf dem Fruchtfleisch hinterlassen worden sind, unterstützen die Fermentation. Das Fruchtmus verflüchtigt sich und es bleiben allein die Kerne zurück. Bei diesem Vorgang entstehen die Vorstufen von weit über 400 Aromen, die später den unverwechselbaren Schokoladengeschmack ausmachen.

2. Das Trocknen: Die Bohnen werden ein bis zwei Wochen in der Sonne ausgebreitet; sie verlieren an Gewicht, der Wassergehalt beträgt dann nur noch um die fünf bis sieben Prozent. In technisch moderneren Plantagen werden die Bohnen in beheizten Trocknern getrocknet.

Nach Fermentation und Trocknung werden die Kakaobohnen in Säcke abgefüllt und in die Verarbeitungsländer, hauptsächlich in Europa und Nordamerika, transportiert, wo die Bohnen behutsam geröstet und danach weiterverarbeitet werden.

Inhalt:

Schokolade ist eine sehr komplexe Substanz mit über 800 bislang eruierten Inhaltsstoffen. Die Hauptsubstanzen sind Kohlenhydrate, Fette, Proteine, Vitamine (A, B1, B2 ,D, E) sowie Mineralstoffe (Kalzium, Phosphor, Kalium, Magnesium nebst Spuren von Eisen und Kupfer). Wirkstoffe wie das Phenylethylamin lösen mit dem Alkaloid Salsonilol die bekannten Lust- und Glücksgefühle aus. Achtbar ist der Energiewert, der bei einem Viertelliter Hochgenuss _ je nach Fettgehalt des Kakaos und dem beigesellten Zucker – um die 500 Kalorien liegt. Dafür dämpft Schokolade nachhaltig das Hungergefühl.

Historie:

Die Geschichte des Kakaoanbaus beginnt in Mittelamerika. Man nimmt an, dass zuerst die Olmeken, die im Tiefland der mexikanischen Golfküste lebten, die Früchte des Kakaobaumes nutzten und die Pflanze kultivierten, gefolgt von den Mayas und Azteken. Nach Überlieferung der Maya war die Kakaopflanze göttlichen Ursprungs. Zu Ehren des Kakaogottes, Ek Chuah, wurde im April ein Fest gefeiert, das Tieropfer und das Verteilen von Geschenken beinhaltete. In Mexiko sind vergleichbare Feiern belegt.

Auch den Azteken war der Kakaobaum heilig, verehrt als Geschenk des Gottes Quetzalcoatl. Die aus der Frucht gewonnenen Bohnen wurden allerdings nicht nur als Opfergabe verwendet, sondern auch als Zahlungsmittel und zur Zubereitung eines herb-würzigen Getränkes, das mit dem heutigen Kakao geschmacklich nicht viel gemeinsam hatte. Es war eine bittere und pikante bis feurige Mischung aus Kakao, Wasser, Mais, Vanille, Pfeffer und weiteren Ingredienzien. Als die spanischen "Conquistadores" 1519 Mexiko eroberten und die Azteken unterwarfen, entdeckten sie sehr schnell, dass ihnen wortwörtlich "braunes Gold" in die Hände gefallen war. In den Schatzkammern Moctezuma II., des letzten aztekischen Königs, fanden die Spanier

25000 Zentner Kakao, eine Art indianisches Fort Knox. Wenn man zugrunde legt, dass ein Sklave zu jener Zeit hundert Kakaobohnen kostete, war dies ein gewaltiger Reichtum.

Kakao galt als berauschendes Lebensmittel und war damit nach Ansicht der Azteken für Frauen und Kinder ungeeignet. Bevorzugt wurde es natürlich von Kriegern, Priestern oder zur Opferung vorgesehenen Personen getrunken. Sowohl Hernán Cortés als auch ein Mitglied seiner Expedition, Bernal Díaz del Castillo, berichten, dass der aztekische König Montezuma kakaohaltige Getränke in großer Menge zu sich genommen habe. Kakao ist 1528 von den spanischen Eroberern nach Europa gebracht worden. 1544 wurde Schokolade erstmals als Getränk am spanischen Hof getrunken. 1673 schenkte der Holländer Jan Jantz von Huesden erstmals öffentlich Schokolade in Bremen aus. Da Kakao sehr teuer war, blieb die Schokolade bis ins späte 19. Jahrhundert dem hohen Adel und vermögenden Bürgertum vorbehalten.

Liebestrank:

Aus Guatemala stammt das Rezept eines alten Liebestranks: Zwei Vanilleschoten werden zehn Minuten in einem Liter Milch erhitzt. Die Schoten herausnehmen, zwei Esslöffel reinen Kakao in die Milch einrühren, gefolgt von jeweils zwei Esslöffel Honig sowie braunem Zucker. Alles mit einem halben Teelöffel Cayenne-Pfeffer (alternativ: Tabasco), einer Prise Salz und einem kleinen Glas Rum gut durchmischen. Dieser feurige Trank kann kalt oder heiß serviert werden.

Literatur:

Die Geschichten rund um eine Tasse Schokolade sind zahlreich und teils sehr amüsant; Dichter und Schriftsteller von Goethe, Schiller und Fontane bis Tomasi di Lampedusa, Werfel und Hugo von Hofmannsthal haben einen Hymnus auf die braune Bohne und das daraus bereitete Getränk angestimmt. Schiller lässt in der „Verschwörung des Fiesco" die Gräfin Julia sagen: „Eh die Schokolade gemacht ist, Madame, unterhalten Sie mich." Im „Rosenkavalier" verlieren sich die Marschallin und Octavian heiter plaudernd bei der Frühstücksschokolade im Schlafzimmer der Fürstin in Träumen, bis dem Tête-à-Tête ein abruptes Ende bereitet wird.

Der schreibende Aristokrat aus Sizilien, Giuseppe Tomasi, Herzog von Palma und Fürst von Lampedusa, hat in seiner Prosasammlung über die Stätten der Kindheit das geliebte Landhaus in Santa Margherita beschrieben. Der 1680 erbaute Palazzo mit über hundert Zimmern hatte auch einen „rosa Ess-Saal", in dem die Familie während verschiedener Mahlzeiten malerisch dargestellt war. Auf dem Frühstücksbild sah man Fürst und Fürstin, er im grünen Jagdrock, in Stiefeln, den Hut auf dem Kopfe, sie im weißen Déshabillé, aber mit Juwelen geschmückt, beide im Begriff, „die Schokolade zu trinken, die ihnen ein kleiner Mohrensklave mit Turban reichte."

Der sonst eher dem Wein zugetane Gottfried August Bürger dichtete zu Ehren des Kakaos: „Zeus wälzt im Bette sich, nachdem, er lang gelegen / wie Potentaten pflegen, und fluchte mörderlich: ‚Schon trommelts zur Parade, wo bleibt die Schokolade?'" Besondere Gönner und Förderer hatte die Schokolade unter den Jesuiten gefunden. Vielfältig sind die Ergüsse jesuitischer Federn zum Ruhme des Getränks. Thomas

Strozza widmete der Schokolade das 89 Druckseiten umfassende Lobgedicht "De mentis potu, sive de chocolatis opificio", Olonius Ferronius die „Ode an den Kakaobaum", Petrus Andreas Forzoni eine „Elegia in laudem cocolatis" und Nicolaus Parthenius mehrere Abschnitte seiner „Aestatibus Surrentinae".

Mythen:

Vom französischen Geschmacksforscher Jaques Pusais stammt die Erkenntnis, dass rot die beste Umgebung für den Genuss von Schokolade sei. Bei grüner Beleuchtung, so haben Tests ergeben, schmeckte die gleiche Schokolade denselben Versuchspersonen bitterer, inmitten von bläulichen Farbtönen mehliger. Das erlaubt die Empfehlung, zankende Paare ebenso wie streitende Politiker und überhaupt Menschen, die einander feindsam gegenüberstehen, so lange in ein rot tapeziertes Kabinett zu stecken und mit heißer Schokolade zu füttern, bis sie geläutert und friedsam sind.

Schokophilie:

Wenn die Pariser Stylistin Sonia Rykiel an Sonntagen ihre Freunde – darunter Modemacher Karl Lagerfeld und Champagnerfürst Claude Taittinger, zwei bekennende Schoko-Fans – zum Schokoladentrank einlädt, spricht kein Gast über Theobromin, Serotonin und andere im Kakao enthaltenen Wirkstoffe. Man genießt und nippt aus feinstem Porzellan. Schiller trank, wenn er, wie gewöhnlich, erst gegen Mittag vom Schlaf aufstand, statt zu speisen erst eine Tasse Schokolade. Und wenn er die halben Nächte durcharbeitete, pflegte er zuweilen Weinschokolade zu trinken, also mit Wein aufgemischtes Kakaopulver.

Kaiserin Maria Theresia war der Schokolade ebenso innig zugetan wie Goethe, der zeitlebens dieser himmlischen Leckerei frönte und bei seinen Weimarer Déjeuners – etwa zu Ehren von Iffland, Herder oder Wieland – zu delikaten Speisen oft Schokolade als einziges Getränk servieren ließ. In seinem Gartenhäuschen gab es nur Schokolade, und sie durfte bei keinem Frühstück fehlen. Überliefert ist folgendes Bekenntnis: "Wer eine Tasse Schokolade getrunken hat, der hält einen ganzen Tag auf der Reise aus. Ich tue es immer, seit Herr von Humboldt es mir geraten hat."

Sorten:

Man geht davon aus, dass alle Kakaosorten von den beiden Grundtypen Criollo und Forastero abstammen. Der Criollo (spanisch für „Einheimischer", „Kreole") gilt als die edelste Sorte mit Bohnen, die kaum bittern, über einen geringen Säuregehalt verfügen und angenehme Nebenaromen entwickeln wie beispielsweise nach Nüssen, Karamel, Waldbeeren, auch Tabak. Leider sind diese Kakaobäume gering im Ertrag und anfällig gegenüber Krankheiten, sodass ihre Bedeutung auf dem Weltmarkt gering ist. Ursprünglicher Criollo ist sehr selten und kommt nur in vereinzelten Regionen Venezuelas und Mittelamerikas vor.

Der Forastero (span. „Fremdling") hat seinen Ursprung in den Urwäldern des Amazonasgebietes. Die meisten Forasteros haben einen kräftigeren Kakaogeschmack, sind wenig aromatisch und teilweise bitter oder säuerlich. Dennoch besitzt der Forastero aufgrund seiner Robustheit und seiner hohen Erträge die größte Bedeutung für den Weltmarkt. Für die später aus Trinidad eingeführten Pflanzen, bei denen es sich um Hybride aus Criollo und Forastero handelt, wählt man inzwischen die eigene Bezeichnung „Trinitario". Darüber hinaus nimmt der Ecuador-Kakao wie der bekannte Arriba unter den Forasteros durch sein ausgeprägtes Aroma eine Sonderstellung ein und wird auch als „Nacional" bezeichnet. Trinitario-Kakaos können einen kräftigen Geschmack, eine leichte Säure und ausdrucksstarke Aromen hervorbringen.

Zubereitung:

Wie bei jedem Getränk, das aus wenigstens zwei oder mehreren Zutaten besteht, gibt es unterschiedliche Arten der Herstellung, sogar Schulen der Zubereitung. Der eine will den Trank bitterer, die andere süßer. Man rührt die Schokolade indianisch mit Wasser an, verwendet nur Milch oder pflegt – vielleicht aus diätetischem Motiv – die Halbe-halbe-Methode. Man nimmt Kakao(schoko)pulver aus dem Handel oder reibt sich die Trinkschokolade höchstselbst aus edelbitterer Tafel in die Tasse, wobei zu differenzieren ist, ob nur Bitterschokolade verwendet wird oder auch etwas Vollmilchschokolade. Für Eilige und Bequeme gibt es die Trinkschokoladen bekannter Chocolatiers in Tafelform sowie die mehr oder weniger passablen Instant-Produkte.

Konservative Naturen verstehen unter Schokolade nicht Kakao und schon gar nicht jene Pülverchen mit Kakaoaroma, die man nur mit heißem Wasser aufgießt und umrührt. Sie meinen Schokolade, wenn sie von Trinkschokolade sprechen. Ein klassisches Rezept sieht für zwei Personen so aus: Etwa 75 Gramm Edelbitterschokolade in kleine Stücke hacken, mit zwei Teelöffel Zucker, einer aufgeschlitzten Vanilleschote und einem Viertelliter Milch in einen Topf geben und unter Rühren langsam erhitzen, bis die Schokolade geschmolzen ist, die Mixtur heiß und von cremiger Konsistenz. In Tassen gießen und mit Kakaopulver oder konsequenterweise mit Schokoladenraspeln bestreuen.

Dieses recht puristisch angelegte Basisrezept läßt sich nahezu unendlich variieren, etwa durch die – freilich philosophisch weise dosierte - Zugabe von Zimt, einer zarten Spur Salz, Pfeffer, Muskat, Chili, Ingwer, Anissamen und anderen Gewürzen bis hin zu Aromaten wie Orangenwasser. Einige Rezepturen fordern, daß dem fertigen Trank noch geschlagene Sahne untergerührt wird. Es gibt die Empfehlung, die Milch zum besseren Auflösen des Kakaos mit ein wenig heißem Wasser zu verrühren. Wichtig ist, die Milch nicht kochen zu lassen, sondern kurz vor dem Siedepunkt vom Feuer nehmen und mit einem Schneebesen kräftig aufzuschlagen; das bewirkt eine bessere Entfaltung der Aromen und ergibt einen dekorativen Schaum. Ein anderer Tipp unter Liebhabern lautet: Je dickwandiger und höher das Trinkgefäß, desto länger bleibt die Schokolade warm. Und natürlich werden Kenner die Tassen vorwärmen, ehe sie ihren Göttertrank hineinfließen lassen, so dunkel, sanft, sinnlich und verführerisch wie die Liebe.

Brot, Brötchen & Co

Am Anfang war das Wort, nicht das Brot, aber in der Bibel, die sich, nebenbei bemerkt, passagenweise wie das älteste Koch- und Trinkbuch der Welt lesen lässt, wird dem Brot mehrfach gehuldigt. Als Symbol für den Leib Christi ist es ins Göttliche erhöht. Die erste Vaterunserbitte – ... gib uns unser täglich Brot – gilt nicht zufällig dem Brot. Brot, das vieltausendjährige Gut, war den Menschen stets Opfergabe, Tauschobjekt, Zahlungsmittel und natürlich Nahrungsmittel, zudem Träger magischer Kräfte, Ausdruck höherer Kultur sowie Anlass von Revolutionen. Brot, aus Getreide gebacken, ist sozusagen das laibliche Sinnbild für Erntedank. In den Schöpfungsmythen der alten Hochkulturen spielt Brot eine fundamentale Rolle – wie profan beim Frühstück.

Mit Brot verbinden sich elementare Dinge: das Überleben, das Zusammenleben, das Erleben. Brot und Wasser, Brot und Wein, Brot und Salz, Brot und Spiele. Man kennt brotlose Künste und Brotberufe, man verdient sein Brot, und der Brotkorb kann einem höher gehangen werden. Die Sprichwörter um das Brot sind fern aller Romantik, sie sind nüchtern bezogen aufs Existenzielle: „Wes' Brot ich ess', des' Lied ich sing'." Oder: „Er ist noch nicht weiter gekommen als von der Tischlad' bis zum Brotlaib." Kein anderes Lebensmittel ist mythisch derart umwoben: Brot durfte man nicht mit dem Messer von sich weg schneiden, nicht wegwerfen, nicht auf den Rücken legen. Vor dem Anschneiden eines neuen Laibes wurde der mit dem Kreuzzeichen gesegnet. Fiel Brot auf den Boden, küsste man es und die Russen sagten: „Verzeih, liebes Brot!"

Das sagt heute wohl niemand mehr, zumindest nicht in Städten. Zwar zählt der dem Genuss flüchtig vorauseilende Duft von frisch gebackenem Brot und Brötchen immer noch zum liebsten Nasenerlebnis der Deutschen, aber schon beim ersten Hinschmecken wird dem halbwegs gebildeten Brotianer klar, dass es mit der einst so hoch gerühmten deutschen Backkultur nicht mehr weit her ist. Die von der Werbung lüstern prononcierten 300 Brotsorten und um die 1 200 Klein- und Feingebäcke sind mehr Schein als Sein. Vieles von dem, was als Holzofenbrot angeboten wird, hat ein solches Backhaus nie von innen gesehen. Landbrote werden in zentralen Großbäckereien in städtischen Industriegebieten gefertigt. Der Laib mit der faden Kruste und der pappigen Krume ist angeblich nach Art des Bauern gebacken worden. Frisch aus dem Wortschatz der Werbetexter stammen auch Hirtenbrot, Hüttenbrot und derlei Phantasieprodukte.

Brot war zunächst nur höheren Schichten vorbehalten und keine alltäglich genossene Speise. Das Getreide wurde in der alteuropäischen Gesellschaft grob ausgemahlen, das Mehl war rau und mit Kleie vermengt. Entsprechend brüchig war das Brot, weshalb es damals auch nicht geschnitten, sondern gebrochen wurde. Brot, zumal Weißbrot, bedeutete Ansehen. „Das Brot ist weiß und der Wein gut und der Pfeffer reichlich", so besang ein Dichter des zwölften Jahrhunderts die luxuriösen

Köstlichkeiten eines großen Festes. Während die arme Landbevölkerung im Mittelalter sich mit dunklem Brot aus Dinkel, Gerste, Roggen und Hafer begnügen musste, das hart und grob schmeckte, blieb das durch Sauerteig gelockerte Hochbrot lange Zeit die Speise der Herren, der Ritter, Bürger und Geistlichen. In den Träumen vom Schlaraffenland wuchsen die Semmeln auf den Bäumen – unerreichbar für Arme.

Auch Künstler haben sich brotig animiert gefühlt. Leonardo da Vinci hat von 1495 bis 1497 für das Refektorium des Klosters Santa Maria delle Grazie in Mailand ein Fresko geschaffen, auf dem Jesus in der Gemeinschaft seiner Jünger das Brot bricht. Für Georg Flegel (1566-1638), den großen deutschen Stillebenmaler, gehörte ein Laib Brot zum „Großen Schauessen", ihm und seinen malenden Kollegen sollte Brot auch auf die Vergänglichkeit allen Seins verweisen. Künstler wie Picasso oder Braque haben diese Bedeutungsstarre durchbrochen. In der Moderne verliert die christliche Ikonographie an Bedeutung, der ästhetische Witz ersetzt das religiöse Symbol. Der sizilianische Maler Renato Guttoso malte 1966 seine „Rote Wolke"; neben Widderkopf und Pistole, die den spanischen Bürgerkrieg symbolisieren, liegt ein halber Brotlaib als Zeichen des Lebens. Salvador Dalis „Buste de femme rétrospective" von 1933 spielt mit Brot und Fruchtbarkeitsmotiven in surrealistischer Manier.

Brot ist also ein besonderer Stoff. In Momenten des wohligen Sattseins, beispielsweise nach einem Mahl mit zwei Flaschen Wein, wenn sich die Weltprobleme auf die Frage reduzieren, ob man nun einen Spaziergang machen oder eine Zigarre rauchen soll, neigt der Mensch zum heiteren Philosophieren und geht vielleicht der Frage nach, auf was er bei der Feinschmeckerei am ehesten verzichten kann. Hummer, Trüffel, Kaviar, Gänseleber? Unverzichtbar ist den meisten laut einer Umfrage die Kombination von Brot mit Butter: schlicht, aber geschmacklich tief, wie jeder weiß, der jemals bewusst ein Stück echtes Vollkornbrot, ein herrlich gutes, zart duftendes, nährendes, dick bestrichen mit Butter gegessen hat. Dies ist Genuss der klarsten Art, eine kulinarische Quintessenz.

Brot und seine Spielarten

Toast:

In rohem Zustand eher ungenießbar, neigt es dazu, im Toaster entweder weich und blass zu bleiben oder pechschwarz zu werden. Das kratzende Geräusch, mit dem dann frühmorgens versucht wird, die verbrannte Schicht mit dem Messer zu entfernen, lässt ahnen: Der Tag beginnt mit einer Niederlage! Kenner schwören, dass es beim Toastbrot überhaupt nur einen kurzen Moment des Glücks geben kann, nämlich wenn das Brot heiß ist, die Butter kalt und beide sich vereinen. Dieser Zustand soll genau eine Sekunde lang andauern, danach wird der Toast, während man noch vorne hinein beißt, hinten unvermeidlich schon kalt. Immerhin ist Toast prima stapelbar, aber wenn ein bestrichener Toast auf den Boden fällt, landet er stets mit dem Belag nach unten. Warum? Weil Butter, Marmelade oder eine Scheibe Käse schwerer sind als das Gemenge aus Mehl und viel Luft namens Toast.

Tipp:
Alles zum Brot und Führungen nach Vereinbarung bietet das Deutsche Brotmuseum in Ulm, Salzstadelgasse 10, Tel.: 0731/69955, www.museum-brotkultur.de

Pumpernickel:

Wird aus Roggenschrot und Roggenmehl mit Sauerteig mindestens 16 Stunden lang bei nur mäßiger Hitze gebacken. Dadurch entstehen die typische dunkelbraune Farbe und das süß-säuerliche Aroma. Pumpernickel verfügt kaum über eine Kruste, schmeckt jedoch saftig.

Um die Entstehung ranken sich etliche Legenden. Eine besagt, dass im Dreißig-jährigen Krieg ein französischer Soldat nur solches Brot für gut erklärte, das seinem „Nickel" genannten Pferd schmeckte, also „bon pour Nickel" war, woraus im Wege der üblichen Wortverstümmelungen eben Pumpernickel geworden sein soll. Ebenso unwahrscheinlich ist jene Geschichte, dass es im 15. Jahrhundert in Osnabrück einen Bäcker Nikolaus Pumper gab, der dieses sauerteigige schwarze Vollkornbrot erfand.

Eher glaubwürdig ist die Erklärung, dass die wohltätigen Stadtväter von Osnabrück während einer Hungersnot um das Jahr 1400 für die Armen ein billiges Brot backen ließen, das sie „bona panicula" tauften, gutes Kleinbrot. Daraus hat der Volksmund den Pumpernickel gedrechselt.

Knäcke:

Ein wasserarmes Gebäck aus Weizen- oder Roggenmehl, das aus Skandinavien stammt. Dank des geringen Feuchtigkeitsgehalts von höchstens zehn Prozent ist das trockene Brot über mehrere Monate haltbar, darf allerdings nicht zusammen mit anderen Broten gelagert werden, weil es leicht Feuchtigkeit aufnimmt und dann pappig wird.

Grahambrot:

Das Brot des Friedens, benannt nach seinem Erfinder, dem Amerikaner Sylvester Graham, einem frommen Sektenpriester, der in Amerika im 19. Jahrhundert die Vollkornbewegung begründete. Kleie und Mehl zu trennen sei Sünde, sagte er, sittlich vertretbar nur das Vollkornmehl. Brot sei die gottgewollte Speise des Himmels, sofern es im

Sinne christlicher Moral gebacken werde. Nicht aus feinem weißen Mehl, sondern eben aus Vollkorn müsse es gebacken sein, denn was Gott zusammengefügt habe, das dürfe der Mensch laut Prediger Graham nicht trennen. So entstand das bis heute geschätzte Vollkornbrot aus Weizen, das nach seiner ursprünglichen Rezeptur weder Hefe noch Salz enthielt. Heute sind meist beide Zutaten in Grahambroten enthalten.

Kommissbrot:

Der einzige Beitrag Preußens zum internationalen Küchenrepertoire war nach Meinung von Spöttern die Erfindung des Kommissbrotes. Um 1800 war dieses dunkle, schwere und feuchte Brot in der typischen Kastenform ein wesentlicher Bestandteil der Armenspeisung. Um es billiger herstellen zu könne, ist dem Roggenmehl ein hoher Prozentsatz an Kleie hinzugefügt worden. Das Brot hat dann als Soldatenbrot seine Popularität erlangt; es wird heute noch produziert.

Schüttelbrot:

Ein Klassiker aus Südtirol. Das traditionelle, getrocknete Fladenbrot hat seinen Ursprung auf den abgelegenen Bergbauernhöfen, wo die Lebensmittel lange haltbar sein mussten. Und das bietet Schüttelbrot, das eigentlich nur aus Kruste besteht, die nicht schimmelt. Der Name leitet sich von der Zubereitungsart ab: Nach dem Garen wurden die Teiglinge auf einem Brett flach geschüttelt und dann gebacken; in der heute weitgehend üblichen maschinellen Herstellung wird der Teig direkt aufs Backblech gegossen. Die Handarbeit lässt sich daran erkennen, dass der Teig ein sogenanntes „Herzerl" hat, einen dunkleren, sehr dünnen Mittelpunkt.

Zwieback:

Steht für „zwei Mal gebacken". Aus Mehl, Wasser, Hefe, Eiern, ungehärteten Fetten, Milch und Salz wird ein Weißbrot gebacken. Die fertigen Laibe werden 24 bis 36 Stunden gelagert, dann in Scheiben geschnitten und noch einmal 15 Minuten lang bei 160 bis 200° Grad geröstet. Dabei verdampft das im Brot enthaltene Wasser, die Scheiben werden trocken und knusprig. Zwieback enthält mit drei bis fünf Prozent Wasser noch weniger Feuchtigkeit als Knäcke. Das lange haltbare Gebäck eignet sich besonders als Schonkost.

Brioche:

Der Name dieses berühmten, zum französischen Nationalgebäck aufgestiegenen Hefeteigs mit dem charakteristischen runden Häubchen als Kopf heißt in direkter Übersetzung so viel wie dicker Bauch. Ein Brioche besteht aus Weizenmehl, Butter, Hefe, Salz, Zucker und ganzen Eiern, eventuell auch etwas Milch. Wichtig ist die Qualität der Butter, die soll aus Süßrahm sein und von allerfeinster Herkunft. Gaston Lenôtre, der berühmte französische Patissier, warnt denn auch: „Sparen Sie nicht an der Butter, gerade hier nicht daran!" Goldbraun und zart soll die Kruste leuchten, flaumig weich; doch keinesfalls matschig muß das Innere sein und schon vor dem Anschneiden oder Abbrechen muß ein Duft von unvergleichlicher Finesse den Raum erfüllen. Ein Brioche mit Butter ist die Krönung eines nobel inszenierten Frühstücks.

Brötchen:

Ein Brötchen ist im Süddeutschen und in Österreich sowieso eine Semmel und in Berlin eine Schrippe, aber ein Brötchen ist generell nicht gleich Brötchen, was heißt: die Unterschiede in Form und Qualität sind groß. Das aus Weizenmehl gebackene Brötchen kann entzücken oder verärgern, wobei letzteres leider eher die Regel ist, denn wie beim Brot sind jene Bäcker rar, die noch sehr früh am Morgen aufstehen und frisch backen, statt halbfertige Mischungen und jede Menge Backhilfsmittel zu benutzen. Das Gros der Alltagsbrötchen hat einen klumpigen Teil und eine zu harte und spröde Kruste, die beim Anschneiden in tausend Stücke zerbirst.

Ein Kenner sagt, woran man ein gutes Brötchen erkennt: In Goldgelb mit einem zarten Braunton sollte es schimmern, feine Risse auf der Kruste zeigen und vor allem rösch in der Konsistenz sein, also knusprig. Drückt man es mit der flachen Hand, so muß man ein leises Rascheln hören. Knackst es nur einmal, ist die Semmel zu hart, nimmt man nur ein gesammeltes Schweigen wahr, ist es zu pappig. Das Innere, die Krume, sollte elastisch sein, nach einem Daumendruck also lässig zurück federn. Tut es das nicht, wird man schon beim ersten Biß feststellen, dass sich der Teig ballt wie ein Kaugummi. Und die gelblich-weiße Krume darf weder süß noch sauer oder salzig schmecken, sondern soll auf fast geheimnisvolle Weise die Sinne zartaromatisch charmieren.

Historisch geht das Wort Semmel auf den lateinischen Begriff "simila" zurück, das Weizenmehl als wichtigste Zutat. Angeblich war es ein Wiener Bäcker namens Kayser, der 1750 die erste Semmel schuf. Fortan hieß das Kleingebäck eben Kaisersemmel, hatte also nichts mit Kaiser Franz Joseph zu tun, wie fälschlich oft angenommen wird. Das rasch beliebt werdende Gebäck unterschied sich zwar nicht wesentlich vom Weißbrot, hatte jedoch den Vorteil, klein zu sein und deshalb über einen hohen Anteil an Kruste zu verfügen – und das bedeutet mehr Aroma, denn die Kruste beinhaltet rund 80 Prozent der Geschmacksstoffe.

Brezel:

Wann die Brezel erfunden wurde, weiß man nicht genau. An Legenden besteht jedenfalls kein Mangel. Angeblich war es der Uracher Hofbäcker Frieder, der anno 1477 ein Gebäck fertigen musste, „durch das dreimal die Sonne scheint", widrigenfalls er hingerichtet worden wäre. Sein Verbrechen: Er hatte minderwertiges Brot gebacken. So streng wurde damals mit handwerklichen Schlampern gerechtet. Das „Deutsche Brotmuseum" in Ulm präsentierte den schwäbischen Backtüftler in einer Ausstellung als den großen Mann der Brezel, deutete aber gleichzeitig an, dass es sich um ein Märchen handeln könne. „Gebildbrote" werden kaum von heute auf morgen kreiert, und schon gar nicht von Todeskandidaten.

So wird es ewig im Dunkel der Kulturgeschichte bleiben, wer wann und wo die erste Brezel aus dem Backofen gezogen hat. Bei Goethe ist darüber nichts zu lesen, auch Schiller hat die Brezel praktisch totgeschwiegen. Und selbst die Philosophen, Kant inklusive, die doch sonst nicht leicht etwas „anbrennen" lassen - geistig, versteht sich - , sind an diesem Gegenstand achtlos vorübergegangen, obwohl ein guter Bäcker bei dessen Anfertigung allerhand Willen und Vorstellung aufbringen muss – immerhin ziert die Brezel das Wappen der Bäcker.

Genaueres weiß man namensmäßig. Die Brezel kommt vom lateinischen „bracellum" (Ärmchen), weil die Gebäckform zwei übereinander geschlagenen Armen ähnelt. Daraus leiteten sich die althochdeutsche Bezeichnung „prezita" und deren Nebenformen „bretizella" sowie "brezin" ab, aus denen schließlich das vertraute Brezel wurde, die, sofern in bester Verfassung, mit Butter ein Frühstück bereichert.

Hörnchen:

In südlichen Ländern tunkt man das Hörnchen als „cornetto" in den Kaffee, die Österreicher nennen es liebevoll „Kipferl", wobei zu unterscheiden ist zwischen dem klassischen mürben Kipferl und dem Blätterteigkipferl. Ein Briochekipferl ist wiederum nicht zu verwechseln mit dem Butterkipferl, einer Abart des Croissants. Auch die Sagenwelt hat dem Kipferl eine Passage gewidmet und lehrt, dass es in Wien anno 1683 nach dem Sieg über die Türken als Gebäcksubstitut des osmanischen Halbmondes gebacken worden sei. In einer alten fürstbischöflichen Schrift ist indesssen unter dem Kapitel „Nahrungswesenà zu lesen, dass die Bäcker dem Fürstbischof Leopold, genannt "der Glorreiche", bereits im 13. Jahrhundert „chipfen" buken: „Do brachten im die pecken chipfen und weiße flecken weißer dann ein hermelein..."

Croissant:

Die französische Version des Blätterteigkipferls, ergo dessen Cousin. Ein nach Backstube duftendes Croissant, bestehend aus vielen dünnen Lagen von gebutterten Teigblättchen, goldbraun, knusprig und innen aufgelockert wie ein Soufflé, das sich im Bruchteil einer Sekunde auseinanderziehen lässt, bis es verheißungsvoll und dabei unregelmäßig bricht, das vermag selbst einem verkaterten Morgen sinnlichen Glanz zu verleihen, ob man es mit kindlicher Freude in den Milchkaffee oder – besser noch – die heiße Schokolade tunkt, mit Butter schmiert oder einfach nur stückchenweise abbricht und pur genießt.

Vincents Frühstücksbrot

Irgendwann kauft man sich einige Päckchen Trockenhefe. Somit ist man von deutschen Bäckerei-Umtrieben gefeit. Der Teig ist in fünf Minuten angerührt.

Zutaten:

500 g Mehl 1050
1 Päckchen Hefe oder einen halben Würfel
1 TL gestoßenen Koriander
1/2 TL Meersalz
Wasser
1 TL Olivenöl

Zubereitung:

Ofen auf 180° vorheizen.

2 Tassen warmes Wasser in eine große Schüssel geben. Die Hefe dazu und gut mit dem Wasser verrühren. Mehl, einen Esslöffel Öl dazu und alles zu einem Teig verkneten. So viel warmes Wasser dazugeben, dass der Teig fest bleibt, aber trotzdem etwas in die Breite geht. Die Teigschüssel mit Klarsichtfolie verschließen und in die Nähe der Heizung stellen. Teig 30 Minuten gehen lassen.

Backblech mit Antihaftpapier auslegen. Einen großen, altmodischen Esslöffel nehmen, in Öl tauchen, kinderhandgroße Nocken abstechen und auf ein Backblech geben. Die Nocken mit einem feuchten Tuch abdecken und 30 Minuten gehen lassen. Sie werden etwas in die Breite gehen. Die Fladen bei großer Hitze in ca. 15 Minuten braun backen.

Vincent Klink

....
....
....

Baguettes

Das Baguette ist eine relativ junge Erscheinung, entstanden im 19. Jahrhundert. Während der Französischen Revolution gab es das „Pain d'égalité", das Brot der Gleichheit. Man hatte bei Müllern und Bäckern die Mehlsiebe konfisziert, das Symbol der Feinheit. Mehl durfte nicht mehr gesiebt werden. Vorher war Weißbrot das Brot der Reichen, dann machte die Revolution es zum Brot für jedermann. Nach den Wirren und Kriegen gab es erneut eine Zweiteilung: Der runde Laib wurde zum Brot der Bauern und Arbeiter, das längliche und schließlich langgestreckte Baguette galt zumal den Parisern als weiß, städtisch, modern und schick.

Auch Künstler haben sich brotig animiert gefühlt. Besonders suggestiv und berühmt ist das Bild von René Magritte, der eine Flotte aus Baguettes über den knallblauen Himmel treiben lässt, als wären die langen Stangen Invasoren aus einer fernen Galaxis. ‚Die goldene Legende" nannte der Surrealist sein Traumgemälde.

Magritte hätte Brotlaibe wie fliegende Untertassen malen können. Aber nein, er hat das Baguette genommen. Zum einen wird ihn die raketenähnliche Form gereizt haben, vor allem jedoch sah er in dieser gebackenen Flöte das große Symbol französischer Lebensart. Wer ein Baguette sieht, denkt automatisch an Frankreich und hat im Dutzend die Bilder von Menschen vor Augen, die ihr Baguette nach Hause tragen, im Korb, in der Tasche oder unterm Arm. Der Franzose scheint mit dem Baguette den Tag zu beginnen und zu beenden.

Zwar bekommt das international auch als „Pariser Brot" bekannte Baguette zunehmend hausgemachte Konkurrenz durch Grau- und Roggenbrote, wie sie in Deutschland beliebt sind. Zudem ist das Baguette qualitativ etwas in Verruf geraten. Minderwertiges Mehl, Streckmittel, chemische Zusätze, speziell industriell vorgefertigter Teig, der tiefgefroren und fertig geformt an die Bäcker geliefert wird, haben vor einigen Jahren sogar die Regierung aufgeschreckt und zu einer Art Reinheitsgebot für die Weißbrotstangen veranlasst. Aber das alles vermochte die Popu1arität des Baguettes nicht zu erschüttern. Es ist nach wie vor der Franzosen liebstes Brot und nicht wegzudenken aus deren Esszimmern.

Die Lexikographen sehen das pragmatischer. In „Lebensmittel und Ernährung A-Z" von Dr. Oetker heißt es unter dem Stichwort Baguette emotionslos: „Weizenbrot in Form 50-100 cm langer Stangen mit 6-8 cm Durchmesser und schrägen Einschnitten, hohem Krustenanteil, großporiger und heller Krume." Es darf bezweifelt werden, dass auch nur ein Franzose sein Baguette auf schräge Einschnitte hin untersucht, den Krustenanteil würdigt oder sich bewusst an der großporigen Krume erfreut. Was längst zur täglichen Selbstverständlichkeit geworden ist, wird weder analysiert noch definiert. Man isst es und stellt allenfalls fest, ob der Bäcker gewechselt werden soll oder nicht.

Sandwich

Es gibt unterschiedliche Arten von Hunger. Einer kommt, nach Tennis, Bergsteigen oder Schreibtischarbeit, direkt aus der Tiefe des Bauches. Dem ist die Seele schnuppe, der will nur satt werden und dies so unkompliziert wie schnell. Kunst geht nach Brot, hat Lessing diese Form des sozusagen brachialen Hungers beschrieben, was Bert Brecht drastisch so übersetzte: Erst kommt das Fressen, dann die Moral. Man kann auch sagen, dass die Kalorien über die Ästhetik triumphieren. Freilich gibt es Momente, in denen selbst der gewiefteste Gourmet, weil auf Reisen oder in Eile, sei es gehend, joggend, im Auto und selbst auf dem Fahrrad, auf das gesetzte Frühstück verzichtet und zum Ersatz greift: dem Sandwich, einem Hochstapler, doch einem mit Innenleben und nach Woody Allen eine wohltätige Kreation, weil es die Menschen von der warmen Küche erlöst.

Jedenfalls lässt sich ein Sandwich auf entzückend einfache Weise zubereiten und verspeisen, was die beiden Gründe für seine Beliebtheit als gefragtestes Brot weltweit sein dürften. In London wie in den USA bieten Delikatessläden um die hundert und mehr Sorten an. Frankophile Gourmets verspotten das Sandwich zwar als den größten Beitrag Großbritanniens zur Gastronomie und setzen hämisch hinterher, ein Buch über „Englische Küche" sei das dünnste der Welt. Experten wie der Gastro-Kritiker des amerikanischen Wall Street Journals höhnten schon vor Jahren, das "one hand menu" sei zu einer kaum essbaren, in Folie eingeschweißten Fabrikkost verkommen, mithin eher ein Symbol kulinarischer Zweitklassigkeit. Die Briten reagierten einerseits empört auf diese harsche Kritik an einem ihrer nationalen Heiligtümer, doch gab es auch Stimmen, die Besserung gelobten. Und siehe da, auf einmal lagen sogar in Supermärkten frische Sandwiches mit teils exotischen Füllungen, und bei Wettbewerben im Rahmen der „Total Sandwich Show" wird jedes Jahr das innovative Sandwich gekürt.

Von Haus aus ist das Sandwich ein gemütlicher, rustikaler Vetter des noblen Kanapees, das mit seinem Durchmesser von circa 2,5 Zentimeter vorzugsweise bei Stehempfängen grazil mit Daumen und Mittelfinger angefasst und in einem Happ in den Mund befördert wird. Die erste Aufgabe des Sandwichs ist das faxenlose Stillen des Hungers. Zweitens erlaubt es den Verzehr ohne jegliches Besteck. Ins Sandwich beißt du herzhaft hinein, wie es John Montague, Vierter Earl of Sandwich, wohl getan hat, als er, ein moralisch ziemlich dubioser Haudegen, um ein 24 Stunden währendes Kartenspiel im Londoner Hellfire Club nicht unnütz zu unterbrechen, zwei Scheiben Roastbeef orderte. Weil der Lord weder Finger noch Karten fettig machen wollte, ließ er der Überlieferung nach das mit Mayonnaise bestrichene Fleisch zwischen zwei oder drei Scheiben Weißbrote packen. Das geschah in der Nacht vom 6. auf den 7. August 1762; diese Tat läutete die Geburtsstunde des Sandwiches ein.

Die Basis eines klassischen Sandwiches ist ein entrindetes, sehr dünnes weißes Kastenbrot, das in Dreiecke oder Rechtecke im Umfang von sechs mal vier Zentimeter geschnitten wird. So historisch korrekt wird das längst nicht mehr in allen Küchen gesehen. Heute werden Fleisch, Fisch, Käse und Gemüse mit Saucen, Kräutern und Gewürzen zwischen vielerlei Brotarten gepackt und als Sandwich angeboten. In Frankreich stößt man auf das kugelige „Pain bagnat", eine Art gefüllte Monsterbrötchen. Unter dem Titel „Continental Sandwiches" segeln global die fingerdick mit Salaten, Mayonnaise, Schinken, Käse oder Thunfisch belegten Baguettehälften, auch Torpedo genannt. Die Türken kultivieren ihren Döner-Sandwich, in Italien gibt es die eher zierlich angelegten „Panini", gefüllt mit Schinken, Käse oder Fisch.

International erfolgreich sind die Tramezzini: rindenlose, feinporig und flauschigweich gebackene Weißbrotstullen im Viereck von 15 mal 15 Zentimeter geformt, sandwichmäßig gefüllt und dann zu Dreiecken geschnitten, wahlweise zwei- oder dreistöckig. Die Füll-Ideen sind grenzenlos: Thunfischcreme und Eischeiben, Schinkencreme und Spargel, Putenbrust auf Currymayonnaise, Gurke mit Frischkäse, Oliventartar und gebratene Steinpilze. Ein wesentliches Merkmal guter Tramezzini ist: Sie liegen inhaltsschwer in der Hand, sind von weicher Konsistenz und verführerisch gewölbt. Das skandinavische Smörgasbrod ist ein Sandwich auf Vollkornbasis. Die Deutschen steuern ihre gefüllten Pumpernickel bei. Den Hotdog als Sandwich-Variante zu bezeichnen, ist kühn, eigentlich übertrieben, denn das ist nur ein längliches Brötchen, das über eine daumendicke Stange gestülpt wird, wodurch ein hohler Gang entsteht, in den mit Senf oder Ketchup beschmierte Würstchen nach Art der Wiener beziehungsweise Frankfurter gesteckt werden. Die Stange ist übrigens heiß, so dass dem sehr weichen Brötchen sekundenlang eine Ahnung von Toastigem verliehen wird.

Zu filmischen Ehren gelangte das Pastrami-Sandwich, an dem sich Meg Ryan im New Yorker „Katz"-Deli delektierte und sich dabei zu ihrem ebenso berühmten wie epochalen Höhepunkt hochstöhnte, was einen Tisch weiter eine Frau animierte, genau dieses Gericht zu ordern. Unter dem ursprünglich jüdischen Pastrami wird in den New Yorker Feinkostläden – kurz Deli genannt – ein Sandwich mit gekochtem, mageren Rindfleisch, trocken gepökelt, eingerieben mit Salz und einer Würzpaste aus Knoblauch, Kreuzkümmel, Pfeffer, Zimt und Koriandersamen serviert. Das bislang teuerste Sandwich hatte Jean-Christophe Novelli 2003 anläßlich der Messe „Vive la France" in London als unverkäuflichen PR-Gag entworfen, bestehend aus Brot nach einem Backrezept aus dem 14. Jahrhundet, ungesalzener Butter aus der Vendée-Region und einer Marmelade aus Johannisbeeren, deren Samenkörner vor dem Einkochen mit einer Gänsefeder herausgefegt worden waren. Der Preis für diesen Prototyp: 486 Euro, willkürlich festgelegt, aber ausreichend, um journalistisch international gewürdigt zu werden.

Oscar Wilde hat das einzig wahre Cucumber-Sandwich in „The Importance of Being Earnest" literarisch verewigt: Man schneide eine geschälte Gurke in feine Scheiben, lege sie in eine Schale, übergieße sie mit Weinessig, lasse das Ganze eine halbe Stunde ziehen und die Scheiben anschließend gut abtropfen, bestreiche einige Weißbrottranchen mit Butter, lege die Gurkenscheiben zur Hälfte übereinander auf das Brot, streue Salz und Pfeffer darüber, lege eine ebenfalls mit Butter bestrichene Brotscheibe darüber, drücke die Lagen gut und regelmäßig zusammen, schneide zweimal über die Diagonale vier dreieckige Portionen und erinnere sich sowohl beim Servieren wie auch beim Essen an Oscar Wilde und seinen Algernon Moncrieff: „And speaking of the science of life, have you got the cucumber sandwiches cut für Lady Bracknell?"

Clubsandwich

Rezept für 4 Personen / Zubereitungszeit: 25 Minuten

Zutaten:

12 Scheiben Toastbrot
2 Hühnerbrüste gebraten
8 Scheiben Schinken
Butter
2 hartgekochte Eier
4 Spiegeleier (von beiden Seiten wachsweich gebraten)
2 Tomaten
1/2 Salatgurke
8 Scheiben Speck geröstet
16 grüne Oliven
8 El Cocktailsoße
1/2 Kopf Eisbergsalat in feine Streifen geschnitten

Zubereitung:

Die Toastbrotscheiben goldbraun rösten, mit Butter bestreichen und jeweils zwei Brotscheiben belegen mit Schinken, in Streifen geschnittenen Hühnerbrüsten, Eisbergsalat, angemacht mit Cocktailsoße, Tomaten und Gurken. Eine der Scheiben noch zusätzlich mit Scheiben der hartgekochten Eiern, die andere mit dem Spiegelei belegen. Die Brotscheiben zusammenlegen und mit einer dritten abdecken. Diagonal schneiden, mit einem Holzspieß zusammenhalten und mit Speck und Oliven garnieren.

Variante: „Lindstoembroetchen" mit Wachtelei

Das Tatar auf mit Butter bestrichene Brotscheiben streichen und mit der Tatarseite nach unten in heißem Butterschmalz kurz braten. Jeweils mit einem Wachtelspiegelei und frischer Kresse garnieren.

Markus Bischoff

Bagel, Muffin und Brownie

Bagel:

Es ist noch nicht lange her, dass selbst routinierte Frühstücker der Quizfrage „Ist rund mit einem Loch in der Mitte", ratlos gegenüber standen und vielleicht was von einem Mühlstein gemurmelt haben. Lediglich Kenner der amerikanischen Gastronomie wussten auf Anhieb die richtige Antwort: Bagel, schlicht „Bejgel" ausgesprochen. Dieses kreisrunde Hefegebäck, ehedem eine Spezialität osteuropäischer Juden, dann Nationalgebäck der US-Amerikaner, ist schließlich zum internationalen Kultkringel avanciert, in dem metaphysisch veranlagte Naturen wegen seiner hübsch runden Form ein Gleichnis für den ewigen Lebenszyklus des Werdens und Vergehens sehen. Handfeste Rationalisten erfreuen sich wohl auch an der aparten Form, doch eher hat es ihnen der sanfte Geschmack und die weiche Textur des Gebäcks angetan – und natürlich die Möglichkeit, den Bagel aufzuschneiden und mit allem zu füllen, wonach man gerade Lust hat.

Puristen schüttelt es beim Anblick gewisser Szene-Bagels, zwischen deren Hälften sich Roastbeef, blässliche Putenbrust und orangefarbener Cheddarkäse türmen, dekoriert mit Tomatenscheiben, Zwiebelringen, Gurken oder Bambussprossen. Es gibt Bagels mit eingebackenen Schokostücken, mit getrockneten Tomaten, Zwiebeln, Pickles und bestreut mit Sesam, gerösteten Kürbiskernen oder Mohn. Geradezu wie ein Kitschbomber wirkt der Camembert-Bagel mit einer Zweizentimeter-Schicht Käse plus Ananasring, Preiselbeeren und Sauce Tartar – einfach scheußlich. Auch der Pizza-Bagel ist bereits gesichtet worden, skandalöserweise sogar ohne Loch in der Mitte, dem eigentlich fundamentalen Bagel-Merkmal.

Dass jede Bäckerei ihr eigenes, gut gehütetes Rezept rühmt, gehört zum üblichen Werbegepluster. Die Grundzutaten fürs echte Bagel sind traditionell fixiert: Mehl, Wasser, Hefe, eventuell Zucker und auch etwas Malz. Damit der Bagel seine typische strukturelle Dichte und Bissfestigkeit erhält, wird er erst einmal kurz, etwa zwei bis drei Minuten lang, von beiden Seiten in heißem Wasser abgebrüht. Danach folgt der Backprozess im Ofen, wobei die Oberfläche mit etwas Eigelb bestrichen wird, was ihm den glasiert wirkenden goldbraunen Glanz verleiht. Dazu wird in einem Töpfchen der sogenannte „Schmer" gereicht: „Cream cheese", also Rahmfrischkäse, entweder pur gelöffelt oder flankiert von Räucherlachs.

Der Wunsch nach Abwechslung ist verständlich, doch gegenüber einem klassischen „plain bagel", rund 75 Gramm wiegend und fettlose 190 Kalorien schwer, kommen die exotisch belegten Monsterbagel wie kosmetisch und modisch aufgebrezelte Diven daher. Wie immer, wenn eine Tradition ihre Wurzeln verliert, sind der Phantasie keine Grenzen mehr gesetzt und der Verfremdung die Türen weit geöffnet.

Seinen Ursprung hat der Bagel in der ostjüdischen Küche als beliebter Bestandteil des sonntäglichen Frühstücks. Fliegende Händler boten das Gebäck, dank des Lochs auf lange Stöcken gespießt, in den Straßen an. Als gegen Ende des 19. Jahrhunderts die große Auswanderungswelle in die USA einsetzte, kam der Bagel mit den Bäckern nach New York, wo seine internationale Karriere begann.

Aus dem einstigen Sabbatkringel ist inzwischen ein Weltgebäck geworden, das vielen Köchen nur als schick gewordenes Brötchen zum Füllen dient, quasi als ein Medium für ihre Lust zum Experiment, die sich bis zur Garnierungswut steigern kann, wie es beispielhaft ein mit Erdnussbutter bestrichener, mit Krabbencocktail sowie Rosinen gefüllter, mit Ingwer und Zitronengras gewürzter und mit Sesamkörnern bestreuter Bagel obskur belegt. Nach der reinen Lehre ist ein Bagel eben mehr als ein Brötchen mit Loch und schon gar kein Gebäck zum absurden Belegen.

Muffin:

Wer den Muffin erfunden hat, weiß man nicht. Gewiss ist, dass die Engländer den kleinen, saftigen, weich und locker strukturierten Babykuchen bereits im 18. Jahrhundert zum Frühstück und zum High Tea aßen. In der Mitte des 19. Jahrhunderts gelangte das aparte Hefetörtchen nach Nordamerika, wo es rasch populär wurde und als süßere Variante zum beliebten Naschwerk aufstieg. Heute gibt es Hunderte von Rezepturen, werden Muffins mit frischen Früchten oder Marmelade, mit Schokolade, Quark und Nüssen, mit geraspelten Karotten, Kokosflocken und Ananas, Äpfeln und werweißnichtnochwas angeboten.

Die Basis ist ein Hefe-, Rühr- oder auch Biskuitteig – wie es gefällt. Original wird der Teig zum Backen in mittelgroße Papierbackförmchen gefüllt und darin auch aufgetischt. Selbst ernannte „Muffinisti" gerieren sich kreativ wie ein neumodischer Regisseur, der um jeden Preis provozieren und in die Schlagzeilen will. Sie schrecke vor nichts zurück. Es gibt Gemüse-Muffins, Kürbis-Muffins, sogar Käse-Schinken-Muffins und für Leckermäuler ein Tiramisu-Muffin.

Wrap

Eine aktuelle Variante des Einhandfrühstücks sind die Wraps: Dünne Weizentortillas, in die man alles, was essbar ist, füllen kann. Das Urheberrecht auf den Namen, der übrigens mal mit einem, aber auch mit zwei p geschrieben wird, nehmen vier Köche in San Francisco für sich in Anspruch. Angeblich sind sie während eines Urlaubs in Mexiko dahingehend erleuchtet worden, dass man leichte, fettarme und gesunde Küche aus aller Welt im Weizenmehlwickel anbieten kann und soll – und somit war "World Wrapps" in der Chestnut Street geboren. Seither sind diese mexikanisch und amerikanisch inspirierten bunten Fladen weltweit ein Renner.

Das Rezept ist einfach. Man nehme eine klassisch dünn gebackene Tortilla um die 25 bis 30 Zentimeter Durchmesser, hauche ihr die jeweils modische Farbe der Saison ein – Spinat fürs Grün, getrocknete Tomaten fürs Rot, Safran fürs Sonnengelb, Tintenfischblut fürs elegante Schwarz, fülle sie mit allem, was von Gemüse über Rühreier, Hummerfleisch, Brathuhn und Lammcurry bis Schinken zur Verfügung ist und gefällt, rolle und falte sie zusammen und genieße sie als trendige Fastfood-Spezialität. Es gibt die Fladen auch aus blauem Wildmais oder Vollkornmehl. Der Name leitet sich aus dem Amerikanischen ab: „to wrap" bedeutet so viel wie verpakken beziehungsweise einwickeln.

Wrap

Die Tortillafladen gibt es im Handel, aber selbstverständlich kann man sie auch selber herstellen. Für ein Dutzend Dreißigzentimeterfladen benötigt man:
500 Gramm Weizenmehl, 125 Gramm Öl (alternativ: weiches Butterschmalz), einen Esslöffel Salz, einen Viertelliter warmes Wasser. Das Öl wird mit dem Mehl vermischt, nach und nach das Salzwasser hinzugefügt und daraus mit der Hand oder einer Rührmaschine ein Teig geknetet. Den in zwölf Portionen teilen, in eine Folie wickeln und circa 30 Minuten ruhen lassen. Danach die Teigbälle flachdrücken und mit einem Nudelholz rund ausrollen, bis die Tortillas 15 bis 20 Zentimeter groß sind. Dann die Fladen weiter ausziehen und in der Pfanne kurz – eine Minute - von beiden Seiten oder eingeschlagen in einem Tuch im Backrohr bei 100 Grad bräunlich garen. Farbige Fladen erhält man durch das Beimischen von pulverisierten Tomaten, Chilis oder klein gehacktem Spinat.

Tortillas gehören zwar seit langem zum festen Repertoire der kalifornischen und texanischen Küche. Doch die Griechen stopfen seit der Antike kleine Mahlzeiten in eine Pita-Teigtasche, in der Türkei kennt man Lahmacun-Pizza, Franzosen füllen mit kreativer Leidenschaft die dünnen Crêpes, Österreicher ihre Palatschinken und in Japan werden Makis auf Bambusmatten zusammengerollt. Aber die phantasievollen, meist asiatisch gewürzten Wraps haben die an sich simplen Fladen zu einem neuen Eß-Genre aufgewertet, dem in San Francisco wie in New York gehuldigt wird. Ein Vorläufer dieser Wickelküche ist übrigens die klassische Peking-Ente, die happenweise mit kleinen Teigfladen serviert wird.

Müsli

Einen notorischen Müsli-Fan graut es bei einem Blick in die deutsche Kulturgeschichte, Abteilung Frühstück. Der Begriff, erstmals im 15. Jahrhundert dokumentiert, bezeichnete das „früh morgens gegessene Stück Brot", was nicht unbedingt wörtlich zu nehmen ist, weil darunter im Mittelalter auch eine nach dem Aufstehen gelöffelte Biersuppe zählte. Und in reichen Haushalten gab es zum Frühstück nebst Würsten bereits Geflügel, Schweinernes und dergleichen Rustikalitäten, serviert mit Brotfladen und Wein, der damals freilich nur geringe Alkoholwerte hatte und gesünder war als das oft verschmutzte Wasser. Arme begnügten sich mit einem Getreidebrei, doch Müslis in der heutigen Fasson – immerhin für 40 Prozent der Deutschen ein morgendliches Ritual – waren unbekannt.

Vor gut hundert Jahren war es, als der vollbärtige Maximilian Bircher-Benner, Schweizer, Arzt und Gesundheitsprophet, das später nach ihm benannte Müsli komponierte. Das Basisrezept seines „D Spys" betitelten Prototyps: Pro Person ein gestrichener Esslöffel Haferflocken, eingeweicht in dreimal so viel Wasser plus je einem Esslöffel Zitronensaft und gezuckerter Kondensmilch (ist gut für die Bindung), sowie 200 Gramm geraspelte Äpfel und obendrauf ein Esslöffel geriebene Haselnüsse. Alphirten hatten ihn übrigens dazu animiert, er war bei einer Bergtour von einer Sennerin mit einem „recht seltsamen Essen" bewirtet worden: zermahlenes Korn, gemischt mit Obst, Milch und gehackten Nüssen.

Markus Wasmeier, Ex-Skirennläufer

Startet im Regelfall mit Müsli in den Tag, mischt sich die Zutaten selber, bestehend üblicherweise aus Haferflocken, Rosinen, einem geriebenen Apfel, Joghurt und etwas Milch.

Das originale Bircher-Müsli wird zwar heute kaum mehr angerichtet, aber schon der Erfinder hatte das Thema flexibel gehandhabt und selber etliche Varianten aufgezeichnet. Allergikern empfahl er beispielsweise, die Speise mit Mandelpüree anstatt Milch anzurühren. Wer aufs Abnehmen abonniert war, sollte die Kondensmilch durch Joghurt ersetzen, wohingegen jene, die an Gewicht zulegen wollten, das Müsli zusätzlich mit Rahm und Honig anreichern sollten. Grundsätzlich forderte der rührige Doktor erntefrisches und unbehandeltes Obst, doch im Winter ließ er auch Dörrobst gelten – schließlich gab es um 1900 noch keine globale, die Saison überspielende Wirtschaft mit Erdbeeren im Januar.

Grob gerastert gibt es drei Zustandsformen eines modernen Müslis, nämlich das feine, das körnige und das fruchtige – je nach Zutaten und deren Behandlung. Wer sich nicht mit konsequenter Schlichtheit à la Original-Bircher begnügt, kann die Phantasie am langen Zügel einsetzen. Ob man Schokostücke unter die Flocken mischt, exotische Früchte wählt, mit diversen Vitalstoffen spielt, ob man das Müsli mit Milch, Joghurt, Rahm oder Fruchtsäften anlegt, ob man weißen, braunen, gar keinen Zucker, Honig oder Sirup nimmt, ob die Weichselkirschen aus der Büchse oder direkt vom Baum stammen, ob man das Gericht mit Sesam oder anderen Körnern anreichert: schön, gut und richtig ist, was gefällt und Max Bircher-Benner hätte auch an einem exotisch designten Müsli seine Freude, solange die Produkte stimmen.

Wichtiger als eine exakt fixierte Rezeptur war dem Mann das sinnliche Drumherum. In seinen 25 Grundregeln für eine gesunde Ernährung plädierte Bircher für langsames, bewusstes, wohl genüssliches, doch zugleich bescheidenes Speisen.

Vollkornbrot war ihm ein Muss, vor allem jedoch das Gebot, sich die Mahlzeit nicht schon am Morgen durch aufregende Nachrichten zu verderben. Radio war bei ihm zum Frühstück ebenso verpönt wie die Frau, die bei Tisch über Haushalt, unfolgsame Kinder und ähnliche Unannehmlichkeiten lamentiert. Sein Müsli war als eine Art aufbauende „Sonnenlichtnahrung" der Gegenentwurf zu den eher schwer konzipierten Mahlzeiten aus viel Fleisch, Weißbrot, dumpfen Soßen, obendrein alles zu lange gegart und zu scharf gewürzt.

Den Spott seiner medizinischen Kollegen konnte Dr. Bircher gut ertragen, denn die Heilerfolge in seiner Klinik „Lebendige Kraft" waren offensichtlich. Er reformierte allerdings nicht nur die Ernährung, sondern gleich den ganzen Menschen. Luftbäder gehörten ebenso zur Therapie wie barfüßiges Tänzeln durchs taufrische Gras. Kalte Güsse wurden verabreicht, Wickel gesetzt und Massagen verabreicht. Stramme Spaziergänge am Morgen gehörten ebenfalls zum Fitness-Programm. Man kann also sagen, dass der Müsli-Erfinder visionär so etwas wie die Wellness-Welle angestoßen hat, und klassisch ist seine Antwort auf die Frage nach seiner Neigung zu roh verzehrtem Obst und Gemüse: „In praxi glaubt wohl niemand, dass es gleichgültig ist, ob man eine Ziege mit frischem oder gekochtem Gras ernährt."

Pflaums Müsli

Rezept für 4 Personen

Zutaten:

4 El Sprießkornweizen
2 El Mungobohnen
2 El Rosinen
2 El Mandelblättchen
2 Äpfel
100 g grüne Trauben
4 El Schlagsahne
3 El Sprießkornhafer
2 El Sonnenblumenkerne
2 El Haselnüsse
je 2 Orangen und Bananen
100 g blaue Trauben
2 Becher Sahnejoghurt
4 El Zitronensaft

Zubereitung:

Weizen, Hafer und Mungobohnen über Nacht in reichlich kaltem Wasser quellen lassen. Am nächsten Tag abgießen, abbrausen und abgedeckt ohne Wasser keimen lassen. Zwischendurch abspülen. Keimdauer 2–3 Tage. Rosinen waschen. Orangen schälen und spalten, die Filets zwischen den Trennhäuten herauslösen. Äpfel waschen und würfeln, Bananen schälen und in dünne Scheiben schneiden. Die Früchte mit dem Zitronensaft beträufeln. Trauben waschen, halbieren und ggf. entkernen. Haselnüsse mahlen. Die Mandelblättchen und die Sonnenblumenkerne in einer Pfanne ohne Fett leicht rösten. Joghurt und Sahne gut verrühren. Die Keime und die Zutaten auf einem Teller anrichten, den Joghurt dazu extra servieren.

Herrmann Pflaum

Cerealien

Der Ursprung für diesen Begriff, einem Überwort für Cornflakes und jegliche Form von geröstetem sowie gepopptem Getreide bis hin zum klassischen Müsli, atmet göttlichen Geist – keine schlechte Verwandtschaft für derart Vegetarisches. Ceres, die Erdmutter und als römische Göttin zuständig für Ackerbau und die Ehe, hat den Cerealien ihren Namen gegeben. Zwar wird bereits von antiken Griechen und Römern berichtet, die sich morgens Getreidemüslis einverleibt haben, aber der globale Siegeszug dieser Frühstücksflocken begann in Nordamerika, genauer gegen 1894 in Battle Creek in Michigan, wo Dr. John Harvey Kellogg, ein Chirurg, religiöser Fundamentalist und seit 1876 Leiter einer Klinik mit dem sinnstiftenden Namen "Sanitarium", die Cornflakes erfand, damals noch zuckerfrei und Granose genannt.

In erster Linie hatte JHK (1852–1943) nicht Knusperspaß zu den Flakes geführt, sondern die Idee, gesunde Energiespender als Gegenwelt zum damals üblichen Frühstück mit viel Fleisch zu schaffen, das laut Kellogg die Ursache für allerlei Unartiges von Bauchweh bis hin zu finsteren Gedanken war. Dazu muss man wissen, dass ein finanziell halbwegs gut gestellter Amerikaner im 19.Jahrhundert schon morgens am liebsten Würste, Täubchen, Schweinsfüße und Austern verzehrte. Chroniken ist zu entnehmen, dass „frittiertes Schwein in dicken Stücken" morgens, mittags und zum Dinner aufgetischt worden ist – mit problematischen Folgen für die Verdauung, prägnant als „Americanitis" bezeichnet. Weil Brot, steinhart und von erbärmlichem Geschmack, als Alternative gegen diese „Selbstvergiftung" zu eintönig und bieder war, forschte Kellogg mit seinem jüngeren Bruder Will Keith (1860–1951) intensiv nach einer ebenso gesunden wie schmackhaften Lösung.

Angeblich sei den Brüdern bei ihren Versuchen über Nacht eine neue Teigmischung aus gekochtem Weizen stehen geblieben, was am Morgen zur wundersamen Eingebung führte, diesen Fladen auszuwalzen und in kleine Flocken zu zerbröseln. So steht es in der Firmenlegende als Geburtsstunde der Cerealien. Tatsache ist jedenfalls, dass aus der Mission des genussfeindlich eingestellten John Harvey Kellogg wider die durch Fleischverzehr provozierten sinnlichen Begierden ein Nahrungsmittel entstand, das heute 2,7 Millionen Tonnen schwer pro Jahr auf die Frühstückstische der Welt bröckelt. Kellog's ist Weltführer im Reich der Cerealien, vor Nestlé, Dr. Oetker und anderen Firmen.

Für den wirtschaftlichen Erfolg war nicht der ökonomisch unterbegabte John Harvey verantwortlich, sondern dessen Bruder Will Keith, der ab 1890 das Unternehmen sukzessive neu organisierte. Er tat dies mit wachem Blick fürs Marketing, wozu auch gehörte, dass den Flocken – entgegen der Predigt des puritanischen Bruders – Rohrzucker hinzugefügt wurde. Von da an stieg der Absatz geradezu explosiv an. Die Brüder hatten sich darob bald nicht mehr viel freundliches zu sagen, aber Kellogg's avancierte dank ständig neuer Produkte zum Fürsten der Frühstücksflocken.

Ganz ohne Unschuld sind die krümeligen Energiespender freilich nicht mehr. Ernährungswissenschaftler zürnen längst über gesüßte Abarten wie Frosties, Froot Loops, Pop Tarts, die Protoflocke mit Zuckerguss oder die Chocapics. Da sei es gesünder, die Verpackung zu essen, giftete kürzlich eine Medizinerin.

„Ein Apfel bringt mehr", meinen auch andere Ernährungsberater und verweisen darauf, dass ein gutes Müsli hochwertiger sei als normale Cerealien. Zwar gilt Getreide als die Basis einer gesunden Ernährungspyramide und die Flocken sind prinzipiell durchaus positiv zu sehen, aber kritisiert wird vor allem der in vielen Cerealien enthaltene Zucker; der lasse den Zuckerspiegel rasch ansteigen, doch falle die Energiekurve bald darauf jäh ab. Im Müsli hingegen würden die Kohlehydrate langsamer aufgespalten, was eine kontinuierlicher verlaufende Energieversorgung gewährleiste. Außerdem würden sich natürliche Vitamine und Mineralien, wie sie ein ideal komponiertes Müsli enthalte, im Gegensatz zu künstlich zugeführten weit effizienter in eine Zelle einschleusen.

Müsli und Getreideflocken sind vor allem in der warmen Jahreszeit anfällig für Mehlmotten, deshalb empfiehlt es sich, Müsli & Co. gleich nach dem Kauf in luftdicht verschließbare Gläser oder Dosen umzufüllen.

Das mag so sein, wer will Wissenschaftlern schon widersprechen, zumal es auch Professoren gibt, die Cerealien ungeniert in höchsten Tönen rühmen. Die tägliche Abstimmung am Frühstückstisch spricht ebenfalls für Kellogg's & Co. Will Keith Kellogg, der 1951 im Alter von 91 Jahren und zehn Monaten starb, braucht sich also nicht posthum zu grämen. Er soll den Erfolg seiner milliardenschweren Gesellschaft so beschrieben haben: „Ein Geschäft, das auf Werbung aufgebaut ist." John Harvey hat das wohl anders gesehen als sein lebensfröhlicher Bruder, aber auch er, der puritanische Ballaststoff-Prediger, scheint über gewissen Humor verfügt zu haben, wie sein angeblicher Ausspruch vor dem Tod nach 91 Jahren und sieben Monaten bezeugt: „Nicht schlecht für einen Grasfresser!"

Fingerfood

Zum klassischen Ernährungskanon des Menschen, der nicht asketisch veranlagt ist oder gerade fastet, gehören drei tägliche Mahlzeiten, woran vor allem bemerkenswert ist, dass morgens meistens dasselbe gegessen wird. Da halten sich Frau wie Mann ängstlich an festgelegte Rituale; das hat, psychologisch betrachtet, wohl damit zu tun, weil man sich kurz nach dem Verlassen des schützenden Bettes besonders verletzlich fühlt und jegliches Risiko scheut – auch das eines Frühstücks jenseits der Norm. Und doch gibt es Stimmungen, in denen ein kulinarischer Seitensprung kein Wagnis darstellt, sondern ein lustvoller Start in den Tag sein kann.

Man nehme ein Toastbrot, halbiere es diagonal und bestreiche es mit einer nach Gusto gewürzten und im Mixer pürierten Avocado. Man mische gewürfelte und geröstete Brötchen mit klein geschnittenen Gurken, Zwiebeln, Tomaten und Lauch zu einem Salat und fülle den, apart mariniert, in eine ausgehöhlte Tomate. Man brate kleine Garnelen wie Gamberetti kurz in Öl an und serviere sie mit Weißbrot. Man fülle ein Chicoree-Schiffchen mit einer Avocado-Chillicreme. Man dünste und hacke Steinpilze und packe sie in kleine Blätterteigtaschen. Man bereite eine Gazpacho, würze diese kalte Köstlichkeit mit Koriander und fülle sie in Tassen. Derartige Leckereien nennen sich Fingerfood und ergeben ein Frühstück mit anderen Mitteln als den üblichen.

Das Essen mit den Fingern ist die archaischste Form des Genießens. Kein Messer und in der Regel auch keine Gabel steht störend zwischen Nahrungsmittel und Mund, dessen Lippen sich wie zum Kuss geschürzt dem Objekt öffnen. Solche Einhandpikanterien lassen sich ohne protokollarisches Tamtam essen und sind ideal, wenn Gäste am Frühstückstisch sitzen. Fingerfood fördert die Kommunikation und selbst zarte, unsichere Seelen werden beim Verzehr eines Zweieuro großen, rosa gebratenen Lammfilets, das mit süßsauren Schalotten nebst einem frischen Thymianzweiglein auf einem Crouton präsentiert wird, geradezu keck.

Das Ei

Hommage an das Symbol des Lebens – Ei love you

Philosophen mögen sich in Phrasen winden, doch den Volksmund wird man nie bei einem geistigen Eiertanz überraschen. Er formuliert auch dann faxenlos seine Meinung, wenn es um das Symbol des Lebens geht: „Ob Mensch, ob Tier, es bleibt dabei, ihr Ursprung ist ein kleines Ei." Somit wäre die uralte Frage, was zuerst da war, die Henne oder das Ei, gelöst. Hühner selber kennen keine Ideologie. Die meisten weißen Eier stammen von weißen Hennen, die meisten braunen von braunen, doch gibt es auch braun legende weiße Rassen und umgekehrt. Mal legen sie das Ei mit dem stumpfen Pol voran, dann mit dem spitzen – wie es ihnen gefällt.

Jedenfalls ist ein Frühstück ohne Ei undenkbar. Es gilt als Symbol des Lebens und ist so vollkommen in seiner Form, dass jeder Designer davon träumt, es vor dem großen Stylisten namens Natur geschaffen zu haben. Zwar hat die Ernährungswissenschaft mit dem Hinweis auf Cholesterin einen Schatten auf Eierspeisen geworfen. Zu viel Ei sei ungesund. Aber bitte, was ist zu viel? Bismarck hat bis ins hohe Alter hinein Eier elegant mit einem Hornlöffelchen aufgeklopft. Madame Pompadour und Napoleon liebten Eier, ebenso der Dichter Jean Paul, der Maler Menzel und der Komponist Händel. Wer seinen Körper kennt, wird schon wissen, was dem frommt, und eine kleine österliche Eierorgie hat noch niemandem geschadet.

Im finnischen Nationalepos „Kalevala" legt der Gott der Lüfte in Gestalt einer Ente auf das aus dem Ur-Ozean herausragende Knie einer schlafenden Meeresgöttin sieben Welteneier aus Gold und Eisen, aber durch eine unachtsame Bewegung der Wassermutter brechen die Eier – und daraus entstand das Universum. So einfach war das. Die alten Germanen sahen im Ei das Göttliche und das Geheimnis der Fruchtbarkeit. Also aßen sie fleißig Eier, bevor sie in die Schlacht zogen oder zur Geliebten gingen. Später kamen die Eier ins Gerede; man dachte, der Teufel stecke darin sowie der Fluch der Fleischeslust, und Mönche gab es, die predigten, Hexen bedienten sich der Eier als Zaubermittel, indem sie in die Spitze der Innenseite eines Eies den Namen des Opfers schrieben.

Leider wird dem Ei als kulinarischem Solo nur selten die gebührende Aufmerksamkeit geschenkt. Omelettes geraten meist zu trocken, Spiegeleier zu hartrandig. Letzteres ist perfekt, wenn das Weiße wie das Gelbe die gleiche Konsistenz haben und der Dotter mit einer leicht irisierenden Haut, dem berühmten Spiegel, überzogen ist. Dazu bedarf es eines feuerfesten Geschirrs von kleinem Durchmesser – damit sich das Eiweiß nicht zu weit ausdehnt –, in dem bei kleiner Hitze etwas Butter zerlassen wird. Die Eier hineinschlagen und das Pfännchen in die Bratröhre schieben, wo bei leicht stärkerer Ober- als Unterhitze die Spiegeleier in drei bis vier Minuten wohl geraten.

Wie beim Spiegelei glauben auch beim Rührei viele, das habe nichts mit Kochkunst zu tun. Welch ein Irrtum! Das erste Gebot heißt: kleine Hitze! Das zweite lautet: Butter, Butter, Butter! Die Eier in eine schwere Pfanne schlagen, salzen, pfeffern, zerquirlen und bei geringer Hitze (am besten: im Wasserbad) so lange mit dem Schneebesen rühren, bis der Brei die ersten Anzeichen von Festwerden zeigt; ein paar Spritzer Sprudelwasser begünstigen übrigens das Luftige. Nun in kleine Stückchen geschnittene Butter hineinrühren, immer wieder, bis das Gericht dickflüssig, aber noch nicht eigentlich gestockt ist und golden glänzt. Ein Rührei darf keine Haut haben, es muss aussehen wie ein federleichtes, schaumiges Wölkchen.

Ein Fest fürs Auge ist ein luftig geratenes Ei-Soufflé, apart serviert in der ausgehöhlten Eierschale. Sinnliches Vergnügen bereitet ein mit Geflügellebermus gefülltes „Rouener Omelette", hinreißend schmecken Spiegeleier nach „Nizzaer Art" auf geschmolzenen Tomaten, vermischt mit Estragon sowie Sardellenstreifen. Delikat ist ein Spiegelei auf Spinat mit weißen Trüffeln (ersatzweise parfümiert mit Trüffelöl). Schwarze Trüffel vervollkommnen Rühreier. Raffinesse haben wächsern gekochte Siebenminuteneier, halbiert, serviert auf Kartoffelpüree mit Kresse und flankiert von einer geschmeidigen Senfsauce – oder echtem steirischem Bauernkürbiskernöl.

Dieses Ei à la Therese ist nicht so kostbar wie das "Liebestrophäe" genannte Schmuckei des berühmten Juweliers Fabergé, das Zar Nikolaus an Ostern 1905 seiner Frau schenkte, aber es ist tausendmal leckerer. Hauptsache bei einem Ei ist nämlich, dass sich im tiefgelben Dotter so etwas wie die Erinnerung an die Sonne über dem Bauernhof spiegelt.

Frühstücksei „der guten Hoffnung"

Die Spitze eines rohen Bio-Eis vorsichtig abschneiden (mit Hilfe eines kleinen Sägemessers), das flüssige Ei in eine Schüssel geben.
Die leere Eierschale in einen Eierbecher setzen.
Das Ei mit etwas flüssiger Sahne verrühren, salzen und pfeffern und in die Eierschale zurückfüllen. Nun nach Belieben verfeinern, z. B. mit Schinkenwürfeln, Gänseleberwürfeln, Speck, frischen Kräutern, schwarzem Trüffel etc. Auch Kaviar passt ausgezeichnet, diesen jedoch erst nach dem Garen auf das Ei geben!
Auf diese Weise lassen sich verschiedenste Varianten in einem Arbeitsgang herstellen. Die Eier im Becher in ein Wasserbad stellen, bedecken und in leicht kochendem Wasser 7–10 Min. pochieren, je nachdem, welche Konsistenz der Eiermasse gewünscht wird.
Das Ei lässt sich dann direkt aus der Schale löffeln.

Karl Ederer

....
....
....

Omelette, Pfannkuchen, Palatschinken, Crêpes

Das Chaos beginnt gewöhnlich mit der Verwirrung der Begriffe – und schon ist man mittendrin in der Physiognomie der Eierspeisen rund um den Pfannkuchen. Für jeden fünften Deutschen gehört laut einer Umfrage des Magazins "Der Feinschmecker" ein Pfannkuchen oder Omelett zum unverzichtbaren Ritual eines Frühstücks, um das noch nachtmüde Gemüt in Schwung zu bringen. Aber wer weiß schon, was genau ein

Omelett vom Pfannkuchen unterscheidet, was eine Palatschinke ist und wie die Crêpes einzuordnen sind. Selbst gastronomische Lexikologen sind sich in der Definition nicht immer einig und lavieren in der Begriffsbestimmung locker auf der Oberfläche umher.

Als gewiss darf gelten, dass jedes dieser Gerichte zur Großfamilie der Eierspeisen zählt, denn das Ei fehlt in keinem Rezept, nur dass es in unterschiedlicher Weise eingesetzt wird, mal als Ganzes oder getrennt in Dotter und zu Schnee geschlagenem Eiweiß. Gesichert ist ferner, dass ein Omelett in seiner klassischen Version stets ohne Mehl zubereitet wird. Crêpes sind nach bretonischem Vorbild in der Regel hauchdünn gebackene Pfannkuchen aus Mehl, Milch und Ei. Und die Palatschinke aus Österreich lässt sich so beschreiben: zusammengerührt aus Mehl, Ei und Salz mit Milch, im Ergebnis dünner als der deutsche Pfannkuchen, doch dicker als die französische Crêpe. Und wenn man dem Teig zum Schluß, damit die Kohlensäure nicht schon vorher verfliegt, etwas Sprudel zusetzt, wird die Palatschinke luftig wie fast ein Soufflé.

Außer dem Ei gibt es eine weitere konstitutionell zu nennende Gemeinsamkeit unter den Mitgliedern der Pfannkuchen/Omelett-Sippe: Jedes Gericht dient als Basis für süße oder herbe Weiterbildung und lässt sich auf unterschiedlichste Art und Weise füllen oder sonstwie anreichern. Küchenpolitisch geradezu omnipotent ist die Palatschinke. Sie wird, gefüllt mit Marmelade, Quark, Schokolade, Nüssen und Topfen zur Süßmadame, doch brilliert sie auch mit herzhaften Füllungen wie etwa Rinderhack, Wildfleischragout, pikant gewürztem Gemüse, Pilzen, Spinat oder schlichtem Kräuterquark. In feine Streifen geschnitten wird sie zur Suppeneinlage namens Fritatten, zerreißt man den Teig, entsteht der Kaiserschmarrn. Der Name entstammt dem Rumänischen – abgeleitet vom lateinischen Placenta für Kuchen – und wurde dann über das ungarische Palacsinta ins Österreichische entlehnt.

Der aus Ei, Milch und Mehl nebst Salz und/oder Zucker bereitete Pfannkuchen wird – Nomen est omen – in der Pfanne zu einer mehr oder minder dicken Schicht gebraten, im Regelfall beidseitig. Für dünne Pfannkuchen schlägt man ganze Eier direkt in den Teig, will man den Eierkuchen dicker und luftig, so wird das Eiklar steif geschlagen und extra dem Teig beigemengt. Nach Belieben und Rezept können solchem Teig noch vor dem Garprozess diverse Zutaten von Gewürzen über Rosinen, Äpfel, Kirschen, Blaubeeren, angebratenen Speckstückchen und Schnittlauch bis hin zu Gemüse beigemengt werden. Er ist wie seine engen Verwandten ein so genanntes Schnellgericht und schon aus diesem Grund eine ideale Frühstücksspeise, die sich wunschgemäß süß oder herzhaft anlegen lässt, wobei die kernige Version am besten seinem Naturell entspricht.

Der normale Pfannkuchen wird mit Apfelmus, Marmelade, Zucker und Zimt bestreut und gerollt, aber was ist schon normal, wenn Phantasie nicht nur erlaubt, sondern beim Eierkuchen herausgefordert wird. Bedingt durch den Einfluss der Crêpe ist aus dem einstmals eher bieder inszenierten Pfannkuchen längst ein internationaler Küchenstar geworden, doch einer mit sozusagen deutschem Herz, denn gegenüber der französischen Crêpe steckt in ihm immer noch mehr Mehl und weniger Ei; zudem ist er in der Form etwas dicker.

Die Crêpe ist die schlankste Ausgabe eines Pfannkuchens, idealerweise seidendünn in Untertassengröße gebacken aus Mehl, Milch sowie Ei und mit allem gefüllt, was lecker ist. Tradition hat die süße Variante, wie es die Crêpe Suzette ebenso raffiniert wie delikat belegt. Doch tempora mutantur, die Zeiten ändern sich und mit ihnen wandeln sich die Moden und Rezepturen, sodass Crêpes heute international und auch bereits als erster Tageshappen in herzhaften Varianten zubereitet werden. Der Name leitet sich übrigens vom französischen „crêper" ab, was kräuseln heißt und bereits bildhaft auf den Eierkuchen hinweist. In der Bretagne, ihrer Urheimat, ist es noch Brauch, dass die Braut zum Hochzeitsfest eine Crêpe backt und diese durch einen Luftsprung wenden muss – gelingt ihr dieses Manöver, steht die Ehe unter einem guten Vorzeichen.

Viele Gesichter hat auch das Omelett (oder Omelette), die elegante Schwester des rustikalen Pfannkuchens. Es ist keine französische Erfindung, wie der Name vermuten ließe, denn bereits im antiken Rom gab es diese Eierspeise, aber der Kreativität der Köchinnen und Köchen aus Frankreich sind die grenzenlos vielen Arten der Zubereitung zu danken. Omelettes lassen sich wie Palatschinken süß oder pikant füllen, je nach Stimmung. Man kann sie flach und pur essen, füllen und falten, bestreichen und rollen oder auf beiden Seiten bräunen und mit heißer Butter beträufeln. Die flambierte Version ist eher für den Abend als den Morgen geeignet, doch eines gilt unabhängig von der Tageszeit: Ein gutes Omelett muss locker strukturiert sein, saftig und von leuchtend goldbrauner Farbe, sodass man schon beim Frühstück und selbst an trüben Tagen meint, die aufgehende Sonne zu erleben.

Salz & Pfeffer

Salz:

Niemand weiß, ob die Götter im Olymp feinschmeckerisch speisten, aber bekannt ist ihre Wertschätzung für Salz. Sie bestanden strikt darauf, dass die ihnen dargebrachten Opfer angemessen gesalzen waren, was wohl Homer motivierte, Salz als ein göttliches Gewürz zu preisen. Der Volksmund, der ja bekanntlich überall dort mitspricht, wo es um die wahrhaft elementaren Dinge menschlichen Lebens geht, mißt dem Salz eine außerordentliche soziale Bedeutung bei durch die – von Goethe übrigens literarisch sanktionierte – Erkenntnis, dass man erst einen Scheffel Salz mit jemandem gegessen haben müsse, um ihn wirklich gut zu kennen. Salz diente in früheren Zeiten als Zeichen der Treue zur Besiegelung von Bündnissen. Das Ausschütten des Salzes hingegen wurde als Zeichen des Verrats und der Aufkündigung der Freundschaft gedeutet – auf da Vincis „Abendmahl" hat Judas gerade das Salzfass umgestoßen!

Salz und Brot mit jemandem zu essen, das symbolisiert bis heute die aktive Gastlichkeit. Salz bewahrt das Tote vor Zersetzung und wurde so zum Sinnbild des Lebens – Salz und Brot machen Wangen rot! Aphrodite, die Göttin der Liebe, war dem salzigen Meer entstiegen, und so überrascht es nicht, dass Salz auch eine gehörige aphrodisische Wirkung angedichtet worden ist. Das „Einsalzen des Ehepartners" galt als probates Mittel, um dessen Manneskraft und Leidenschaft zu steigern. Und unter gesalzenen Sprüchen versteht man anzügliche Reden. Der Lateiner sagt „cum grano salis", wenn in einer Geschichte zumindest ein Körnchen Wahrheit steckt. Salz ist ein Grundstoff des Lebens und das älteste Gewürz der Welt.

Infos über Salziges, Ausstellungen, Publikationen und mehr, auch international, bietet das Deutsche Salzmuseum in Lüneburg unter:

www.members.aol.com/salzmuseum/besuch.htm

Der menschliche Körper braucht Salz; wie hoch dieser Bedarf ist, darüber streiten die Mediziner heute heftiger denn je. Für den erwachsenen Frühstücker ist ein Körnchen Salz unverzichtbar, sobald ein weich gekochtes Ei auf dem Tisch steht, ein Frischkäse pikant angemacht wird, vielleicht sogar eine Gänseleberpastete der entscheidend subtilen Verfeinerung bedarf. Wer schon vor dem Frühstück sportlich tätig gewesen ist oder verkatert den keimenden Tag angeht, wird Salz wie einen essenziellen Freund willkommen heißen. Die Frage ist nur: welche Art soll, muss es sein?! Denn einfach Salz, das war einmal, heute steht ein breit gefächertes Sortiment an diversen Salztypen zwischen schlichtem Tafelsalz und Fleur de Sel zur Verfügung. Man muss schon ein Dr. Salz sein, um sich in diesem Labyrinth zurecht zu finden, um für jede Stimmung und jede Speise die genau passende Sorte auszuwählen.

Die qualitativen wie geschmacklichen Unterschiede sind groß, und dies nicht nur zwischen den einzelnen Arten, sondern auch innerhalb einer Sorte. So erfreulich sich die in den letzten zehn Jahren dramatisch gewachsene Salzkultur darstellt, so problematisch ist diese neue beziehungsweise neu vermarktete Vielfalt auf der anderen Seite. Denn die Güte hält keinesfalls Schritt mit der Vielfalt des Angebots. Neben Steinsalz, Meersalz, Diätsalz, Salinensalz, jodiertem Speisesalz und Tafelsalz gibt es Himalayasalz, Meersalz mit Algen, Rotweinsalz, das mit Vulkanerde mineralisierte und entsprechend rötliche Hawaiian Alea Salt und schließlich – als Haute Couture, exklusiv, teuer und ebenso unterschiedlich wie die einzelnen Modestile – das Fleur de Sel, die kristallinen Salzblumen aus dem Meer. Offen ist, ob dieser Überfluß den direkten Weg zur sinnvollen Nutzung in der Küche weist oder nicht doch eher in die Irre führt.

Den blumigen Werbebotschaften ist naturgemäß so wenig zu trauen wie manch flott geschriebenem Artikel, in dem der neue Kult ums Salz so innig besungen wird wie vor Jahren der Balsamessig. Der eine Schreiber jubelt das englische „Maldon Sea Salt" zum besten Salz der Welt hoch, für einen anderen ist das sizilianische „Soffi di Sale", das bretonische „Guérande", das Flor de Sal „Rui Simeao" von der Algarve oder das aus der südfranzösischen Camargue das salzige Nonplusultra – alles in die Kategorie Fleur de Sel gehörend und jedes wirklich hochklassig, nämlich delikat duftend, feinwürzig im Aroma, kristallin glänzend, nur: Gibt es das überhaupt, das beste Salz der Welt? Nein, Superlative sind wohl ein Kind des Zeitgeists, doch jedes Salz, notabene jedes gute Salz, ob vom Berg oder aus dem Meer gewonnen, hat seinen speziellen Würzcharakter, und es liegt am individuellen Geschmack und dem Anlass, welche Sorte man wählt.

Was ist Fleur de Sel? Gewonnen wird es an Meeresküsten in Handarbeit hauptsächlich im Sommer bei günstigen Wetterbedingungen, also wenn Windströmung, viel Sonne und niedrige Luftfeuchtigkeit so günstig zueinander stehen, dass sich in den flachen Salzgärten oberhalb des festeren salzigen Unterbaus eine erste feine Kruste in Form von unterschiedlich geformten Kristallen bildet – die Blume –, die mit langen Rechen vorsichtig abgeschöpft wird.

Weil infolge der Popularisierung längst nicht jedes als „Fleur de Sel" etikettierte Salz auch wirklich eines ist – nach Ansicht von Fachleuten wird weit mehr von diesen Salzblumen verkauft als geerntet – , bedarf es schon eines Navigators beziehungsweise vertrauenswürdigen Händlers, um auf sicherem Weg zum besten Salz zu kommen und dabei nicht wie die Butter auf der heißen Kartoffel umherzuschlittern. Echtes Fleur de

Sel ist von feiner, geradezu zerbrechlicher kristalliner Struktur und lässt sich leicht zwischen den Fingern zerbröseln. Es duftet zart, ganz zart nach Meer, Algen, je nach regionaler Herkunft auch ätherisch nach Veilchen. So paradox es klingen mag: Fleur de Sel schmeckt nicht vordergründig, gar aggressiv oder ordinär salzig, sondern eher mineralisch und ist von jenem nahezu transparenten Aroma, das über die Würzkraft hinaus den Eigengeschmack der Speisen auf fast mystische Weise verstärkt.

Für seine Liebhaber ist Fleur de Sel der Diamant unter den Salzen, auch als Sahne des Salzes gepriesen und zur Göttin des Salzes poetisch erhöht, weshalb es ästhetisch korrekt und seinem Würzwert entsprechend in kleinen Schälchen aus Glas oder Porzellan auf den Tisch gestellt wird.

Pfeffer:

Jede Esskultur hat ihren eigenen Umgang mit Gewürzen. Von den Sinneseindrücken, die beim Essen empfangen werden, sind es die Düfte, die wir am stärksten wahrnehmen und die uns den meisten Genuss verschaffen. Allein mit den Basis-Geschmäckern süß, sauer, salzig, bitter, den Empfindungen hart und weich, fest und flüssig, warm und kalt wäre Essen nur eine bescheidene Freude. Erst die Aromen machen es zum Erlebnis. Aroma ist laut Brockhaus übrigens „der Wohlgeruch, der meist durch flüchtige ätherische Öle hervorgerufen wird". Ursprünglich steht das griechische Wort für Gewürz, und tatsächlich begann die Aromaküche in Europa mit der Entdeckung der Gewürzschätze aus Arabien und Indien, später auch aus Südamerika und Afrika.

Das Aroma aller Pfeffersorten ist flüchtig, weshalb es dienlich ist, die Körner erst zu ihrer Nutzung frisch zu mahlen. Und: Ganze Pfefferkörner können ohne Bedenken in Speisen mitgegart werden, hingegen kann gemahlener Pfeffer leicht Bittertöne auslösen. Deshalb sollte er am besten kurz vor der würzenden Vollendung dem Gericht zugesetzt werden.

Pfeffer, Zimt, Muskat waren im Mittelalter Kultobjekte auf der Tafel der Oberschicht, die Gerichte teure Spice-Orgien. Hinter der Gier auf die Importe aus sagenhaften Ländern verbarg sich eine Sehnsucht nach fernen Welten, auch nach einer Flucht aus dem engen Alltag. „Das Aroma der Gewürze", schreibt der Kulturwissenschaftler Wolfgang Schivelbusch, „wird als ein Hauch verstanden, der aus dem Paradies in die menschliche Welt herüberweht." Damals ergötzte man sich an immensen, reichlich gewürzten Fleischbergen. Ganze Kälber, Rehe, Wildschweine und Hirsche wurden unzerteilt gebraten und bei den Tafeln der Mächtigen, garniert mit Gänsen, Rebhühnern, Auerhähnen, auf gigantischen Silberplatten serviert. Ein Merkmal war der hemmungslose Umgang mit Gewürzen; speziell die aus Indien und China importierten Spezereien waren, weil sündhaft teuer, eine Art Statussymbol der Reichen – wie heute ein Ferrari oder das Apartment in New York. Wer es sich leisten konnte, prunkte übertreibend mit orientalischen Gewürzen.

Pfeffer wurde mit Gold aufgewogen, das Gewürz hat Kriege verursacht, eine venezianische Dogaressa trumpfte öffentlich nicht mit Edelsteinen auf, sondern demonstrierte ihre weibliche Nobilität genüsslich und provokant mit Ketten aus aneinandergereihten Pfefferkörnern nebst weiteren Gewürzen. Wenn Herzog Karl der Kühne von Burgund seinen Gästen pfundweise Pfeffer auftischte, raunte man sich dies an anderen Fürstenhöfen mit gehöriger Ehrfurcht zu. Die Erfindung der Pfeffersauce war sozusagen ein aus Angabe gezeugtes Kind, und bis ins 17. Jahrhundert galt eine deutsche Kraftsuppe aus Fleischbrühe, Wein, Speck, Zwiebeln, Mandeln, Zimt, Ingwer, Nelke,

Kardamon und Safran als kulinarischer Schlager. Erst im 18. Jahrhundert wurde der Gebrauch von Gewürzen drastisch eingeschränkt. Pfeffer, Safran und Co. dominieren seither nicht mehr die Speisen, sondern streicheln sie sanft wie eine Brise.

Inzwischen sinniert beim lustvollen Kochen niemand darüber, dass mit Pfeffer einst Grund und Boden zu erwerben und das Bürgerrecht zu erkaufen war. Die bunten Körner, mittlerweile demokratisiert, sind küchenpolitisch von eminenter Bedeutung, weil sie im Orchester der Aromen nach dem Salz den Part der ersten Geige spielen. Voraussetzung dafür, dass die Pfefferei sich nicht in oberflächlicher Scharfmacherei erschöpft, ist die Qualität der Beeren, denn Pfeffer ist längst nicht gleich Pfeffer. Zu Hause ist die „Piper nigrum" botanisierte Pflanze in heißen Regionen wie Indien, Indonesien, Malaysia, Brasilien, auf Borneo und in Afrika. Die Pfefferfamilie gleicht einer Farbpalette von Grün über Rot bis Schwarz und innerhalb jeder dieser Fraktionen gibt es unterschiedliche Charaktere, was die Art und Kraft der Würzung betrifft.

Schwarzer Pfeffer wird von fast reifen Beeren gewonnen und mitsamt der Schale nach einer kurzen Desinfektion einem Gärprozess unterworfen, bei dem die zuvor noch grünen Früchte sich schwarz färben und die Schale runzelig wird. Als Urvater gilt übrigens der Malabar-Pfeffer von der gleichnamigen Küste in Südindien: sein fruchtig-würziges Aroma passt gut zum morgendlichen Ei sowie zu Carpaccio, Quark und Roastbeef. Brasil-Pfeffer verfügt über ein balanciertes Aroma mit Tönen nach Muskat und etwas süßlichem Tabak. Kraftvoll würzt der Sarawak-Pfeffer aus Malaysia mit Anklängen an Nelke und Kardamom. Leicht rauchig und ziemlich scharf schmeckt der Lampong aus Sumatra.

Tellicherry-Pfeffer ist schwarzer Pfeffer aus fast reifen, bereits gelblich-orange verfärbten Beeren. Die Körner sind meist etwas größer als beim gewöhnlichen schwarzen Pfeffer und nicht tiefschwarz, sondern dunkelbraun. Hat eine feine Würze von ätherischer Schärfe. Wird exklusiv in Indien produziert, ist teurer als der normale Schwarzpfeffer.

Grüner Pfeffer wird unreif geerntet, nicht fermentiert und – meist in Salzlake oder Essig – konserviert; hat ein mittelscharfes, pikantes und fruchtiges bis leicht krautiges Aroma.

Weißer Pfeffer wird aus vollreifen roten Früchten gewonnen, indem die Beeren in fließendem Wasser eingeweicht werden, bis sich die Schale löst und der nackte Kern übrig bleibt. Der wird getrocknet. Das Aroma ist mild bis mäßig scharf.

Roter Pfeffer: reif geerntete Beeren, die – wie der grüne Vetter – entweder eingelegt oder unter hoher Temperatur beziehungsweise im Vakuum so rasch getrocknet werden, daß keine Fermentation stattfindet und die Farbe erhalten bleibt. Schmeckt schärfer als der grüne Pfeffer und verbindet den würzigen, reifen Geschmack des schwarzen mit der frischen Note des grünen Pfeffers.

Melegueta-Pfeffer wächst an der westafrikanischen Küste von Guinea bis Angola, teils noch wild an Waldrändern. Nicht direkt verwandt mit dem Piper nigrum, gehört der Meleguata-Pfeffer zur Familie der Ingwergewächse. Seine diskrete Schärfe mit aromatischen Beitönen wie Zimt und Muskat war in Europa schon im Mittelalter beliebt, speziell als Therapeutikum gegen Magenbeschwerden, Mandelentzündung, Rheuma, Kopfweh und anderlei Übel. Erst im 15. und 16. Jahrhundert wurde das Gewürz zunehmend auch in der Küche eingesetzt, damals als „Grana Paradisi" benannt, als Paradieskörner. Der indische Pfeffer hat den Melegueta verdrängt; lediglich während des Zweiten Weltkrieges, als die Lieferungen aus den britischen Kolonien ausblieben, hat die westafrikanische Variante unter Namen wie „Appetitweizen" und „Dünkelkorn" eine kurze Renaissance erlebt.

Langer Pfeffer ist ein scharfer Verwandter des echten Pfeffers mit einem süßlichen Aroma nebst leicht säuerlichem Beiton.

Kubebenpfeffer ist ein entfernter Verwandter des Piper nigrum, stammt aus Indonesien und verfügt über ein raffiniertes Aroma von warmer Würze mit Anklängen an Wacholder sowie auch etwas Eukalyptus.

Rosa Pfeffer ist wegen seiner aparten Farbe ein Liebling der Schickeria-Küche, trendig, doch kein echter Pfeffer, sondern eine körnige Frucht des Schinusbaums aus Südamerika, die dem Pfeffer optisch ähnelt. Das Aroma ist von verhaltener Schärfe mit einer Tendenz ins Süßliche und leicht bitterem Beiton (wird feucht eingelegt und in getrockneter Form vermarktet).

Cayennepfeffer fällt botanisch aus der Reihe. Er wird erzeugt, indem reife Chillischoten getrocknet und feinst zermahlen werden. Der Name beruht auf einem Missverständnis: Kolumbus hielt die getrockneten Früchte wegen deren Schärfe für Pfeffer und brachte sie nach Europa, wo sich der Name "spanischer Pfeffer" einbürgerte. Hat ein scharfes bis beißendes Aroma, flankiert von fruchtigen, rauchigen und süßlich-blumigen Tönen – je nach Art und Verarbeitung.

Szechuanpfeffer ist kein echter Pfeffer. So nennt man die getrockneten Früchte eines Gelbholzbaumes aus China. Würzt sanft-säuerlich mit zitronigem Anklang, kann ein wenig an Holunder und Anis erinnern.

Wer es zu Hause mit dem Kochen ernst meint, wird Pfeffer in seiner ganzen Farbenpracht im Regal stehen haben, doch nicht in gemahlener Form, sondern original in der Mühle – und dabei darauf achten, dass die Körner über eine angemessene Größe verfügen, ein Indiz für Qualität. Kleine Körner, so genannte „Light Berries" enthalten wenig bis kein Piparin, das für die Schärfe und vor allem das vielschichtige Aroma verantwortlich ist. Es darf also prognostiziert werden, dass auf dem Tisch des stilvollen Frühstückers gleichberechtigt neben dem Schälchen mit Fleur de Sel auch eine Pfeffermühle steht, mittels der spontan vor allem weißer und schwarzer Pfeffer aufs Ei, das Roastbeef und ähnliche Delikatessen gemahlen wird.

Zucker

Mit Liebe gekocht heißt in der Regel auch: gezuckert, mal mehr, dann wiederum weniger, je nach Getränk, Art der Speise und Temperament sowie seelischer Konsistenz des Frühstückers. Süßes gilt seit altersher als Gabe der Überirdischen; man sprach nicht zufällig von Götterspeise. Gemessen an früheren Zeiten ist der mit medizinalem Zeigefinger bedachte Konsum von Zucker so selbstverständlich, dass kaum jemandem geläufig ist, dass die weißen Kristalle noch im Mittelalter für Europäer so wundersam, selten und teuer waren, dass ein englischer König einen Brief an den Bürgermeister von Winchester, den er um zwei Pfund ägyptischen Zuckers bat, mit dem für absolute Herrscher unüblichen ängstlichen Zusatz „wenn so viel auf einmal zu bekommen ist" versah.

Dazu muss man wissen, dass Zucker nördlich der Alpen bis ins 11. Jahrhundert so gut wie unbekannt war. Das dominierende Süßemittel war Honig. Die ersten Süßeklumpen, von Kreuzfahrern aus dem Morgenland mitgebracht, erregten angemessen großes Aufsehen und waren der Start für den kometenhaften Aufstieg des Zuckers zum weltbedeutenden Nahrungs- und Genussmittel. Zucker war Luxus, den sich nur die Reichen leisten konnten. Um die kostbare Substanz sind Kriege geführt und zarte Verse geschmiedet worden. In der Liebeslyrik der Minnesänger gibt es ein Riesenkompliment an „den Süßen", um 1205 niedergeschrieben im „Parzival" des Wolfram von Eschenbach, wo es fast ein wenig neidisch heißt: „... für Zucker äßen ihn die Frau'n."

Hinter diesen schlanken Worten steckt stilisiert der Mythos vom Zucker, von dem der Apotheker Christoff Weigel 1698 mit Ehrfurcht notierte, der Zucker „dienet zur Lust, zur Speise und zur Artzney". In Wasser oder Milch aufgelöst, mit Kräutern vermischt oder zu Sirup verarbeitet, wurde Zucker als Wundermittel gegen Fieber, Durchfall, Husten und Gallenkolliken verabreicht. Zucker, so schwärmten damals die Mediziner, reinige das Blut, die Galle, Rachen und Darm. „Honig und Zucker ist der Apotheker fürnehmste Ware", heißt es denn auch in einem „Confectbuch oder Hauß-Apotheck" – noch 1795 schrieb der berühmte Arzt Hufeland, Zucker sei als kühlend, auflösend und reinigend anzusehen.

Vom Luxus der Könige zum königlichen Luxus des aufstrebenden und wirtschaftlich mächtig werdenden Bürgertums wurde der Zucker in der Mitte des 18. Jahrhunderts. Allerdings nutzte man das immer noch aus Rohrzucker hergestellte und teuer importierte Gut weniger als Süßstoff, abgesehen davon, dass die Entwicklung der Tee- und Kaffeekultur nach mehr Zucker verlangte. Zucker war vor allem beliebt als Gewürz. Mit einer Prise verfeinerten die Köche seit dem Spätmittelalter nicht nur an sich fade Hirsegerichte und Brote, sondern auch Fisch- und Fleischspeisen, was nicht wundert, wenn man weiß, dass die Zutaten dazumal keineswegs immer frisch waren und der berüchtigte Hautgout beim Wild mangels Kühlsystemen mit gewürzigen Marinaden voller Zucker übertönt werden musste.

Wie begehrt und inzwischen unentbehrlich Zucker in der gehobenen Küche war, beschreibt ein feinschmeckerisch offenbar versierter Chronist jubelnd gegen Ende des 18. Jahrhunderts: „Fast alle Speisen werden heute mit Zucker bereitet. Die scharfen macht er milder, die sauren dämpft er, die versalzenen macht er anmutiger, den langweiligen gibt er ein eigenes Aroma, in summa ist er ein Dämmer und Meister aller Arten des Geschmacks. Aus ihm macht man Sirup, Juleps, süße Getränke, Clarets, Konditen, eingemachte Früchte, Säfte, desgleichen allerhand Konfekt, Täflein, Marzipan, Pralinen, Biskuits, Zuckerbrot und dergleichen."

Große Zuckermengen sind im Rahmen der Tischkultur verbraucht worden, um überlebensgroße Bilder von Vögeln, Früchten und Fischen zu fertigen. Vor allem die Hofkonditoren benutzten Zucker als Rohstoff für dekorative Kunstwerke aus Zuckerguss und Marzipan, die bei Festmählern die Tafel schmückten. Die Fürsten und Äbte ließen sich für ihre vom Volk bestaunten Gastereien meterhohe Schlösser, Jagdszenen und Fabelwesen von den Zuckerbäckern formen. Je reicher und mächtiger der Herr – oder je pompöser sein Lebensstil –, umso üppiger fiel die Zuckerkunst aus. In den Aufzeichnungen von Küchenchef Zedler heißt es bewundernd: „Manche Tiere aus Zucker sahen aus, als wenn sie sofort losfliegen und losjagen würden, sobald man auf der Tafel nur ihre Käfige öffnete."

Nun war Zucker im späten 18. Jahrhundert immer noch ein ziemlich kostspieliges Vergnügen, denn die 1747 erstmals von Andreas Sigismund Marggraf aus der Rübe gewonnenen Kristalle entsprachen wohl dem Zucker aus Zuckerrohr, doch war das Verfahren, mittels Alkohol den süßen Stoff aus den Pflanzen zu extrahieren, zu teuer und also unwirtschaftlich. Doch die Möglichkeit der einheimischen, vom Export unabhängigen Zuckerproduktion war damit vorgezeichnet. In seinen „Chymischen Schriften" notierte Marggraf: „Die Pflanzen, die ich zu meinen chemischen Untersuchungen wählte, und die mir wirklich die Qualität eines wahren Zuckers gaben, sind keine ausländischen, sondern sie wachsen in unseren Gegenden und werden häufig gebraucht. Es sind: 1. Der weiße Mangold (Runkelrübe), 2. Die Zuckerwurzel, 3. Die Rote Rübe."

Um die Mitte des 19. Jahrhunderts wird Rübenzucker bereits in industriellem Maßstab produziert, somit dank immer besser und billiger werdender Fabrikationsverfahren zum Allgemeingut, sozusagen popularisiert. Der Verbrauch steigt ins Gigantische, mit der Folge, dass Zucker nicht mehr – wie noch in der frühen Neuzeit – als Medizin und problemloses Genussmittel angesehen wird, sondern als Gefahr für die Volksgesundheit. Kritiker diffamierten den Zucker kühn als „Suchtmittel", gar als „Droge", und Ernährungsphysiologen sind sich uneins, ob die Lust auf Süßes genetisch oder eher soziokulturell bestimmt ist. Zucker ruiniere die Zähne, mache dick und krank, tönt es von einigen Kanzeln der Wissenschaft. Nein, predigen andere, Zucker schaffe Energie, nutze Vitamine nur, ohne sie zu verbrauchen, sei Nervennahrung und harmlos, solange man nur philosophisch, also weise dosierend mit ihm umgehe.

Die erste bedeutende Entscheidung am frühen Morgen wird deshalb der Frage gelten, wie viel Zuckerstücke man sich im Müsli, zur Waffel, im Obstsalat, Kaffee, Tee oder Kakao gönnt. Dabei können jene Forschungsergebnisse hilfreich sein, wonach Süßes im Körper ein freundliches Hormon fördert, das die Stimmung hebt und den Menschen optimistischer in den Tag gehen läßt. Zucker forciert nämlich die Ausschüttung von Serotonin, das bei der Entstehung von Gemütslagen eine wichtige Rolle spielt. Mehr Serotonin bedeutet schlicht mehr Glück und Zufriedenheit. Das war den Leckermäulern schon lange vor den Professoren klar: Süßes lässt Saures vergessen.

Kleiner Steckbrief vom Zucker:

Früher war die gebräuchlichste Form des Zuckers der Zuckerhut. Wer ihn im Haus hatte, konnte sich zu den Wohlhabenden zählen. Mit einer Zange wurde jedes Mal nach Bedarf ein Stück aus dem kegelförmigen, vorwiegend in blaues Papier gehüllten Gebilde abgezwickt. Da Zucker bis ins frühe 19. Jahrhundert hinein teuer und kostbar war, wurde er meist unter Verschluss gehalten. Kleinere Formen des historischen Zuckerhuts sind heute für die Bereitung der Feuerzangenbowle üblich.

Tipp:

Alles über Zucker vermittelt das Berliner Zucker-Museum an der Amrumer Straße mitten in Wedding. Ein Besuch lohnt, auch der Einstieg übers Internet: www.dtmb.de/zucker-museum

Die pflanzlichen Mütter des Zuckers sind zum einen die Zuckerrübe in den klimatisch gemäßigten Zonen, zum zweiten in den Tropen das Zuckerrohr, dessen Ursprung in Melanesien liegt, wo es vor schätzungsweise zehntausend Jahren aus wild wachsenden Arten veredelt worden ist. Die Umwandlung in puren Zucker vollzieht sich bei Rübe wie Rohr auf ähnliche Weise in einem aufwendigen technischen Verfahren mit Konzentrations- und Reinungsprozessen. Das erste Zwischenprodukt ist ein leicht klebriger Rohzucker, dem die Reste des Sirups die gelbliche Farbe verleihen. Durch erneutes Auflösen, Kochen und Filtrieren entsteht dann die Raffinade als handelsfertiger Weißzucker.

Von den vielen Zuckervarianten sind beim Frühstück naturgemäß nur wenige von praktischer Bedeutung. Puderzucker, auch Staubzucker genannt, ist extra fein gemahlener Kristallzucker und wird fürs Bestäuben von kleinen Näschereien, Trinkschokolade und lieblich angelegten Pfannkuchen dienlich sein. Der 1843 – übrigens durch den Denkanstoß seiner Frau – vom Zuckerfabrikanten Jacob Christoph Rad erfundene Würfelzucker ist sozusagen portionierter Zucker und entsteht, indem Kristallzucker mit Wasser angefeuchtet, in Würfel gepresst und dann wieder getrocknet wird. Sein Vorteil: er ist handlich und mengenmäßig exakt messbar. Letzteres gilt auch für den braven Kristallzucker, sofern man ihn für die Speise oder das Getränk nicht freihändig einem Gefäß oder gleich umstandslos der Packung entnimmt, sondern präzise mit einem Löffelchen quantifiziert. Grieszucker ist grobkörniger Kristallzucker.

Eine Spezialität ist Blütenzucker, hergestellt durch das Beimischen von getrockneten Blütenblättern. Für köstliche, angenehm diskret parfümierte Würze sorgen beispielsweise die getrockneten Blüten von Lavendel, der Rose sowie von Zitrusfrüchten wie Orange und Zitrone. Solcher Blütenzucker verleiht insbesondere Milchspeisen wie Joghurt und Shakes ein apartes Aroma, aber auch Obstsäfte und bestimmte Teesorten können dadurch an geschmacklichem Effekt gewinnen. Ein Nischenprodukt ist auch der Muscovadozucker, bei dem die Melasse komplett mitverarbeitet wird, was neben der dunklen Farbe eine kernige Würze ergibt.

Kandis, wie er vor allem zum Süßen von Tee verwendet wird, gibt es in unterschiedlichen Formen, Größen und Farben. Er unterscheidet sich in der Herstellung von herkömmlichem Haushaltszucker durch langsames Auskristallisieren einer hochkonzentrierten Zuckerlösung (beides besteht aus nahezu hundertprozentiger Saccharose). Kandis ist von seiner Art her ein bißchen verspielt, duftig, ja romantisch. Sein langsames Schmelzen unterbindet von vornherein jegliche Hast beim Teegenuss.

Weißer Kandis ist das reinste Produkt der Zucker-Raffination. Zur Herstellung der diamantähnlichen, klaren Kristalle werden hochwertige Klären – so heißen die klaren Zuckerlösungen – verwendet. Brauner Kandis erhält seine Farbe und das spezielle feinmalzige Aroma durch eine mit Karamell versetzte Zuckerlösung. Die Süßkraft ist die gleiche wie beim normalen Kristallzucker, doch aufgrund seiner kristallinen Struktur löst sich Kandis langsamer auf. Kluntje-Kandis sind extra große klare Kristalle mit dem besonderen Merkmal, dass sie in der Hitze, wie beim Übergießen mit heißem Tee zerspringen und dabei ein subtiles Klingeln ertönen lassen – für die Ostfriesen so etwas wie das hohe C der Teekultur.

Gebackene Vanillecreme mit Karamellsauce:

Zutaten:

4,5 dl Milch
4 Eidotter
40 g Maizena
100g Kristallzucker
Vanilleschote
eventuell Galliano (Vanillelikör)

Zum Panieren Ei und Kokosette
Butterschmalz zum Backen

Zutaten für die Karamellsauce:

120 g Kristallzucker
5 cl Wasser
5 cl Weißwein
1/8 l Rahm

Zubereitung:

Die Hälfte der Milch mit Zucker und Vanille erhitzen. Die zweite Hälfte mit Dotter und Maizena abrühren und diese Flüssigkeit in die kochende Milch einrühren. Unter ständigem Rühren aufkochen und kräftig durchkochen lassen (ca. 2 Minuten), nach Belieben mit Galliano abschmecken. Auf eine gebutterte Platte gießen, mit einer nassen Palette glatt streichen und kalt stellen. In Rhomben oder Quadrate schneiden, in Ei und Kokosette panieren und in Butterschmalz backen.

Zucker karamellisieren, mit Wasser, Weißwein und Rahm aufgießen und zugedeckt auf kleiner Flamme kochen lassen, bis sich der Karamell gelöst hat.

Mit Früchten der Saison servieren.

Sissy Sonnleitner

....
....
....

Butter

Das Glaubensbekenntnis von Fernand Point, dem legendären ehemaligen Patron der „Pyramide", jenem nahe bei Lyon in Vienne gelegenen Restaurant, in dem vor fünfzig Jahren die Nouvelle Cuisine als eine Art geläuterte „Grande Cuisine" entworfen wurde, bestand aus drei sehr kurzen Sätzen, herrisch gesprochen: „Butter! Gebt mir Butter! Immer nur Butter!" Der schwergewichtige Point war der Vater des neuen Küchenstils, und „La Pyramide" galt damals als kulinarisches Weltzentrum, in das die Internationale der Gourmets pilgerte und in dem spätere Kochstars wie Paul Bocuse sich ihre Anregungen holten. Das heilige Schmiermittel für die Saucen war reine Butter, gipfelnd in der „Beurre blanc", der klassischen Buttersauce zu Fischgerichten.

Gute Butter ist auch in der Frühstücksküche unentbehrlich, mag die Margarine sich noch so gesund dünken. Ob man einer Eierspeise das feine Aroma mitgeben möchte oder sich das Brot geschmeidig planieren will: Butter ist die Crème de la Crème, das Beste von der Milch, eine Essenz des guten Geschmacks, für das es keinen Ersatz gibt. Ein Roggenbrot, das nur mit Sauerteig aus bester handwerklicher Führung gebacken worden ist, eine lauwarm aufgebackene Laugenbrezel, dottergelbes, flaumig strukturiertes Brioche, ein feinporiges Baguette oder schlicht ein Brötchen werden in Kombination mit großmütig darauf gestrichener Butter auch ohne weiteren Belag zu einer kulinarischen Delikatesse – und man versteht den römischen Schriftsteller und Feinspitz Plinius, der vor mehr als 2000 Jahren schrieb, Butter sei eine exquisite Speise, die den Reichtum eines Volkes auszeichne.

Ob süß oder gesalzen, ob aus Sauerrahm oder Süßrahm hergestellt, Butter vermittelt selbst dem bescheidensten Gericht viel Wohlgeschmack. Sauerahmbutter hat, der Name sagt es bereits, einen leicht säuerlichen Geschmack; der Rahm wird noch vor der Reifung mit Milchsäurebakterien versetzt, die bilden die Milchsäure und sorgen für das typische Aroma. Der aus ungesäuertem Rahm gewonnenen Süßrahmbutter werden keine Bakterienkulturen zugesetzt, sie ist milder und hat einen sahnig-nussigen Geschmack. Mildgesäuerte Butter wird zunächst wie Süßrahmbutter produziert und nach der Rahmreifung gesäuert. Tafelbutter, Fassbutter, Sonntagsbutter sind Phantasietitel.

Ein Glanzstück jedes Frühstückstisches sind Buttervariationen, die man zu kaltem Fleisch isst, zu Fisch, oder herzhaft aufs Brot streicht. Da wäre die Schalottenbutter, gemixt mit fein gehackten Schalotten, Senf, Zitronensaft, Salz und Pfeffer. Köstlich zu Fleisch, Fisch und hart gekochten Eiern schmeckt die Senfbutter: sechs Esslöffel Senf mit vier hart gekochten Eidottern, etwas Salz und Pfeffer mit einem halben Pfund Butter fein verrühren. Trüffelbutter, die es beim Feinkosthändler gibt, hat eine sinnenbetörende Würze, sofern das Aroma von echten Trüffeln stammt und nicht aus dem Laboratorium der Lebensmittelchemiker. Zu feinem Gebäck passt gut die englische Feen-Butter: drei hart gekochte Eidotter mit einem Esslöffel Orangenblütenwasser sowie zwei Esslöffel gestoßenem Zucker gut zerstampfen, mit 125 Gramm Butter fein mischen und durch ein Sieb pressen. Heinz Winkler, der geniale Koch aus Aschau, hat eine Zirbennadelbutter erfunden: Zirbennadeln sehr fein hacken, mit Butter mischen und eine Stunde lang bei kühler Lagerung durchziehen lassen – schmeckt zu Eiern und Fischen oder pur auf dunkles Brot.

Man weiß nicht, was die nomadischen Reitervölker, die vor schätzungsweise 5 000 Jahren zufällig entdeckten, wie Butter aus Milch zu gewinnen ist, mit diesem neuen Stoff anstellten. Wie sie es machten, hat Alexandre Dumas vor über hundert Jahren in seinem berühmten Küchen-Dictionnaire erprobt und beschrieben: "Wo ich auf Reisen frische Milch bekomme, fülle ich eine Flasche damit dreiviertel voll, verkorke sie und hänge sie meinem Pferd um den Hals. Den Rest besorgt das Pferd. Wenn ich dann abends angekommen bin, schlage ich der Flasche den Hals ab und finde im Inneren ein beinahe faustgroßes Stück Butter. Diese Methode hat bei mir schon in Afrika, im Kaukasus, in Sizilien und in Spanien bestens funktioniert."

Die Methode hat sich geändert, aber geblieben ist seit der Antike, dass die Butter ein großartiger Schlüssel zu genussvollerem Essen ist, was übrigens der Volksmund in seiner knappen Form so ausdrückt: "Alles in Butter!"

Honig

Der Honig ist eine unendliche Geschichte. Lange vor dem Zucker war er die alles süßende Substanz, zugleich ein Heilmittel zur Behandlung verschiedener Leiden. Steinzeitliche Höhlenmalereien mit Honigjägern als Motiv belegen die frühe Liebe des Menschen zum Honig als einer göttlichen Gabe, und wer die Bibel liest, stößt immer wieder auf diesen süßen Stoff. Die Ägypter haben Honig auf Wunden geschmiert, was schon deshalb eine gute Idee war, weil das Elixier die Wunde luftdicht verschließt und Bakterien durch Wasserentzug vernichtet – wichtig in einer Zeit, die noch keine Antibiotika kannte. Die moderne Medizin hat diese Eigenschaft lange vernachlässigt, doch inzwischen feiert der Honig bei der Bekämpfung von Infektionen ein glorioses Comeback.

Für das Frühstück ist natürlich die süßende Tugend von Bedeutung. Honig verfügt über einen charakteristischen Eigengeschmack mit einer breiten Aromenpalette von bislang über 50 bekannten Duft- und Geschmacksstoffen, was bedeutet, dass Nase wie Gaumen aufs Köstlichste befriedigt werden – und zuvor schon das Auge durch das verheißungsvolle Farbenspiel vom transparenten Weiß über Grüngelb, Ährengelb und sattem Gold bis hin zu appetitlichen Brauntönen. Bei der Ernte ist Honig übrigens klar und dickflüssig. Nach einer gewissen Zeit kristallisiert der Traubenzucker und der Honig bekommt eine festere, cremige bis körnige Konsistenz. Dieser strukturelle Prozess signalisiert keinen Mangel an Güte, sondern ist ein absolut natürlicher Vorgang.

Grob lässt sich Honig in zwei Kategorien einordnen: **1) Blütenhonig.** Das ist die Essenz aus dem Blütennektar vieler Pflanzen wie beispielsweise Raps (cremige Konsistenz, mild), Basilikum (hellfarben, kräuterig), Löwenzahn (kräftig, herzhaft würzig), Sonnenblume (kerniges, mitunter leicht harziges Aroma), Linde (dichtfruchtig-süßlich), Klee (mild, oft leicht karamellig), Edelkastanie (kräftig, würzig mit herber Note in Richtung Wacholder). Auch der Heidehonig (kräftig mit körniger Struktur) gehört dazu. **2) Honigtauhonig.** Der stammt von den charmant Honigtau genannten Ausscheidungen der Pflanzenläuse. Der stets dunkel gefärbte und besonders würzige Tannenhonig gehört in diese Fraktion wie andere Waldhonigsorten von Fichten, Kiefern und auch Laubbäumen à la Eiche sowie Ahorn.

Damit ist das honigsüße Sortiment noch lange nicht erschöpft. Weltweit gibt es zahlreiche Spezialitäten wie etwa den duftigen Lavendelhonig aus Frankreich (subtile Aromen nach Blüten und Bienenwachs), den Thymianhonig aus Kreta, den Orangenblütenhonig von der iberischen Halbinsel, den Eukalyptushonig (volle Süße mit feinherben Harzakzenten), den intensiv schmeckenden tasmanischen Lederholzhonig oder den raren Manukahonig aus Neuseeland mit seiner würzigen Süße. Jede im Imkerjargon „Tracht" genannte Sorte besticht durch ihren individuellen Geschmack. Ebenso groß wie die Unterschiede in Farbe und Konsistenz sind auch die Unterschiede in Duft und Geschmack.

Angesichts und dank der Vielfalt wählen wahre Honig-Afficionados ihre Sorte auch unter saisonalen Gesichtspunkten. Sommers kommt die frische Orangenblüte auf den Frühstückstisch, im Frühling löffelt man den Maihonig, der Winter ist die Zeit für die komplexen und von aparter Strenge gezeichneten Waldhonige, alternativ vielleicht ein Korianderhonig. Ob man den Honig nun zum Süßen von Getränken, fürs Müsli, die Veredelung des Pfannkuchens, pur aufs Butterbrötchen oder kombiniert mit Ziegenkäse verwendet: je nach Partnerschaft ändert er sein Aroma, doch nie seinen Charakter. Honig, so schmachten seine Liebhaber, seien die Tränen Gottes.

Sirup

Kalorienzähler schaudert's allein schon beim Gedanken an die in nordamerikanischen Familien typische Frühstückscollage aus Pfannkuchen, furchtlos getränkt in picksüßem Ahornsirup. Ein Klassiker für seine Liebhaber, die inzwischen auch in Mitteleuropa an Zahl zunehmen, doch eine Katastrophe für die vom Schlankheitswahn befallenen. In Deutschland war der „maple syrup" lange nur in Reformhäusern zu haben, als Ersatz für Zucker und Honig angepriesen, doch inzwischen gibt es eine überzeugte Fangemeinde, die den träge aus dem angezapften Zuckerahornbaum fließenden süßen Saft, der dann über Feuer tagelang eingedickt wird, für unersetzlich halten. Das leicht karamelige Aroma verleiht Pfannkuchen ebenso wie Waffeln die begehrte Süße.

Die Familie der Sirupe – der Name leitet sich vom Arabischen übers lateinische „siropus" beziehungsweise „syrupus" her und steht für süßen Heiltrank – ist ansehnlich. Dazu gehören laut Brockhaus „dickflüssige, konzentrierte und meist stark zukkerhaltige Flüssigkeiten, die durch Einkochen von Zucker in Wasser (Läuterzucker), Zucker in Fruchtsäften oder Pflanzenauszügen und aus Stärke durch Verzuckerung gewonnen werden". Die prominentesten Vertreter dieser Spezies sind neben dem Ahornsirup vor allem das Rübenkraut und das Apfelkraut, zwei urdeutsche Traditionalisten aus dem eingedickten Saft von Rüben, Äpfeln oder/und Birnen, die auch zum Süßen von Quark oder Müsli genutzt werden.

Der regional als Brotaufstrich beliebte dunkelbraune Zuckerrübensirup entsteht, indem alle löslichen Stoffe der Rübe zu einem Saft extrahiert werden, der danach filtriert, eingekocht und bis zum streichfähigen Sirup konzentriert wird. Zuckerrüben-sirup wird auch in Mischungen mit Apfelsirup als Apfel-Rübensirup (auch Apfel-Rübenkraut genannt) angeboten. Rübenkraut wird aufs Brot gestrichen, zu Reibekuchen serviert und gerne für die Soße zum Sauerbraten verwendet. Das bereits von den Germanen geschätzte Apfelkraut ist ein dunkelbrauner, durch das Eindicken von Äpfeln hergestellter Sirup und vorwiegend als Brotaufstrich geschätzt. Neben dem Apfelkraut gibt es das Birnenkraut, das ganz oder überwiegend aus Birnen erzeugt wird, ferner das Apfel-Birnenkraut und das Apfel-Rübenkraut als Mischungen aus beiden Früchten. Äpfel helfen dem Birnenkraut beim Gelieren, wohingegen die von Haus aus zuckerhaltigere Birne zur geschmacklichen Abrundung des Apfelkrauts dient.

Quarkpfannkuchen mit warmem Erdbeerkompott:

Zutaten:

Mehl
Quark
Sauerrahm
Ei
Zitrone, Orange
Zucker
Erdbeeren
Frische Minze
Puderzucker

Zutaten für die Karamellsauce:

Für die Pfannküchlein einen Teig aus Mehl, Quark, Sauerrahm, Stärke, Zitronenschale, Eigelb und Eiweiß herstellen, leicht zuckern und daraus kleine Pfannkuchen backen.

Erdbeerkompott:
Zucker mit Butten leicht karamellisieren, mit Rotwein ablöschen und mit Orangenzesten sowie Orangensaft etwas einkochen lassen. Dann die Erdbeeren zugeben, aufkochen lassen und die Sauce leicht binden. Gehackte Minze zugeben.

Anrichten:

Das warme Erdbeerkompott auf den Quarkpfannkuchen absetzen und dann alles leicht mit Puderzucker bestäuben.

Herrmann Pflaum

....
....
....

Marmelade

„Nichts Süßeres gibt es, als der Sonne Licht zu schauen", dichtete Schiller, abgehoben von der Erde in romantischem Überschwang. Das Ideal des Frühstückers von Süße leuchtet nicht vom Himmel, ist unabhängig vom Wetter und duftet fruchtig aus Gläsern: die Marmelade. Diese möglichst handgerührten Köstlichkeiten glänzen wie Sonnenstrahlen auf dem Tisch, eingefangen in Früchten, wobei es dem Connaisseur egal ist, ob das, was er verheißungsvoll löffelt, nach EU-Norm nun Marmelade ist (exklusiv für Zitrusfrüchte reserviert), Konfitüre oder Konfitüre extra (mindestens 45 Gramm Fruchtfleisch auf 100 Gramm Gesamtprodukt).

Historisch lassen sich Marmeladen, zumindest vergleichbares, bis ins Altertum zurück verfolgen. Damals hat man Quitten (auf portugiesisch „marmelo") wegen deren spezieller Gelierfähigkeit mit Honig verkocht und auf diese Weise haltbar gemacht. Die ersten schriftlichen Aufzeichnungen zum Thema stammen aus Venedig, wo 1541 ein Buch über die Herstellung von Gelees und Konfitüren erschienen ist. Wenig später, nämlich 1555, veröffentlichte der französische Arzt und Astrologe Nostradamus ein Werk, das sich neben der Produktion auch mit dem gesundheitlichen Wert von Konfitüren befasst.

Wer damals Marmelade naschte, musste freilich wohlhabend sein, denn Zucker war bis ins frühe 19. Jahrhundert als Import teuer und somit vermögenden Schichten vorbehaltener Luxus. Das gewöhnliche Volk konnte sich solche Näschereien nicht leisten und war auf Honig zum Süßen und zur Konservierung angewiesen. Oder die Früchte wurden, wie im 1827 erschienenen „Großen Wiener Kochbuch" von Anna Dorn nachzulesen, mit Gewürzen und Aromaten à la Ingwer und Nelke so lange eingeköchelt, bis jeglicher primärer Fruchtgeschmack verloren, doch der dunkel und zäh gewordenen Brei endlich haltbar war. Erst mit der Entdeckung und Gewinnung des Zuckers aus der europäischen Rübe wurde die Marmelade quasi demokratisiert.

Heute ist die marmeladige Bandbreite international unübersehbar, gibt es neben den großen Klassikern zahlreiche exotische Varianten und zunehmend Kombinationen aus mehreren Früchten. En vogue sind so genannte „Gourmet-Marmeladen", worunter zum einen kühne Mixturen, vor allem jedoch Konfitüren mit geringem Zucker- und sehr hohem Fruchtanteil von mindestens 70 Gramm zu verstehen sind. Solche Premium-Marmeladen bereichern den Frühstückstisch und füllen den Energiespeicher des Körpers, der ja über Nacht geleert worden ist, aufs Leckerste wieder auf.

Von untergeordneter Bedeutung ist, wie man diese fruchtigen Extrakte genießt. Grob gerastert gibt es zwei Typen von Marmelade-Fans. Die einen streichen Konfitüren und Gelees grundsätzlich mit sanfter Hand über das gebutterte Brot, Brötchen & Co, wohingegen der andere Charakter die dicktfruchtige Erdbeere, die schmeichlerische Aprikose, die zartherbe Johannisbeere, die edelbittere Quitte oder die finessige Blutorange nonchalant und ohne Umwege direkt in den Mund löffelt. Süsses läßt nun mal Saures vergessen!

Kaviar

Im Zeitalter des Internets sind Märchen obsolet, aber wenn eine Geschichte märchenhaft klingt, darf sie auch so eingeleitet werden. Also: Es waren einmal russische Bauern, die haben Kaviar, vermengt mit gebratenem Kartoffelschmarren, vorbeugend gegen Schnupfen und für die Stärkung ihrer Manneskraft gegessen. Und anno 1766 hat der Fürst von Köthen, wie Graf Lehndorff berichtete, den Grafen Finck gefragt, ob der Kaviar auf Bäumen wachse. Schöne unschuldige Zeiten waren das, aus und vorbei. Wenn der Gourmet heute das Perlmuttlöffelchen ins Zentrum der Kaviardose sticht und den graubraunen, hübsch ins Goldige changierenden Osietra zwischen Zunge und Gaumen zerdrückt, kostet ihn dieser Genuss ungefähr 400 Euro pro 100 Gramm.

Der schon unmoralisch hohe, doch marktpolitisch legitimierte Preis für diese Ikone des Luxus ergibt sich schlicht aus der Banalität der Zahl: die Nachfrage ist größer als das Angebot. Was reiche Leute in ihrem subtilen, lässige Distanz signalisierenden Umgang mit Luxus als Brombeermarmelade bezeichnen, ist aus mehrerlei Gründen knapp. Zum einen wird der Lebensraum der Wildstöre durch Industrieansiedlungen zerstört, zum anderen hat die Überfischung – auch und nicht zuletzt durch Wilderer – die fossilen Tiere nahezu ausgerottet. Schließlich blüht speziell in den Ländern des ehemaligen Sowjetreichs nach wie vor der illegale, mafiös organisierte Handel; die Gewinnspannen sind ähnlich hoch wie bei Heroin.

Wohl werden die „Perlen der Lust", wie Liebhaber die Eier vom Stör poetisch nennen, inzwischen auch in diversen Zuchtanlagen gewonnen, so in Aquitanien, Andalusien, Norditalien, sogar in Mecklenburg und anderswo. Zuchtkaviar schmeckt milder als das Ei vom Wildstör und ist nicht ganz so komplex in der Aromatik wie beim Beluga oder Osietra aus dem Kaspischen Meer, den beiden Spitzensorten. Dafür sind die Preise auch deutlich freundlicher, mit rund 1200 Euro pro Kilo um circa die Hälfte billiger als etwa ein normaler Sevruga als preisgünstigstes Wildstörprodukt. Weitaus zahmer sind die Preise für Eier anderer Fische wie Lachs, Forelle und Saibling, nur: Keines dieser Produkte erreicht auch nur annähernd die geschmackliche Finesse eines erstklassigen Kaviars vom wilden Stör.

Ein weiches Ei bekommt dank Kaviar eine exquisite Würze, und das geht ganz einfach: Ei weich kochen, die Kappe köpfen, Dotter ein wenig umrühren und darauf den Kaviar legen. Wenn Störkaviar zu teuer ist, bitte sehr: Schmeckt auch mit Forellenkaviar.

Für ein Kilo besten goldfarbenen Saiblingskaviar müssen rund 300 Euro bezahlt werden, der orange-rötliche Rogen von der Forelle kostet um die 90 Euro pro Kilo, beim Keta-Kaviar vom Lachs sind kilomäßig an die 140 Euro fällig. Beluga bester Güte wird im Laden halt mit ungefähr 5000 Euro und mehr pro Kilo aufgewogen, für Osietra (auch Asetra genannt) muß man immerhin auch noch 3000 - 4000 Euro hinlegen, nur Sevruga mit seinen grauen und schwarzen Perlen ist ab 2000 Euro zu haben. Der großkörnige und hübsch bernsteinfarben schimmernde „Imperial", früher „Schah-Kaviar" genannt, eine aufwendige Osietra-Auslese, ist besonders rar und kostet zwischen 6000 und 8000 Euro pro Kilo.

Wo solche Preise gelten, sind die Schwindler nicht fern. Abgesehen davon, dass unter der Hand schon mal granulierte und geschwärzte Kartoffelkügelchen als angeblicher Kaviar in Umlauf gebracht worden sind und Schwarzhändler aufflogen, die Rogen von einem Billigstör als kostbaren Beluga verscherbelten, muss man sich vor Schmuggelware hüten, die oft überlagert ist und bereits oxydiert, weil vielfach im normalen Reisegepäck oder bei Hitze in Autos transportiert. Nicht selten ist die übliche 1,8-Kilo-Originaldose zwar obenauf mit gutem Kaviar bedeckt, doch drunter befindet sich erbarmenswürdigerweise lediglich schwarz eingefärbter Seehasenrogen, der simpelste Ersatz.

Luft und die mit dem Sauerstoff einhergehende Oxidation ist der Todfeind frischen Kaviars. Deshalb, so warnen Fachleute, solle man Kaviar nie aus offenen Dosen kaufen und zu Hause müsste Kaviar rasch innerhalb weniger Tage verzehrt werden, sobald man den Deckel gelüftet habe. Geschlossen und gekühlt – ideal sind Temperaturen zwischen minus zwei und plus zwei Grad – lässt sich Kaviar in der Dose viele Wochen lang ohne Qualitätsverlust aufbewahren. Gegessen wird er mit Löffelchen aus Horn, Perlmutt, Glas oder Elfenbein am besten direkt aus der Dose oder am elegant gedeckten Tisch aus einer Glasschale, die in einer mit Eis gefüllten Schüssel liegt. Notfalls schmeckt Kaviar selbstverständlich auch mit Löffeln aus Gold oder Plastik, aber das ist eine andere Geschichte, nämlich die von Ästhetik und Stil.

Wichtiger als das Dekor ist naturgemäß die Qualität. Nur erstklassiger Kaviar ist den Preis wert. Spitzenware hat diesen aus der Tiefe kommenden Schimmer, wie ihn auch schwere Naturseide aufweist. Die Körner dürfen weder klebrig noch zerplatzt oder gar matschig sein. Der Geruch ist schwer zu definieren. Er ist dicht und durchwoben mit einem nussigen Aroma, vor allem jedoch soll er Frische vermitteln und ganz einfach zum Löffeln animieren. Guter Kaviar schmeckt nicht tranig, weder säuerlich, muffig oder bitter, sondern auf unbeschreibliche Weise kompakt und zugleich fein, pikant und geschmeidig.

Kaviar ist freilich nicht gleich Kaviar. Dem flüchtigen Genießer, der ihn in der First Class der Lufthansa zwar mit bedeutungsvollem Blick, doch streng nach Körnern abgezählt als Dekorationsmuster serviert bekommt – und in der Regel wohl vom Zuchtstör –, werden die Unterschiede zwischen den Sorten kaum geläufig sein. Wer Kaviar hauptsächlich vom Hörensagen kennt, singt denn auch prompt im Chor der Protzen mit, das dickste und teuerste Ei sei das beste. Und grauer Kaviar wäre allemal schwarzem vorzuziehen. Das ist eine jener flott gezüngelten Aussagen, die richtig sind und falsch zugleich. Generell gilt, dass allein die Farbe nichts über die Güte des Rogens aussagt.

Gewiss lässt man keinen mit einer Kilodose Beluga vor der Türe stehen, gerade dem rechten Quantum für vier aufrechte Feinschmecker, die allerdings nicht allergisch auf Eiweiß reagieren dürfen. Solche Freunde sind jederzeit höchst willkommen.

Beluga-Kaviar mit seinem zartschaligen Korn von Hellgrau bis Anthrazit ergibt, flankiert mit Pellkartoffeln, Schmand, Weißbrot und Champagner, ein privates kulinarisches Weltereignis. Aufwendige Garnituren sind bei Kaviar überflüssig, gekochte Eier unnötig, Zwiebel brutal und selbst die mit Kaviar weltweit in einem Atemzug genannten Blinis kommen dem einmaligen Eigengeschmack des Kaviars zu nahe.

Beim Kaviar gilt sowieso wie beim Trüffel die trotzige Devise: Wenn schon, denn schon! Mit Spurenelementen auf einem Toast oder einem Klacks zum Fisch ist es nicht getan. Damit werden in der Gastronomie nur die hohen Preise bemäntelt. Wenn schon, dann soll der Kaviar auch die Hauptrolle spielen. Nur ungeniert löffelnd kommt man seinem Geschmack nahe genug, um die Wonnen, die frischer Kaviar vermittelt, preisen und die Nuancen erkennen zu können.

Frische beim Kaviar heißt, dass er nicht pasteurisiert ist wie jener, der in Gläsern mit den bunten Deckelchen angeboten wird: gelb für Osietra (zu deutsch: Waxdick), rot für Sevruga (zu deutsch: Scherg), blau für Beluga (zu deutsch: Hausen). Pasteurisierter Kaviar hält sich weit länger und die Körner wirken eins neben dem anderen wie perfekt gemalte Perlen. An der Optik gibt es nichts zu bemängeln, der Kauf ist risikolos und die Portionen sind für kleine Schleckermäuler gerade recht, doch man hat ihm seinen ursprünglich wilden Gout genommen, ihn gezähmt. Er schmeckt seltsam steril, unaufregend. Die kurzzeitig erhitzten Eier werden trocken und hart, als hätte man sie gekocht.

Der wahre Liebhaber wird frischen Kaviar vorziehen. Gesund sind die Eierchen obendrein: Kaviar enthält die Vitamine A, B, D, hochwertiges Eiweiß, ferner Lecithin, Mineralsalze und weitere wertvolle Stoffe – bei einem Kaloriengehalt von ungefähr 2700 pro Kilo.

Über Kaviar gibt es derart viele Legenden, dass es mitunter schwer fällt, die Wahrheit zu finden. Eine der albernsten Geschichten ist die Mär von der kleinen goldenen Kugel, die der angebliche Mann von Welt immer mit sich führt, um sie prüfend auf den Kaviar zu legen. Sinkt das güldene Orakelchen ein, soll es sich um mindere Qualität handeln. Alles Nonsens, abgesehen davon, dass der wahre Weltmann schon mit freiem Auge sieht, was mit dem Kaviar los ist.

Das Malheur ist nur, dass man bei Kaviar nicht ans Geld denken darf und es Leute gibt, die wohl zu viel Geld haben, doch nicht genauso viel Geschmack, um den Kaviar, den sie aus Prestige bevorzugt öffentlich löffeln, auch innig genießen zu können. Aber das ist wohl das alte Dilemma zwischen Sein und Schein.

Tipp:

Kaviar schmeckt am besten, wenn er küchenmäßig nicht behandelt wird, was meist einer Misshandlung gleicht. Pur mit Salzkartoffeln und Sauerrahm, das ist ebenso schlicht wie köstlich. Auch direkt aufs Butterbrot gestrichen, entfaltet er seine geschmacklichen Reize. Die Krönung eines Frühstücks ist Kaviar als dicken Klacks auf ein Beef Tatar gehäuft. Das ist, nebenbei bemerkt, die eleganteste Art des Salzens.

Gebackenes Kaviar-Ei mit Sauerrahmsauce

Rezept für 4 Personen

Zutaten:

4 Freilandeier
Mehl, Ei und Weißbrotbrösel zum Panieren
Erdnussöl
1/4 l Sauerrahm
3 El geschlagene Sahne
Salz, Pfeffer
Worcestersauce

300 g Kartoffelpüree
100–200 g iranischer Kaviar, am besten Ocietra-Kaviar
2 Dillzweige

Zubereitung:

Eier anstechen und in ca. 5 1/2 Minuten wachsweich kochen.
Da die Garzeit stark von der Größe der Eier abhängt, sollte ein Probeei gekocht werden.
In Eiswasser abschrecken, vorsichtig schälen und etwas abtrocknen.
In Mehl, Ei und Bröseln panieren und in heißem Erdnussöl schwimmend herausbacken.
Sauerrahm, Schlagsahne, Salz, Pfeffer und Worcestersauce miteinander verrühren.

Anrichten:

Mit der Sauerrahmsauce einen Spiegel auf dem Teller ziehen. Kartoffelpüree mit einem Dressiersack in der Mitte kreisförmig aufspritzen. Von den Eiern die Kappen abschneiden, ein Nockerl Kaviar draufgeben, Kappe wieder aufsetzen. Eier auf das Püree setzen, mit Dill garnieren und servieren.

Lisl Wagner-Bacher

Wurst, Schinken, Speck

Wurst:

Nun ist es nicht so, dass der Mensch von der Wurst alleine lebt, aber in einem Land, dessen Metzger sich rühmen, über ein Potpourri von rund 1500 Sorten zu verfügen, kommt dieser Fleischgattung schon eine Hauptrolle zu. Schlicht gesagt: die Wurst ist eine deutsche Diva. Es gibt sie dick und dünn, rund und kantig, man isst sie mittags, abends, zwischendurch und vor allem auch zum Frühstück, ob heiß, kalt, gekocht, gebraten, geräuchert. Selbst dann, wenn man jene Exemplare abzieht, die sich nicht ideal für den Morgentisch eignen, bleibt zwischen Fleischwurst, Cervelat, Leberwurst, Schinkenwurst, Bierwurst, Teewurst, Frankfurter alias Wiener, Weißwurst, Mettwurst, Jagdwurst, Mortadella und Salami noch unheimlich viel Wurst übrig.

Bei aller Wursterei ist eine Frage ungeklärt, nämlich die nach dem Ursprung: Hat es eine Urwurst gegeben? Falls ja, wie war die beschaffen, woraus gemacht, wie schmeckte sie? Darauf gibt es seltsamerweise keine Antwort, weder bei den Philosophen noch bei Goethe, der ja sonst nichts außer Acht gelassen hat, was mit Genuß zu tun hat, kann man Erhellendes nachlesen. Aus den aktuell existierenden Arten lässt sich jedenfalls keine Urwurst rekonstruieren, so dass wohl – wie bei der ebenso unbeantwortbaren Frage nach dem Urlebewesen – für alle Zeiten offen bleibt, ob eine Schmierwurst oder eine Hartwurst der Prototyp war.

Besser informiert ist man über die Geschichte von den Würsteln, jenen eleganten, fingerdicken Köstlichkeiten im Naturdarm, die in Wien „Frankfurter" heißen und in Frankfurt witzigerweise „Wiener". Der „Hotdog" entstand, als der Sport-Cartoonist Tad Dorgan im Jahre 1901 nach einer lustigen Visualisierung der bereits „dachshounds" genannten Dackelwürste frankfurterischer Herkunft suchte und einen aus einem Brötchen herauskläffenden Dackel karikierte, den er als „hot dog" betitelte. Das mit den Wiener Frankfurtern hat wiederum mit einem gewissen Johann Georg Lahner zu tun, der in Frankfurt am Main das edle Fleischerhandwerk erlernte, dann nach Wien ging, dort 1805 ein Geschäft gründete und als Wiener Originalität die „Lahner Frankfurter Würstel" erfand.

Mit so einem Würstel nebst Senf und einem krossen Brötchen lässt sich der Tag angemessen begrüßen. Auch andere Würste wie eine grob oder fein angelegte Leberwurst, die mit ihrem Durchmesser protzende rosige Mortadella, eine würzige Salami, paprizierte spanische Chorizo, duftige Teewurst oder geschmeidige Fleischwurst sind klassische Frühstückssorten. Hingegen werden nur promovierte Wurstfans bereits am Morgen nach einer Blutwurst, rauchigen Landjäger, molligen Bratwurst oder gar – wie die Schotten – nach einer Haggis greifen, dieser für mitteleuropäischen Geschmack gewöhnungsbedürftigen Wurst aus Leber, Lunge und Herz eines Schafs, vermischt mit Hafer, Zwiebel, Petersilie und Gewürzen.

Eine Sonderstellung im üppig blühenden Reich der Würste gebührt der Weißwurst. Sie hat was Gutbürgerliches an sich, sie ist verführerisch in Duft wie Geschmack und passt perfekt ins helle Morgengeläut eines Tages. Eine Weißwurst ist eine Weltanschauung, die man bevorzugt mit süßem Senf und hohem sittlichem Ernst zu sich nimmt. Bei ihr verewigt der traditionsbewusste Bayer, also der, dem der Gamsbart sozusagen direkt aus dem Hinterkopf zu wachsen scheint, seine Biedermeierphilosophie, zu der die unerschütterliche Überzeugung gehört, dass ein Morgen ohne Weißwurst ein Irrtum sei.

Bleibt noch anzumerken, daß eine wirklich gute Weißwurst keine ordinäre Wurst ist, sondern so etwas wie ein Kalbfleischsoufflé im Darm, und dass es sich lohnt, beim Sieden der Weißwürste eine zu opfern, indem man sie vorab ins kalte Wasser bröckelt und gute zehn Minuten lang sieden läßt, ehe man die für den Genuß gedachten Weißwürste geschlossen hinein legt. Das ergibt einen gehaltvollen Weißwurstsud zum geschmacklichen Wohle aller anderen.

Schinken:

Zu den elementaren schweinischen Köstlichkeiten gehört der Schinken. Aber bitte, nicht irgendeiner und schon überhaupt nicht einer aus industrieller Fabrikation, hergestellt aus fettarmem Euro-Schwein, gespritzt, übermäßig geräuchert und extrem kurz gereift. Jawohl, solche Erbärmlichkeiten gibt es und nicht zu knapp. Nein, wer Mythos in Scheiben genießen möchte, greift zu Schinken aus Parma, San Daniele, San Leon oder Jambon cru aus Bayonne oder dem Nonplusultra der Schinkenkunst: dem Pata negra Ibérico aus dem nördlichen Andalusien. Das ist Schinken, der wie Seide fließt und am Gaumen ein lang anhaltendes Gefühl vollkommenen irdischen Glücks auslöst.

Seine Frau Stella achtet strikt auf gesunde Ernährung und erlaubt ihm nicht den geliebten Frühstücksspeck, weshalb sich der Schauspieler heimlich daran labt, doch vermutend, dass seine Frau das Versteck kennt und so die Menge still kontrollieren kann.

Sir Anthony Hopkins, Schauspieler

Speck:

Unter Frühstückspeck ist gepökelter und geräucherter Rückenspeck mit sozusagen angewachsenem Fleisch zu verstehen. Populäre Produkte in dieser Kategorie sind: Schwarzwälder Speck, Tiroler Speck, Pancetta und Bacon. Ein paar dünne Scheiben von einem Klassespeck in edler partnerschaftlicher Verbindung mit einem Spiegelei ergibt wohl ein Mahl, das sich eigentlich für Eisenbieger und weniger für Menschen mit sitzender Tätigkeit eignet, aber bitte: Es gibt Momente im Leben, da muss es auch mal spontan und ohne stimmungsmordendes Zählen von Kalorien ein Speck mit Ei sein, das den Frühstückstisch zum Altar sozusagen öffentlich erlaubter angewandter Fleischeslust macht.

Sülze

Tusch, Vorhang auf und Bühne frei für ihre kulinarische Majestät, die Sülze. Jeder Koch, der auf der Höhe der Zeit sein will, bietet diese delikaten Stückerln in Gelee an. Sie sind transparent, man sieht, was drin ist – wie beispielsweise bei der köstlichen Tafelspitzsülze, die es bei den famosen Brüdern Obauer im salzburgischen Werfen gibt. Ob man sie rustikal oder fein anlegt, ob sie mit Fleisch, Fisch oder Gemüse gemacht sind: Sülzen sind ganz einfach „ritzy", ein Spiel mit Formen, Farben und Aromen.

Das war nicht immer so. Von Haus aus ist die Sülze ein Mädchen vom Lande, ein legitimes Kind der bäuerlichen und bürgerlichen Küche, in der das Resteverwerten selbstverständliche Tradition ist. Und im Gegensatz zu ihrer vornehmen Schwester, der im Regelfall mit Sahne angereicherten Terrine, ist der Sülze in der gehobenen Gastronomie lange nicht die ihr gebührende Aufmerksamkeit gewidmet worden. Aspik galt als kleinbürgerlich, das roch nach geliertem Hering mit Bratkartoffeln.

Dieses Missverständnis ist endlich ausgeräumt. Der Trend zu mehr Klarheit in der Küche sowie der neue gastronomische Regionalismus, diese Rousseau'sche Variante zurück zu den Töpfen der ehrlichen bürgerlichen Küche, hat der Sülze endlich den Weg in die Sterne-Restaurants planiert.

Eine Augen- und Gaumenweide ist die mit einem köstlichen Tomatengelee flankierte Calamares-Sülze von Hans-Stefan Steinheuer im gleichnamigen Restaurant in Heppingen bei Bad Neuenahr: Impressionismus auf dem Teller. Süchtig macht die Sülze von Meeresfrüchten, die Dieter Müller in Schloss Lerbach in Bergisch-Gladbach anrichtet.

Einen gewaltigen Zungenschlag des Genusses löst die mit Kürbiskernöl beträufelte Tafelspitzsülze im „Steirereck" in Wien aus. Dazu passt ein Grüner Veltliner wie der reintönige 1999er „Schütt" von Emmerich Knoll aus der Wachau. Bildhauerisches Format hat die Spargelsülze von Heinz Winkler in dessen „Residenz" im bayerischen Aschau: Unterschiedlich lange Spargelköpfe umgeben die rund geformte Sülze wie ein Palisadenzaun. Schmackhafte Poesie ist die Kreation des Dreisternekochs Harald Wohlfahrt in der „Schwarzwaldstube" des Hotels Traube in Baiersbronn: Sülze von Taubenbrust mit Gänseleber und Trüffel in Madeiragelee.

Sülzen sind auch zu Hause umkompliziert zuzubereiten. Für ein leckeres Dessert namens Orangensülze kocht man 200 Gramm frisch gepressten Orangesaft mit 60 Gramm Zucker auf, löst darin vier Blatt Gelatine aus und lässt das Gemenge abkühlen. Dann kommen 400 Gramm Orangenfilets hinein und 50 Gramm Pistazien – eventuell auch ein Schuss Cointreau oder Campari. In Förmchen füllen, im Kühlschrank erstarren lassen und fertig ist eine sommerleichte Näscherei. Eine bildschöne Speise ist eine Lauchsülze: Lauch in gleich lange Stangen schneiden, weich kochen, in eine rechteckige Terrinenform schlichten, mit gelatinierter Gemüsebrühe ausgießen, würzen, kalt werden lassen und mit Olivenöl sowie Trüffelsaft servieren.

Wer die Sülze erfand, weiß man nicht. Gelierte Gerichte gab es bereits bei den Römern, und im Mittelalter waren sie in der Küche des Volkes ebenso zu Hause wie in jener der Paläste. Mit Sicherheit sind Sülzen eine Geburt des Zufalls. Wer je einen Fisch pochiert oder einen Kalbsfuß gesotten hat und die Stücke erkalten ließ, stellte fest, dass sich drumherum Gelee gebildet hat: erstarrter Fleischsaft.

So etwas wie eine ultimative Sülze gibt es nicht. Fisch, Fleisch, Gemüse oder kombiniert, wie es einem gerade einfällt. Unerlässlich hingegen ist ihre Transparenz: Sie muss auf fast geheimnisvolle Weise durchscheinend sein. Zudem darf eine Sülze nicht zu fest in der Konsistenz sein, andererseits aber auch nicht wabbelig. Ob man sie sich mit Vinaigrette anrichtet oder mit Mayonnaise, ob man ein Stück Brot dazu isst, einen Salat oder goldbraunkrustige Bratkartoffelen, das ist der Tageslaune überlassen.

Sülzgerichte sind omnipotent; sie passen als Vorspiel eines Menüs und sie sind der Star eines zünftigen Gabelfrühstücks. Tante Therese aß um diese Zeit traditionell ein Sandwich zum Tee, aber man glaube es: An der Schwelle vom Morgen zum Mittag geht nichts über eine Scheibe Rindssülze, mariniert mit Weinessig und einem großen Esslöffel steirischem Kürbiskernöl. Zusammen mit einem Glas Grünen Veltliner oder Sauvignon Blanc wie den wunderbaren "Kranachberg" vom südsteirischen Weingut Sattlerhof ergibt das eine Kombination, die einem dem vollkommenen Glück ziemlich nahe bringt.

Pasteten *Schmeichelei für die Sinne*

In der unendlichen Geschichte der Kochkunst gebührt den Pasteten ein besonders dickes Kapitel. Niemand weiß, wer als erster Fleisch, Fisch oder Gemüse in Teig hüllte, um das Ganze dann zu backen, aber dieser blitzgescheit praktizierte Akt war an Genialität vergleichbar der Geste jenes gleichfalls unbekannten Mannes, der zuerst die Idee hatte, einer Frau eine Rose zu schenken. In beidem steckt Poesie, in der Rose wie der Pastete, nur dass letztere obendrein noch den Vorzug hat, nahrhaft und lange haltbar zu sein. Unsere Altvorderen nutzten die Pastete denn auch wie eine Konserve: Der Teig schützte das Füllsel vor Verderbnis und Verlust an Aromen.

Eine Art Ur-Pastete wird dem Koch mit Namen Epainetos zugeschrieben, einem Bocuse der Antike, der aus Fleisch, Honig, Käse, Essig, Würzkräutern und Blut als Bindemittel eine Pastete buk, die im alten Athen während der Aufführung von Tragödien verkauft wurde. Aristoteles kommentierte süffisant, dass in langweiligen Passagen viele Pasteten abgesetzt wurden, doch keine, wenn's auf der Bühne richtig spannend zuging. Das können auch Wirte in Bayreuth nachempfinden, die einer Umfrage zufolge nach den "Meistersingern" mehr Bratwürste verkaufen als im Anschluss an den pastoralen „Parsifal".

Die internationale Karriere der Pastete ist vor allem durch ihren Variationsreichtum gefördert worden. Alles, aber auch wirklich alles lässt sich in Teig einpacken, ob Gehacktes, Schinken, Spinat, Krabben, Fisch oder Geflügelleber. Jede Landesküche hat ihre eigene Pastetenkultur, die sich jeweils grob zweiteilen lässt: in die Gruppen der feinen und der rustikalen Pasteten. Sortiert wird nach der Qualität des Inhalts sowie der Art des Teigs. Eine Straßburger Gänseleberpastete, umhüllt mit Brioche, fällt ins feine Fach, der Schinken im Brotteig oder die Pâté de Campagne genannte Landpastete aus Fleisch, Speck, Innereien und Gewürzen zählen zu den rustikalen Vertretern.

Große Meister im Pastetenbacken waren zuallererst die Italiener, was sich sprachlich fundamentiert: aus „pasta", dem Wort für Teig, leitet sich das französische „paté" und das deutsche Pastete her. Allerdings waren es ab dem 16. Jahrhundert zunehmend französische Köche, die zur Verfeinerung der Pastetenkunst beitrugen. Ihnen sind auch die luxuriösen teiglosen Varianten zu verdanken wie die Terrinen, die Galantinen, sowie deren kleine Schwestern, die Ballotinen. Dies alles sind sozusagen nackte Pasteten – bei den Galantinen beispielsweise wird die Farce in ausgebeintes Fleisch oder die Haut von Geflügel gehüllt.

Zur großen Familie der Pasteten gehören auch die mit Ragouts gefüllten und in heißem Fett schwimmend ausgebackenen Rissolen. China steuert im Dutzend die Dim Sums bei, jene leckeren, mit diversen Näschereien gefüllten und über Dampf gegarten Teigtäschchen. Aus Griechenland stammt die vegetarische Pastete namens „Spanakópitta", gefüllt mit Spinat, Schafskäse, Oliven und Kräutern. Berühmt sind die spanischen Empanadas. Im nordwestlichen La Corune gibt es die besten Meeresfrüchte-Pasteten, und in Santiago de Compostela hat man der goldbraun gebackenen Pastete mitten in der Kathedrale ein Denkmal gesetzt: ein Säulenheiliger beißt herzhaft in eine hinein.

Legendär ist die finnische „Lihamurekepiiras", eine mächtige Fleischpastete, die gerne mit viel saurer Sahne und einem Kompott aus Moosbeeren serviert wird. Sie ist eng verwandt den russischen Pasteten mit ihren tausend Spielarten unter dem Sammelbegriff Piroschki, auf Deutsch Piroggen genannt. Das sind Pastetchen aus Hefe- oder Mürbteig, seltener aus Blätterteig, gefüllt mit allem Erdenklichen wie Farcen aus Fleisch, Fisch, Reis, Quark, Eiern, Kohl, Zwiebeln und Pilzen.

Nun darf nicht übergangen werden, dass sich unter Teig viel verstecken lässt. So verführerisch die Kruste glänzt, entscheidend ist letztendlich doch die Füllung. Es gibt Köche, die nutzen die Pastete in erster Linie als Verwertung von Resten, was umso schlimmer ist, wenn nach der Kraut-und-Rüben-Methode wahllos zusammengemanscht wird, was sich gerade findet. Aber nur das beste Fleisch, der frischeste Fisch, das knackigste Gemüse oder nach den Gesetzen der kulinarischen Logik aufgebaute Kombinationen aus mehreren Grundprodukten machen die Pastete zum Essvergnügen.

Die extreme Formbarkeit der Pasteten hatte die Köche seit jeher fasziniert. In früheren Jahrhunderten hatten die Pastetenmacher im Verein mit Bildhauern, Architekten und Blechschmieden riesige Teighüllen geschaffen, die als Tafelaufsätze fungierten, unter denen sich Schwertschlucker verbargen, Ringkämpfer, Zwerge oder eine Kinderschar, die nach dem Aufschneiden des Teigmantels herauslief und Fahnen schwenkte. Friedrich der Große hatte ebenfalls Spaß an derlei Spektakel: Er ließ 1764 am Dreikönigstag eine große Pastete auftragen, in der ein junges Mädchen saß, das nach dem Aufschneiden des Teiges vom König gedichtete Verse vortrug.

Die phantastischste Gasterei dieses Genres fand am Hof von Burgund unter Philipp dem Guten am 17. Februar 1453 statt. Der Tag gilt als die Geburtsstunde der Oper, denn unter einer Riesenpastete waren Musiker und Sänger verborgen, die, sobald die Pastete geöffnet war, mit dem Spielen begannen. Die Aufführung in der Pastetenbühne hatte einen Anflug von Größenwahn, aber die Musik stand damals noch ganz im Dienste des Kulinarischen und der Koch wurde besser bezahlt als der Sänger.

Das hat sich geändert, aber geblieben ist die Pastete als ebenso dekoratives wie feinschmeckerisches Stück Kochkunst.

Feine Lothringer Pasteten mit Wildschweinfleisch

Ergibt 8 Stück

Zutaten:

300 g Blätterteig (tiefgekühlt)
2 Zwiebeln
3 Knoblauchzehen
3 EL Olivenöl
500 g Wildschweinhackfleisch
4 EL Tomatenmark
Salz und Pfeffer aus der Mühle
1TL getrockneter Rosmarin
2 Kugeln Mozzarella (à 125 g)
Mehl für die Arbeitsfläche
Butter für die Förmchen
4 Eier
150 g Crème fraîche
2 Eigelb

Zubereitung:

1. Die Blätterteigplatten nebeneinander legen und auftauen lassen. Zwiebeln und Knoblauch schälen und in feine Würfel schneiden. Das Öl in einer Pfanne erhitzen, Zwiebeln und Knoblauch darin glasig dünsten. Das Hackfleisch hinzufügen und bei starker Hitze unter Rühren krümelig braten.
Das Tomatenmark unterrühren und das Fleisch mit Salz, Pfeffer und Rosmarin würzen. Die Pfanne vom Herd nehmen und das Hackfleisch abkühlen lassen.

2. Den Backofen auf 180° Grad vorheizen. Den Mozzarella abtropfen lassen und in dünne Scheiben schneiden. Die Blätterteigplatten aufeinander legen und auf der bemehlten Arbeitsfläche dünn ausrollen. Acht Portionsförmchen (8 cm Durchmesser) mit Butter einfetten und mit dem Blätterteig auskleiden, die Teigreste beiseite legen.

3. Die Eier verquirlen und mit der Crème fraîche unter die Hackfleischmasse mischen. Die Füllung auf die Förmchen verteilen und mit den Mozzarellascheiben belegen. Aus dem restlichen Teig große Kreise (8 cm Durchmesser) ausstechen und die Pasteten damit bedecken.

4. Die Eigelbe verquirlen und die Pasteten damit bestreichen. Die Pasteten im Backofen auf der mittleren Schiene etwa 30 Minuten goldbraun backen.

Harald Wohlfahrt

....

....

....

Carpaccio

Tellerpoesie aus Fleisch, Fisch oder Gemüse

Wann genau und durch wen es über den Alpenhauptkamm nach Deutschland kam, weiß man nicht, aber in den Siebzigern war es auf einmal da und jeder wollte es essen: das Carpaccio. Klassisch wird es aus Rindfleisch zubereitet, doch mittlerweile pflegt nahezu jeder Koch seine spezielle Variante. Im „Landhaus Bacher" in der Wachau hat Lisl Wagner, die geniale Köchin, ihre Gäste kürzlich sogar mit einem Austern-Carpaccio entzückt, hauchdünn geschnitten, wie es sich gehört. Die Phantasie darf ja mitspielen, nur: Ein Carpaccio muss immer zart bleiben, immer mehr Poesie als Prosa sein; wer es überwürzt oder gar mit Beilagen befrachtet, missversteht die Idee des Carpaccios.

Entstanden ist dieses delikate Gericht, das sich als Hors d'oevre ebenso eignet wie als aparter Gaumenkitzel auf dem Frühstückstisch, zu Beginn der fünfziger Jahre in Venedig, in „Harry's Bar". Wie so oft, wenn Großes sich entwickelt, spielt der Zufall mit. Giuseppe Cipriano, der Chef von Harry's Bar und Gentleman-Wirt der alten Schule, hat es erfunden, ohne sich viel dabei zu denken. Weil die Contessa Amalia Nani Mocenigo, ein Stammgast und übrigens eine erstklassige Contessa mit Dogen unter den Ahnen, einen sensiblen Magen hatte, servierte ihr Signore Cipriani feinstblättrig geschnittenes Ochsenfilet, beträufelt mit einer pikanten Tunke, die immer vorrätig war und den klangvollen Namen „Salsa universale" hatte. Das ist eine Mayonnaise, angereichert mit etwas Worcestershiresauce, Milch sowie einem guten Spritzer Cognac.

Das Ur-Carpaccio ist demnach als diätetischer Gaumenschmaus auf die Welt gekommen. Am feinsten lässt sich das Fleisch schneiden, wenn es leicht angefroren ist - wie überhaupt jedes fischige oder fleischige Produkt, aus dem ein Carpaccio werden soll, gerade so lange ins Tiefkühlfach kommt, bis es genügend angehärtet ist. Es empfiehlt sich, das Fleisch mit Zitronensaft, Meersalz und Pfeffer ein wenig zu marinieren, bevor man die „Salsa universale" darüber träufelt, kreuz und quer, spiralenförmig oder wie es einem gefällt. Anstelle der Mayonnaise kann man selbstverständlich auch eine Vinaigrette aus feinstem Weinessig und Olivenöl nehmen.

Weil außer der Contessa immer mehr Gäste an dem frugalen Gericht ihren Gefallen hatten, setzte Cipriani es auf die Speisekarte. Nun musste ein Name her. Wieder spielte der Zufall sein Solo. Im Dogenpalast ist damals eine große Ausstellung von Carpaccio gezeigt worden. Jener Vittorio Carpaccio (circa 1465 bis 1525), als dessen Spezialität große Bildfolgen mit erzählendem Charakter gelten, soll von Bellini malerisch beeinflusst worden sein. Und einen „Bellini" gab es in „Harry's Bar" bereits; es war der Haustrunk aus Pfirsichsaft mit Sekt oder Champagner. Also wurde das marinierte Contrefilet – so nennen Gastronomen das Roastbeef – zum Carpaccio.

Heute verstehen Köche unter Carpaccio auch eine vom Erstlingswerk unabhängige Art der Zubereitung. Im kulinarischen Lexikon „Die Sprache der Küche" definiert Herbert Birle das Carpaccio bereits neutral als „hauchdünn geschnittene Scheiben von Fleisch oder Fisch in einer leicht sauren Marinade oder mit einer Sauce". In diesem Sinne können kreative Köche ihren Einfallsreichtum beweisen.

Sinnenbetörend schmeckt beispielsweise ein Steinpilz-Carpaccio: Feinblättrig geschnittene Steinpilze werden auf blanchierte Würfelchen von Sellerie, Karotten und gelben Rüben gelegt, gewürzt mit Olivenöl, Salz und gemahlenem Kümmel. Die Pilze dann mit einer dünn angelegten Sauce hollandaise plus Petersilie, Estragon, Trüffelöl und ein wenig Fenchelkraut begießen, mit Sesam bestreuen und kurz im Rohr überbacken. Rühmenswert ist das Carpaccio von der Jakobsmuschel, das der geniale Heinz Winkler in seiner „Residenz" zu Aschau im Chiemgau nebst Sauerrahm mit einem anständigen Klacks Kaviar auf einer Kartoffel der edlen Rasse La Ratte (Kipfler oder Bamberger bzw. Pfälzer Hörnchen im Deutschen) würzt. Das sind Kompositionen, die es verdienen, nach einem Mann der venezianischen Renaissancemalerei benannt zu werden.

Milch, Quark, Joghurt

Schätzt Joghurt mit frischen Früchten, bevorzugt Papaya, aber auch Erdbeeren und Kiwi

Sonja Bogner, Designerin

Die Milch: ein harmlos klingender Name ohne dramatische Tönung für ein Lebenselixier, das immerhin die erste Nahrung des Menschen ist. Milch als Inbegriff mütterlicher Wärme und Fürsorge sollte bei keinem Frühstück fehlen, sei es als Zutat für Kaffee und Müsli oder als pures Naturprodukt mit wertvollen Inhaltsstoffen. So ist es nicht verwunderlich, dass Milch und daraus gewonnene Produkte wie Quark und Joghurt seit altersher geschätzt werden. Die Legende überliefert Kleopatras Bad in Eselsmilch, antike Reliefs aus Mesopotamien zeugen von der Tradition der Milchgewinnung und ein biblisches Gleichnis kündet vom glücklichen Land, wo Milch und Honig fließen.

Neben wertvollen Spurenelementen wie Jod, Zink und Magnesium liefert die weiße Kraft vor allem das zur Stärkung von Knochen und Zähnen unverzichtbare Kalzium. Das zu 95 Prozent vom Körper verwertbare Milcheiweiß aktiviert Stoffwechselprozesse, der Milchzucker entlastet überstrapazierte Verdauungsorgane. Und quasi nebenbei versorgt sich der Milchtrinker mit lebenswichtigen Vitaminen wie A, D und

E sowie der B-Gruppe. Der größte Milchlieferant ist die Kuh (mit 3,5 Prozent Fett bei der Vollmilch). Weniger Fett und mehr Mineralien bietet die Milch von der Ziege, wohingegen Schafsmilch sehr fetthaltig ist und vorzugsweise zur Gewinnung von Käse verwendet wird (rund sieben Prozent). Stutenmilch ähnelt in ihrer Zusammensetzung übrigens der menschlichen Muttermilch.

Die moderne Kuhmilch unterscheidet sich von jener, die noch unsere Altvorderen kannten. Diese Milch säuerte rasch nach der Gewinnung und ließ sich dann problemlos als schmackhafte Dickmilch ansetzen. Das ist heute selbst bei Roh- und Vorzugsmilch kaum mehr möglich, weil die Milch nicht mehr richtig säuert, sondern eher faulig wird. Das liegt an der Hygiene. Die Milch von einst wurde mit der Hand gemolken, wobei sie mit den Keimen im Stall in Berührung kam: Milchsäurebakterien aus dem Verdauungstrakt der Kühe. Sie bewirken, dass die Milch säuert, doch sind sie nicht nur gut verträglich, sondern gesund. Freilich ist auch die hochtechnisch gewonnene Milch ein wertvolles Energiebündel.

Zu den morgendlichen Fitmachern zählen naturgemäß auch Milchprodukte wie Joghurt und Verwandtes. Für den Quark wird dicke, gesäuerte Milch langsam zum Gerinnen gebracht und die dabei entstehende Molke durch ein Sieb gegossen. An der Herstellung hat sich praktisch seit der Jungsteinzeit kaum etwas verändert. Zurück bleibt ein weißer, saftiger Frischkäse als Ausgangsbasis für herrliche Mehlspeisen und die süßesten Sünden, aber auch geeignet, um frühstücksmäßig mit Marmelade oder als herbe Version mit Kräutern und Mitgliedern der grünen Magie à la Schnittlauch, Bärlauch, Kresse, Petersilie und Rucola zubereitet zu werden. Den Quark gibt es in verschiedenen Fettstufen, man wähle, was die Diätpolitik gebiert oder besser, was einem schmeckt.

Joghurt stammt aus dem Orient, und genauso wie Quark entsteht er durch die Gerinnung von Milch. Seinen typischen zartsäuerlichen Geschmack erhält er durch das Impfen mit Milchsäurebakterien. In keiner anderen Küche wird Joghurt derart vielseitig genutzt wie im Orient und speziell auch in Indien. Ayran ist beispielsweise ein erfrischendes Mischgetränk aus Joghurt, Wasser und einer Prise Salz. Joghurt mit viel Knoblauch, Cayennepfeffer, Zitronensaft und Petersilie passt als Sauce zu Roastbeef. In Indien schätzt man zudem eine Mixtur aus Joghurt, Kardamon oder Tandoori, der feurig-roten Würzpaste, als Marinade für Fische und Geflügel.

Wer keine Angst vor Kalorien, doch viel Sinn für guten Geschmack hat, wird mit der Crème fraîche seine morgendliche Lust erleben. So manches von dem, was unter diesem Titel angeboten wird, gleicht eher saurer Sahne und ist somit keine originale Crème fraîche, denn die ist von süßlicher Cremigkeit mit einem Fettgehalt von mindestens 30 Prozent. Zwar neigt der süße Rahm dazu, selbst im Kühlschrank nach einigen Tagen säuerlich zu werden, aber er ist dann immer noch zu verwenden. Eine nahe Verwandte der Crème fraîche ist die Crème double: Sie ist zweimal durch die Cremeuse genannte Entrahmungsmaschine gejagt worden und entsprechend fetter (um die 50 Prozent). Auch diese Crème kann eine Sauce geschmeidiger machen, aber besser noch schmeckt sie kalt und unübertrefflich zu frischen Erdbeeren.

Paprikaquark

Zutaten (für 4 Personen):

Zutaten:

1 rote Paprikaschote
1 grüne Paprikaschote
1 Schalotte
1 Bund Schnittlauch
500 g Quark
100 g Kapern
Edelsüßpaprika-Gewürz
Salz, Pfeffer

Zubereitung:

Die Paprikaschoten waschen, vierteln, entkernen und fein würfeln. Die Schalotte häuten und ebenfalls fein hacken. Den Schnittlauch in kurze Röllchen schneiden. Den Quark verrühren und alle Zutaten, außer den Gewürzen, untermischen. Mit Edelsüßpaprika, Salz und Pfeffer abschmecken.

Ludwig Hessler

....
....
....

Käse

Es gibt das Bild vom Paradies als einem Ort, in dem man wunschlos glücklich dem Harfenspiel der Engel lauscht. Das ist der Gipfel an Langeweile, in etwa so leidenschaftlich wie lauwarmes Wasser. Zum wahren Glück gehört auch das Begehren, das ewig spannende Wechselspiel zwischen Sehnsucht und Erfüllung. Das betrifft in erster Linie die Liebe, gilt aber auch für kulinarische Genüsse wie die heilige Dualität der Tafel: Brot und Käse. Die Frage ist nur: welcher? Man weiß, dass es viele Hunderte von Sorten gibt, doch niemanden, der sie alle kennt. Selbst Käsemuffeln ist das geistreiche, abwechselnd Churchill und Charles de Gaulle zugeschriebene Bonmot über die Nöte mit der Individualität – einem oft euphemistisch gebrauchten Begriff für Starrsinn – der Franzosen geläufig: „Es ist schwer, ein Land mit 365 Käsesorten zu regieren."

Jedes Land, in dem Milch fließt, bietet Käse. Holland ist berühmt für den Gouda, der freilich nur als rarer Bauerngouda wirklich Spitze ist. Der edelschimmelige Stilton und der Cheddar sind typisch für England. Appenzeller, Gruyère und Emmentaler künden von der Schweiz, der Heimat zweier weiterer Köstlichkeiten wie dem zylindrisch geformten Tête de Moine, von dem mit einem speziellen Schaber, der Girolle, zarte

Rosetten abgehobelt werden. Und nur im Winter gibt es den goldgelben, herrlich cremigen Vacherin Mont d'Or, der auch auf der französischen Seite des Tals in bester Qualität erzeugt wird und vorzuziehen ist, weil er traditionell noch aus Rohmilch erzeugt wird, wohingegen die Schweizer inzwischen pasteurisieren.

Italien trumpft ebenfalls mit einer reichen Käseplatte auf, vom echten Büffel-Mozzarella, dem mit Tomaten und Basilikum angereicherten, gleichwohl ziemlich harmlosen Single-Snack, über den geschmeidigen Gorgonzola – auch hier gilt: handgeschöpfte Bauernqualität ist dramatisch besser als fertig abgepackte Fabrikware – bis hin zum König, dem authentischen Parmigiano mit dem wichtigen Herkunftszusatz Reggiano. Leider wird unter Parmesan manch geschmacklich belangloses Plagiat angeboten. Erstklassige Ware ist nicht stückerlweise portioniert und schon gar nicht vorgerieben, sondern muss im Stück vom Händler frisch aus dem wagenradgroßen Laib gestochen werden. So ein wahrer Parmigiano Reggiano, kräftig in der Farbe, kristallen in der Struktur und duftend nach den Almen oberhalb von Parma, ist schon pur eine Wonne, doch gewinnt er an kulinarischer Finesse, wenn er mit feinstem Olivenöl beträufelt wird.

Es war Rabelais, der große Romancier und Gourmand, der bekannte, dass es für ihn keine zweite Ehe gäbe, „die sich mit der zwischen Meister Käse und Meisterin Birne vergleichen läßt". Wohl wahr, man schneide reife Birnen in Scheibchen und beträufele sie mit Zitronensaft. Nun jungen Pecorino, Tomme de chèvre, Brebis oder Parmesan, Sbrinz oder Cantal hobeln beziehungsweise zerbröckeln und unter die Birne mischen. Blätter und Stücke vom Sellerie sowie Walnußkerne dazugeben, Olivenöl darüber träufeln und mit einigen Spritzern Balsamico Tradizionale krönen: simpel in der Zubereitung und geschmacklich ein Hochgenuss.

Käse ist von Haus aus ein idealer Partner mit Fruchtigem. Frischer Ziegenkäse wie beispielsweise der stangenförmige Saint-Maure, die bekannten Pyramiden, der nussige Tomme de L'Ardeche oder der talerartige Le Rocamadour ergänzen sich mit Nuss-, Früchte- oder Rosinenbrot sowie einem Gelee von Quitten oder Johannisbeere zu einem kulinarischen Weltereignis. Köstlich ist auch Gorgonzola, teigig gerührt und mit klein geschnittenem Staudensellerie sowie Olivenöl plus einer zarten Prise weißem Pfeffer vermischt. Zu klassischen Partnern von körnigem Frischkäse gehören beispielsweise Honig, Trockenfrüchte und selbst Anislikör. Letzteres ist in Spanien Tradition.

Käse aus Rohmilch schmeckt weit besser als der aus pasteurisierter Milch. Es lohnt, beim Kauf darauf zu achten. Und: er entfaltet bei Zimmertemperatur seine Aromen am feinsten, also ist es sinnvoll, Käse rechtzeitig aus der Kühlung zu nehmen.

Fast jeder Käse schmeckt so, wie er riecht. Guter Rohmilchkäse – und der Kenner wird jederzeit einen Rohmilchkäse der pasteurisierten Standardware vorziehen – kann fein nach Steinpilzen duften, nach Malz und Nüssen. Perfekt gereifter Weichkäse muss von cremiger Geschmeidigkeit sein und auf Fingerdruck sanft nachgeben. Wenn er zu schnell "läuft", wurde er unsachgemäß gelagert und kann beißend schmecken. Bei Edelpilzkäse soll der Schimmel gleichmäßig verteilt sein und bis an den Rand reichen. Im Hartkäse dürfen die Löcher nicht oval sein, sondern möglichst rund und nur haselnussgroß; sie entstehen übrigens durch Kohlensäuregase, die sich beim Reifeprozess bilden, nicht entweichen können und in dem noch weichen Käse zu Blasen führen.

Bei der Auswahl des Frühstückskäses spielen naturgemäß die Saison sowie die individuelle Stimmung eine Rolle. Obligatorisch ist entweder Brie de Meaux oder der sahnige Chaource aus der Champagne: beides Weichkäse mit Schimmelrinde. So genannte Rotschmierkäse sind der kräftige Maroilles, der herzhafte Pont l'Evêque, der elsässische Munster oder der aromatische Livarot. Ein nobler Käse ist der runde Reblochon mit dem dezent nussigen Aroma. Pikant schmeckt der diskret mit Knoblauch parfümierte Gaperon, herzhaft sahnige Rasse hat der Langrès. Hartkäse darf nicht fehlen, sei es ein Appenzeller, alter Bauerngouda oder Comté. Bei den Edelpilzkäsen gibt es den betont würzigen Roquefort, den kräftigen Stilton oder weichen Fourme d'Ambert.

Einen Stammplatz hat Camembert. Der klassische Camembert, vor 200 Jahren in der normannischen Provinz kreiert, ist rund, 250 Gramm schwer mit einem Durchmesser von 12 Zentimetern und einer Höhe von 3,5 Zentimeter. Überzogen ist der Käse mit einem weißen Edelpilz (penicillium candidum), der für das dichte und zugleich ungemein cremige Aroma sorgt. „So", hat einmal ein offenbar kulinarisch versierter Dichter geschwärmt, „so müssen die Füße des lieben Gottes riechen!" Experten definieren die Köstlichkeit eines Camembert etwas nüchterner: frisches, angenehm duftendes, mild und sanft pilzig unterlegtes Aroma. Seine Rinde soll weiß, nur wenig uneben und in den Falten höchstens ganz leicht rostrot sein. Außerdem darf der kleine Laib nicht seufzen, wenn er angeschnitten wird.

Ein weiteres Muss auf einem Käseteller, bei dem man weder sparen noch protzen sollte, ist Ziegenkäse, der traditionell zu Rollen, Pyramiden und kleinen Laibchen geformte „chèvre": das Kultobjekt praktizierender Käsefans und kulinarisches Wahrzeichen Frankreichs. Diese Pretiosen gibt es vom Frühling ab frisch bis in den Spätherbst hinein. (Im Winter angebotener „chèvre" stammt vom Bruch genannten

Rohkäse, der im Sommer eingefroren worden ist.) In Deutschland hat es lange gedauert, bis Ziegenkäse salonfähig wurde. Ihm haftete als angeblicher Geburtsfehler der Ruch an, ein bisserl zu stinken. Wohl gibt es Ziegenkäse mit strengem Goût, aber die laut nach Stall düftelnden Typen sind die Ausnahme. Schuld an der Ignoranz war ganz banal ein Vorurteil, basierend auf der Verwechslung des dramatisch wild riechenden Bockes mit der Ziege, der ehrenwerten Käsemutter, die in Deutschland als die Kuh des Bahnwärters gilt.

Zu den populärsten französischen Sorten gehören die weißen und schwarzen Pyramiden (das Schwarze ist Pflanzenkohle, die dem Käse Feuchtigkeit entziehen soll), der rollenförmige Sainte-Maure, die talerartigen Crottin, Picandou und Le Rocamadour mit ihrem markanten, zugleich cremig unterlegten Geschmack und der herrlich nussige Tomme de l'Ardeche. Ziegenkäse sind kulinarisch wahrhaft omnipotent, mit ihnen lässt sich viel anstellen. In der Antike wurde frischer Ziegenkäse mit Knoblauch, Gewürzen, Öl und Essig eingerieben – eine Art des Marinierens, die heute noch üblich ist.

Ein Essen ohne Käse, so drohte sinngemäß der als Philosoph des Bauches geltende Anthelme Brillat-Savarin, sei wie eine Frau mit nur einem Auge. Ein schrecklicher Vergleich. Freundlicher, doch nicht minder frömmelnd klingt das Bekenntnis eines anderen bedeutenden Feinschmeckers: „Lieber Käse ohne Diner als ein Diner ohne Käse." Naja, so ultimativ wird es wohl niemand treiben wollen, wenngleich ein Frühstück an Klasse gewinnt, wenn es auch ein Bröckchen Käse gibt. Lebensnah ist in diesem Sinne die Beobachtung der Schriftstellerin Colette: „Auf Käse verzichten die Frauen, seitdem sie von der schrecklichen Neurose beherrscht werden, abzumagern."

Gebackener Frischkäse mit Olivenöl & Frühlingssalat

Zutaten:

1 Päckchen Philoteig (oder beim Türken, Griechen sog. griech. Blätterteig)
200 g Quark oder einen anderen Frischkäse)
1/2 Bd. Schnittlauch
1/2 Bd. Blattpetersilie
1/2 Bd. Kerbel
2 EL Olivenöl zum Braten und Marinieren des Salates
3 Scheiben Toastbrot in feine Würfel geschnitten
1 Eier zum Panieren und Bestreichen des Teiges
Eine Schüssel voll gesammeltem kleinen Löwenzahn oder anderen Salat, wie z. B. Kopfsalat
Für das Salatdressing etwas Essig, Öl, Zucker, Schnittlauch, Pfeffer und Salz
Salat wie üblich zerteilen und waschen, gut abtropfen lassen und bis zum Marinieren zur Seite stellen.

Zubereitung:

Als Erstes sollte der Quark mit den Kräutern und mit etwas Salz und Pfeffer vermischt werden.
Für jede Person eine Teigfolie flach ausbreiten und mit einem Eigelb bestreichen um ein Austrocknen zu verhindern, dann den mit den gehackten Kräutern vermischten Quark darauf verteilen und die überlappenden Ränder von oben nach unten und von rechts nach links übereinander zu einem Päckchen verschließen. Nun die Vierecke in Mehl wenden, und mit Ei und den Toastbrotwürfeln panieren. In einem El. Olivenöl goldgelb ausbacken.
Das restliche Olivenöl über den Käse träufeln – fertig!
Salat wird vorwiegend mit jungem Löwenzahn bereitet, den man auf den Wiesen findet.

Vincent Klink

....
....
....

Obstsalat: *Tuttifrutti in der Schüssel*

„Ein Tag ohne frische Erdbeeren zum Frühstück ist ein Unglück."

Niki Lauda

Niemand weiß, wie es im Paradies ausgesehen hat. Dazu gibt es außer viel Phantasie nur jede Menge Wünsche. Gewiss laut Bibel ist jedoch die Schuld der Eva, dass der Mensch sterblich wurde, denn sie nahm von der verbotenen Frucht und aß und gab ihrem Mann, der auch davon aß. Die Folgen dieser im ersten Buch Mose so nonchalant geschilderten Näscherei ist als Sündenfall bekannt. Seither ist es vorbei mit dem ewigen Leben, kleidet sich der Mensch und werden Früchte symbolisch befrachtet. So galt den alten Griechen der Apfelbaum als Geschenk von Dionysos, dem Gott der Ekstase, und die Indios in Südamerika sind bis heute der Überzeugung, dass die Papaya über magische Kräfte verfüge.

Das Paradies ist also verloren oder zu einer Art Wechsel auf jenseitiges Leben stilisiert, aber eine Ahnung davon ist gottlob geblieben in Form unzähliger Früchte vom einheimischen Obst bis zu den Exoten, die praktischerweise auch dann Saison haben, wenn in Mitteleuropa die Natur schläft. Und nichts ist schmackhafter, zudem gesünder als ein Mix aus heimischen mit exotischen Früchten als ein sozusagen internationales Tuttifrutti. Zwar schmeckt jede Frucht auch einzeln für sich, aber in der Vereinigung potenziert sich die Wirkung, fügen sich die Einzelteile auf nahezu geheimnisvolle Weise zu einem das Auge wie den Geschmack betörenden Ganzen.

Zu den Klassikern zählt der mazedonische Fruchtsalat, wie er übrigens auf der Titanic serviert worden ist: Je zwei Birnen, Pfirsiche und Pflaumen werden in kleine

Stücke geschnitten, mit einer halben Tasse roten Johannisbeeren oder Himbeeren plus zwei Esslöffel Zitronensaft vermengt. Einige Minzeblätter mit Zuckersirup leicht pürieren, hinzu fügen, mit einem Schuss Kirschwasser oder, leckerer noch, feinem alten Rum tränken, alles gut mischen und etwa zwei Stunden lang ziehen lassen, dabei hin und wieder umrühren. Derweil eine Handvoll Mandelsplitter auf einem Backblech im Ofen leicht anbräunen und damit den Obstsalat dekorativ bestreuen.

Exotischer Fruchtsalat in Limetten-Sauce: Je eine Mango, Orange, Grapefruit, Ananas und Banane mit je zwei frischen Feigen und Kiwis mundgerecht zerteilen. Den Saft von drei Limonen mit 50 Gramm Puderzucker aufkochen, erkalten lassen, zusammen mit kurz blanchierten und klein geschnittenen Zitrusschalen über die Früchte gießen. Mangosalat: Das Fruchtfleisch von vier reifen Mangos in Streifen schneiden, mit Grand Marnier beträufeln, zudecken, eine gute Stunde im Kühlschrank durchziehen lassen, währenddessen vier Esslöffel geröstete Mandeln fein hacken und mit zerkleinerten kandierten Kirschen über den Salat geben.

Ob man das Früchtemix grundsätzlich nur mit Obstsaft, Sirups und dergleichen mariniert oder zur Verfeinerung sich auch etwas Alkohol gestattet, ist eine Ermessensfrage und wohl auch abhängig von der Tageszeit beziehungsweise der Stimmung. Keinesfalls sollen die Früchte beschwipst werden, der Alkohol dient allein zur Hebung des Aromas, was praktisch heißt: Fingerspitzengefühl ist bei der Dosierung angebracht – wie beim Beerencocktail mit Johannisbeerlikör namens Cassis: Je 200 Gramm rote und schwarze Johannisbeeren sowie Stachelbeeren werden mit dem Saft einer Zitrone, etwas Zucker nach Belieben und vier Esslöffel Crème de Cassis behutsam, doch gut vermengt und einige Stunden lang zum Durchziehen kühl gestellt.

Gefüllte Ananas: Eine Ananas halbieren, das Fruchtfleisch auslösen und in kleine Stücke schneiden. Etwa ein halbes Pfund Erdbeeren halbieren – Walderdbeeren lässt man ganz -, eine Handvoll Kumquats in dünne Scheiben schneiden. Alle Früchte miteinander vermengen, mit etwas Kirschwasser oder einem Erdbeerlikör parfümieren und zum Durchziehen kalt stellen. Fürs Finale aus einer Crème fraîche eine Schlagsahne fabrizieren, darin Vanillezucker unterrühren. Die Ananashälften nun mit dem inzwischen kalt gewordenen Fruchtsalat füllen, die Schlagsahne darauf verteilen und mit einigen besonders schönen Erdbeeren dekorieren. Das Ergebnis ist eine aparte Fruchtoper für Schleckermäuler.

Bei der Zubereitung eines Obstsalates ist es ziemlich unerheblich, ob man bei der Kür der Früchte eher willkürlich vorgeht oder streng rezeptiert. Wichtig ist die Reife der Obstsorten, ansonsten sind der Kreativität keine Grenzen gesetzt, lässt sich mit den Früchten und Zutaten spielen wie mit einem Puzzle. Man nehme Ananas, Bananen, Mangos, Äpfel, Birnen, Erdbeeren, Papayas, Litschis, Kiwis, Weintrauben, Kumquats, Guaven und Cherimoyas, schneide alles in kleine Stücke, mische eingelegte Kirschen oder Pflaumen darunter, auch Beeren sind ein Gewinn, ob saisonal frisch und pur oder mariniert, schmecke mit dem Saft von Zitrusfrüchten ab, zuckere ein wenig nach

Belieben, fülle alles in eine ausgehöhlte Ananas – und hat einen Obstsalat, der reich ist an Vitaminen und anderen positiven Stoffen. Und nichts ist bekanntlich attraktiver als die Kombination von wohlschmeckend mit gesund.

Energiefrühstück

Zutaten:

1/2 Mango
1/2 Banane
1/2 Apfel
1/2 Zitrone
2 Esslöffel Vollkornmüsli
6 Esslöffel Bio-Cornflakes
1 Esslöffel Kokosraspel
1 Esslöffel gepulverte Kleie
1 Teelöffel Weizenkeimöl
1 Esslöffel Honig

Zubereitung:

Mango, Banane und Apfel schälen und in kleine Würfel schneiden. Mit dem Weizenkeimöl und dem Honig mischen. Die anderen Zutaten dazugeben und untereinander rühren. Je nach Geschmack lassen sich auch noch 200 g Magerquark hinzufügen.
Belebt Körper und Geist, brennt so lange wie ein Eichenholzfeuer.

Jean-Claude Bourgueil

....
....
....

Säfte

Eigentlich ist es kein großer Akt, morgens den Entsafter einzuschalten oder aus Orangen, Zitronen, Gemüse und halt allem, was sich zum Frommen des Organismus auspressen lässt, einen frischen Saft zu produzieren. Eigentlich! Praktisch jedoch sind all jene als Helden zu rühmen und zu bewundern, die sich tatsächlich zum Frühstück eigenhändig ein Säftchen machen statt einfach und kommod zur Flasche aus dem Lebensmittelmarkt zu greifen. Ob gekauft oder hausgepresst: Ernährungswissenschaftler sehen im Frühstück den idealen Zeitpunkt für die Aufnahme von Vitaminen, wie sie Obst und Gemüse auch in flüssiger Form bieten.

Man nehme die Orange und insbesondere die Blutorange. Sie hat eine faszinierende Entwicklungsgeschichte voller Mythen, auch wenn man sie nur fragmentarisch erzählt bekommt. Allein die Erkenntnis, dass ihre Heimat in China liegt und nicht auf einer tropischen Insel, erstaunt, und noch überraschender ist ihr Alter. Biologen, die sich mit der erdgeschichtlichen Vergangenheit beschäftigen, glauben, diese Pflanze sei mindestens 20 Millionen Jahre alt. Man fragt sich voller Respekt und zugleich Verwunderung, warum es so lange gedauert hat, bis sie in Europa ansässig wurde.

Denn erst im ersten Jahrtausend unserer Zeitrechnung sollen Orangenbäumchen von den Römern in Indien entdeckt und nach Italien gebracht worden sein. Eigentümlicherweise pausiert die Geschichte von der Orange nach dem Zusammenbruch des Römischen Reichs für einige Weile, bis die Frucht im 8. Jahrhundert erneut auftaucht, und zwar im Gepäck arabischer Eroberer, die sie auf die Iberische Halbinsel einführten, von wo sie wieder einige Jahrhunderte später von Kreuzfahrern nach Sizilien, dann weiter nach Italien und in den Süden Frankreichs gebracht worden ist. In der Neuen Welt sind Orangen erst nach Kolumbus gepflanzt und heimisch geworden.

Alle Zitrusfrüchte sind im Wachstum wie im Gebrauch wahrhaft global zu nennen. Sie gedeihen überall dort, wo sie von reichlich Sonne umarmt werden. Diese Kraft wird konserviert und am Frühstückstisch in Form eines Saftes weitergegeben. Aber auch Äpfel, Birnen, Bananen und Granatapfel, Karotten, rote Rübe, Holunder & Co. sind herrliche Säfte und geeignet, sich für den Tag fit zu machen. Anders gesagt: Frisch gepresste Säfte sind natürliches Doping!

Hummer, Garnelen & Co

Im Kosmos der Krustentiere ist der Wirrwarr quasi programmiert. Im Gegensatz zu Hummer und Languste, bei denen es keinerlei Identifikationsprobleme gibt, bestehen bei einigen anderen Krustentieren erhebliche Irritationen. Geradezu babylonisch ist das Namenschaos bei den Garnelen. In den USA werden sie u.a. als „prawn" angeboten, in Spanien als „gamba", als „crevette" in Frankreich und als „gamberi" in Italien. „Shrimps" ist eine englische Bezeichnung für kleine Garnelenarten. Unter „pink shrimps" sind Scampi zu verstehen: der Plural von Scampo, bei dem es sich eigentlich um den Kaisergranat handelt, der wiederum oft und fälschlich als „langostino" präsentiert wird. Die Nachlässigkeit im Umgang mit den Artbegriffen geht so weit, daß nahezu alle Garnelen mit ausgeprägtem Schwanz kurzerhand als „scampi" angepriesen werden.

Vollends eine Phantasiebezeichnung sind die „Hummerkrabben". Die gibt es offiziell gar nicht, doch werden sowohl „Freshwater Prawns" aus warmen asiatischen Meeren wie Tiefseegarnelen aus nördlichen Gewässern um Grönland und Spitzbergen schmeichlerisch als „Hummerkrabben" angeboten. Den Verbraucher mag es letztlich nicht interessieren, wie das Produkt heißt, sofern es nur tadellos zubereitet ist. Gourmets jedoch wisssen, daß Kaltwasser-Garnelen deutlich aromatischer sind als ihre Verwandten aus tropischen Meeren. Und Scampo vulgo Kaisergranat vulgo Langustine ist als Hummervetter besonders schmackhaft, weshalb dieses scherenbewehrte Krustentier auch „Prinzessin der Meere" genannt wird.

Jedenfalls wird es dienlich sein, den Versuch zu unternehmen und ein bißchen Ordnung in die Begriffswelt der Krustentiere zu bringen, zumindest grobflächig.

Hummer:

Man weiß nicht, was sich so ein Hummer denkt, kriegte er mit, dass ihn der Koch „à la Randolph" zubereiten will. Unter dem fossilhaften Panzer steckt nämlich ein sensibles Kerlchen, das nur Muscheln und Meeresfrüchte der feinsten Art nascht und die Vorstellung vermutlich unerträglich fände, erst am Rost gebraten und dann, scheibchenweise geschnitten und vermischt mit Sardellenpaste, Butter sowie gehackter Petersilie, in der Röhre auch noch überbacken zu werden. So schnörkelig kochte man in der Gründerzeit, als Auguste Escoffier im „Ritz" die Küche regierte.

Besser wird man dem Hummer durch einfache, klare Zubereitung gerecht. Unübertrefflich schmeckt der Hummer vom Grill, puristisch serviert mit Kräuterbutter, der etwas Knoblauch gut steht – oder in Salzwasser gesotten und lauwarm mit einer kräftigen Buttersauce angerichtet. Opulente Delikatesse vermittelt wiederum der „Homard à l'américaine", auch „l'armoricaine" genannt: in Stücken geröstet mit Salz und Cayennepfeffer, Olivenöl, Tomaten, Schalotten, Zwiebeln, Knoblauch, Weißwein und Cognac. Wichtig ist die Kochzeit: Hummer von einem Pfund sollten etwa acht

Minuten sprudelnd kochen und die gleiche Zeit nachziehen. Zu lange Garzeiten machen das Fleisch zäh.

Den letztlich unbeschreiblich zarten Nusston des Hummers erlebt man freilich nur, wenn er frisch ist. Das lässt sich am besten überprüfen, indem man das Tier von oben am Rücken packt, hochhebt und schaut, wie munter es sich bewegt. Je stärker der Hummer mit den Beinen strampelt und dem Hinterteil ausschlägt, desto gesünder und frischer ist er. Weibliche Hummer schmecken übrigens feiner. Das Hummerweibchen unterscheidet sich vom Männchen durch kleine, dünne Brustflossen, während die des Mannes lang und stachelig sind. Den größten Genuss verheißen die Meeresritter von der europäischen Atlantikküste, wobei die Herkunftsangaben – wie „bretonisch" oder gar „Helgoländer Hummer" – geographisch nicht penibel verstanden werden dürfen. Als ideal gelten Tiere mit einem Gewicht zwischen 400 und 800 Gramm.

Der meiste Hummer stammt aus Übersee, speziell Nordamerika, wo er auch in Frischwassercontainern monatelang gehalten wird und deshalb das ganze Jahr über verfügbar ist. Die geschmacklich beste Zeit für den europäischen Hummer ist übrigens von Mai bis September. Dass Kenner den europäischen Hummer vorziehen, hat nichts mit abendländischer Überheblichkeit zu tun. Kanadischer Hummer und die berüchtigt großen Maine-Lobster, erkennbar an ihrem rötlich-braunen Farbton im rohen und am fahlen Rot im gegarten Zustand, haben ein etwas derberes Aroma. Europäische Hummer – in Frankreich „homard" genannt, „astice" in Italien und „langosta" in Spanien – sind vor dem Kochen tiefblau bis schwarz und danach dunkelrot, weshalb sie auch als „Kardinale des Meeres" bezeichnet werde.

Keinerlei Virtuosität benötigt man in esstechnischer Hinsicht. Im Restaurant wird das Hummerfleisch in der Regel bereits ausgelöst serviert, sodass es sich mit Messer und Gabel handsam wie ein Steak behandeln lässt. Zu Hause wird der Hummer nach dem Garen mit einem schweren Messer, der Kerbe auf dem Rücken folgend, mittendurch halbiert, der Schwanz vom Körper getrennt, die Scheren durch leichtes Drehen abgebrochen und dann mit einer Zange geknackt, als wären es Nüsse. Aus dem Schwanz muß der bittere Gallensack sowie der dünnfadige schwarze Darm entfernt werden, danach steht dem Genuss nichts mehr im Wege.

Ein spezielles Hummerbesteck ist wohl nützlich, um die Scheren zu knacken und das letzte Fitzelchen Fleisch aus den Beinen herauszuholen. Aber was man zum Knacken eines Hummers benötigt, findet sich in jedem Werkzeugkasten; selbst eine simple Gartenschere erfüllt den Zweck. Dem Hummer ist es schließlich egal, wie er seiner Bestimmung zugeführt wird. Hauptsache, man lässt weder das in den Seitenteilen versteckte, pikant schmeckende Meeresgrün noch den Rogen der Hummerin, das Corail, liegen.

Languste:

Die Languste, französisch „langouste", italienischa „aragosta", englisch „crawfish" und spanisch „langosta" genannt, unterscheidet sich augenfällig vom Hummer, weil sie keine Scheren hat, stattdessen besonders lange Fühler mit hochdelikatem Fleisch in den Ansätzen. Dornenähnliche Höcker auf Kopf und Rücken haben ihr zudem den Vulgonamen „Stachelhummer" eingebracht. Das an nahezu allen felsigen Küsten lebende Tier ist von Natur orangebraun gefärbt, das feste weiße Fleisch hat ein dichtes Aroma und schmeckt einen Hauch süßer als das des Hummers.

Am feinsten schmecken weibliche Tiere mittlerer Größe. Frische Langusten erkennt man daran, dass sie mit dem Schwanz zappeln und ihn einrollen, sobald man auf die über den Augen liegenden Hörner drückt. Der Schwanz sollte immer nach innen gekrümmt sein, nicht nach außen. Auf tiefgefrorene Languste wird der Kenner verzichten, hingegen sofort zugreifen, falls ihm der Ober in den Sommermonaten verschwörerisch zuflüstert: „Übrigens, wir haben auch Langusten aus der Bucht von Quiberon". Von Dezember bis Mai werden rotbraun gefärbte Langusten aus Südafrika lebend nach Deutschland eingeflogen, die vor der Küste Mauretaniens gefangenen Exemplare werden als „langouste rosé" angeboten.

Garnelen:

Sie finden sich in allen Meeren, in warmen und kalten, süßen und salzigen. Und sie werden inzwischen auch massenhaft gezüchtet. Der einfachste Nenner für diese zahlenmäßig große Gruppe – Experten schätzen, dass es um die zwei- bis dreitausend Arten gibt – lautet: Garnelen haben keine Scheren, nur lange Fühler. Die zumindest in Deutschland bekannteste Garnele ist die Nordseekrabbe mit ihrem grünlich-braunen Panzer. Auf dem internationalen Markt wird sie als „gray" oder Brown „shrimp", „sandy shrimp" oder – wie in Frankreich – als „crevette grise" gehandelt. Dazu zählt auch die grauweiß gefärbte und rötlich gepunktete Ostseegarnele (baltic shrimp).

„Black Tiger" nennt man die Garnele mit den hellen Streifen und gelben Punkten, die vorwiegend im Pazifik lebt und inzwischen industriell gezüchtet wird. „Gambas" ist von Haus aus der spanische Titel für eine Säge-Garnele, doch hat sich eingebürgert, damit generell größere Garnelen zu bezeichnen. Gambas werden gerne fälschlich als Scampi gehandelt.

Für die Garnelen und die meisten Krebsarten gilt: Je kälter das Gewässer, desto feiner und erlesener ist ihr Geschmack. Daß Garnelen sehr selten frisch oder gar lebend auf den Märkten angeboten werden, liegt an einer bedauerlichen Eigenschaft ihres Fleisches. Es enthält ein Protein, dass schnell verdirbt, weshalb die Tiere meist schon auf den Fangschiffen gekocht und tiefgefroren werden. Nur küstennahe Fänge lassen die Anrainer in den Genuss wirklich frischer Tiere kommen. Hauptfangzeiten sind im Sommer und Herbst, doch aus Zuchttanks werden sie auch ganzjährig angeboten. Beim Kauf frischer Garnelen sollte darauf geachtet werden, dass sie nur leicht nach Fisch riechen und die Körper fest sind, nicht klebrig oder gar matschig.

Kaisergranat:

Er hat schlanke, kulinarisch unergiebige Scheren sowie Fühler und gleicht einem kleinen Hummer, mit dem er auch verwandt ist: der vorzugsweise in atlantischen Küstengewässern beheimatete Kaisergranat. Die Schalen changieren farblich je nach Herkunft zwischen Weißrosa, lachsrot, Ziegelrot oder Graurosa; auch rötliche und bräunliche Sprenkel kommen vor. Das Substanzielle an diesem Krustentier, das der Italiener „scampo" nennt, „cigala" oder „lagostina" der Spanier, „langoustine" der Franzose und „norway lobster" oder - weil vor Irland massenhaft gefangen – auch „dublin Bay prawn" der Engländer, ist der breit gefächerte Schwanz. Dort sitzt das wunderbar zarte und zugleich dichtaromatische Fleisch mit der subtilen Süße.

Weil der Kaisergranat – wie übrigens die meisten Meeresfrüchte – ein überaus empfindliches Fleisch hat, das sich an der Luft rasch zersetzt und unansehnlich wird, grieselig bis mehlig, ist diese Delikatesse nur selten frisch oder gar lebend erhältlich. In der Regel werden die Tiere auf See in Eis gepackt oder gleich tiefgekühlt – wie die vor südafrikanischen Küsten gefangenen Langustinen, dort auch Kaphummer genannt. Im Handel werden sie frisch ohne Kopf auf Eis, eingefroren oder gekocht, angeboten. Das Fleisch muss fest sein und darf keinesfalls nach Ammoniak düfteln, dem sicheren Zeichen für einsetzende oder bereits fortgeschrittene Verderbnis. Dann bitte nicht auf den Teller mit dem Tier, sondern in den Müll damit, mag es noch so schwer fallen.

Ob frisch oder tiefgefroren und behutsam aufgetaut: wichtig ist Fingerspitzengefühl bei der Zubereitung, was vor allem extrem kurze Garzeit bedeutet. Ein Poet unter den Köchen hat es einmal so formuliert, dass diese Meeresfrucht lediglich für die Dauer eines rasch gesprochenen Vaterunsers der Hitze ausgesetzt werden dürfen, sei es im leicht wallenden Sud nur minutenlang geköchelt oder in Öl blitzschnell sautiert. Ein herrliches Saisongericht ist die Kombination von Spargelsalat mit sekundenschnell in Öl angedünsteten Langustinen, deren Wunderschwänze zuvor mit Salz (bestens: Fleur de Sel), weißem Pfeffer und ein bisschen frisch gemahlenem Ingwer gewürzt worden sind.

Flusskrebs:

Ein Urviech aus sauberen Bächen und Teichen, dessen große Zeit etwa ab Mai beginnt und bis spät in den Herbst hinein dauert. Das Gros der Krebse zählt artenmäßig zum nordamerikanischen Signalkrebs und wird massenhaft in Ländern wie der Türkei oder Polen gezüchtet. Süßwasserkrebse stammen auch aus Kenia (wie die dunkelroten „pattes rouge") sowie Australien (hellrot mit abgerundeten kleinen Scheren). Längliche Scheren hat der Tafelkrebs aus Osteuropa und der Türkei mit dem amtlichen Titel Sumpf- oder Galizierkrebs.

Die Familienverhältnisse sind sehr kompliziert, sodass hier nur der heimische Edelkrebs – in Frankreich „écrevisse", „gambero di fiume" in Italien – vorgestellt werden soll. Der ist graugrünlich bis bräunlich-schwarz gepanzert mit großen Scheren und wild lebend so rar, dass die Fanggebiete wie Staatsgeheimnisse gehütet werden und bevorzugt nur die Dreisternegastronomie oder regionale Köche in den Genuss dieser

Rarität kommen. Sein charakteristisch leuchtendes prächtiges Rot erhält der Krebs erst durch den Kochprozess. Das Fleisch ist von allen Krustentieren, ausgenommen vielleicht das des Kaisergranats, das leichteste und zarteste, weshalb Edelkrebse natur und ungekünstelt zubereitet am besten schmecken.

Der große Krebsklassiker ist deshalb die Präparation „à la nage", was heißt, dass die Krebse samt Panzer in einem sprudelnden Wurzelsud aus Dillblüten, Möhren, Lauch, Sellerie, Petersilie, Kümmel, Pfeffer und Weißwein kurz aufgekocht und einige Minuten lang leise nachgeköchelt werden. Serviert werden die knallrot leuchtenden Krebse dann in einer großen Terrine, flankiert von selbst gerührter Mayonnaise und Weißbrot. Im 17. Jahrhundert hat man Krebse noch roh gegessen, gewürzt mit Salz, Pfeffer, Essig und Öl. Wonnen bereiten Krebse auch als Salat oder als Sülzchen mit lauwarmem Kartoffelsalat.

Ein Nebenprodukt, aber keineswegs nebenbei schmeckend, ist die berühmte Krebs-Bisque. Dazu werden die Krebskarkassen mit Knoblauch in Olivenöl angeröstet, mit frischem Tomatenmark angereichert und mit Cognac flambiert. Dann wird mit Weißwein und Fischsud aufgegossen und das Ganze so lange geköchelt, bis die Schalen ausgelaugt sind. Danach wird der Krebsfond durch ein feines Leinentuch passiert, mit Salz, Pfeffer und Cognac gewürzt und mit Butter sowie süßer Sahne verfeinert. Ein zu Unrecht ziemlich vernachlässigter Klassiker ist auch das originäre Leipziger Allerlei, diese köstliche Komposition aus Spargel, Erbsen, Möhrchen, Morcheln und frisch ausgelösten Flusskrebsen.

Taschenkrebs:

Man nennt diese Zierde einer typischen „plat fruits de mer" auch „großer Schläfer", was sich im Französischen wie „dormeur" anhört, dem zweiten Titel nach „tourteau". Der Oberkörper ist dunkelrotbraun gefärbt, das Unterteil hellgelblich. Der Engländer sagt schlicht „Crab" zum Taschenkrebs, dessen weißes Scherenfleisch geschätzt wird, doch Kenner genießen noch lieber den hocharomatischen, nussartigen Fleischbrei samt der Leber unterhalb der großen Panzerschale, nachdem das Tier ordnungsgemäß in einem würzigen Sud gar gekocht worden ist. Dazu schmeck hausgerührte Mayonnaise, eventuell begleitet von frisch gehacktem Estragon, Sauerrahm und Zitrone.

Garnelensuppe mit Chili, Ingwer & Zitrone
(weckt Tote auf)

Zutaten:

1 Zwiebel, in feine Würfel geschnitten
1 EL geriebene Zitroneneschale
1 l Fischbrühe
1 l Fleischbrühe
1 Zehe Knoblauch, feingehackt
2 EL geriebene Ingwerwurzel
1/2 Chilischote, feingeschnitten
1 Stange Lauch, würfelig geschnitten (kommt erst vor dem Anrichten dazu)
1 Sellerieknolle klein, in Würfelchen geschnitten
1/2 TL Tomatenmark
Salz, Pfeffer

Zubereitung:

Zwiebeln und Selleriewürfel in etwas Olivenöl anschwitzen und mit der Brühe auffüllen. 5 Minuten kochen. Die restlichen Zutaten dazugeben und wieder 10 Minuten durchkochen. Lauch dazu, 2 Minuten kochen. Mit Salz abschmecken.
Einlage: gebratene Garnelen

Vincent Klink

....
....
....

Austern *Lust aus dem Meer*

Alles an dem Mann ist Hingabe. Leicht vornüber gebeugt, mit sanft gewölbter Nase, sinnlich wie zum Kuss geschürztem Mund, einem Blick voller Sehnsucht und zugleich der beruhigenden, jede Nervosität bannenden Gewissheit, dass es bis zur Erfüllung nur einen Moment dauern wird, sitzt der von Honoré Daumier gezeichnete Austernfreund am Tisch, vor sich eine Flasche Wein und den mit den Objekten seiner Begierde hoch gestapelten Teller. Es ist das populärste Genrebild der Feinschmeckerei und eine einfühlsame Demonstration des Genießens: das Tafelbild des heiligen Austernschlürfers. Am Meer gibt es dieses Naturwunder das ganze Jahr über, doch im Binnenland gelten die kühleren Monate mit „r" im Namen als ideale Zeit für Auster & Co., also: September bis April und teils noch der Mai.

Die in ihrem selbst gebauten Bett aus wunderbar glattem, in vielen Facetten glänzenden Perlmutt liegende Auster ist ein Geniestreich der Natur: kühl, schön, aphrodisisch angehaucht, ein luxuriöses Stück Rohkost, bestehend aus 83 Prozent Wasser, 9 Prozent Eiweiß, 4,8 Prozent Kohlenhydraten, 1,2 Prozent Fett plus Vitaminen und Mineralstoffe wie Calcium, Magnesium, Zink, Eisen, Jodid, Phosphor.

Pur wie die Natur sie schuf, schmeckt die Auster am besten. Wer sie mit Schalottenessig, Ketchup oder gar Tabasco traktiert, der tut ihr weh. Geschlürft wird schließlich nur das in der Schale verbliebene Wasser, nicht die Auster, denn die muss man kauen wie jede andere Speise, um ihrer aromatischen Finesse auf die Spur zu kommen. Grob gebündelt gibt es zwei Haupttypen. Zur Gruppe der glatten, rundlich geformten, sanft gewölbten „Ostrea edulis" zählen beispielsweise die Belons aus Frankreich, die Imperiales aus Holland, die dänische Limfjord, die kapitale amerikanische Blue Point sowie die besonders delikaten Whitestable und Colchester aus englischen sowie irischen Gewässern. Kerniger im Geschmack und uriger in der Form sind die länglichen, wild zerklüfteten Felsenaustern, die der Franzose „creuses" nennt. Der Zusatz „claires" weist auf die Zucht in Salzwasserteichen hin. Aus deutschen Meeren gehört die „Sylter Royal" zu dieser Gruppe.

Die Belons haben ein mildes, zartnussig angetöntes Aroma, während die Felsenaustern so wild schmecken wie sie aussehen; sie sind salziger, auch jodiger als die sanfteren Belons. Natürlich wird der Geschmack auch von der Größe der Auster sowie von der Jahreszeit beeinflusst. Kenner schwören auf Austern mittlerer Größe. Warum? Die großen Nummern schmecken eher fett und süßlich als meereswürzig. Die so genannte Austernbutter, die wie ein Rucksäckchen weißgrau an der Muschel klebt, ist bei den dicken Austern dominant. Jede Auster muss frisch nach Meer duften, nach Mineralien, Salz, Jod und nichts sonst. Düftelt es muffig aus der Schale und ist das Wasser unrein, gehört sie auf den Müll. Auf keinen Fall dürfen Austern gegessen werden, die ausgetrocknet daliegen.

Zur natürlichen Unschuld der Auster passt am besten Wein. Ideale Begleiter sind trockene Weißweine, weder säurebetont (wie junge Rieslinge) noch gar parfümiert (wie Gewürztraminer). Eine spezielle Variante wird in England und Irland gepflegt, wo es als schicklich gilt, zu Austern, speziell den Belons, ein Guiness zu trinken oder eine Mischung – halbe-halbe – aus dunklem Bier mit Champagner. Champagner pur mit Austern gilt zwar als besonders luxuriös, aber das schäumt im Mund zu stark; zudem sprudelt die Kohlensäure die herbe, mineralische Finesse der Auster weg. Hingegen sollten fortgeschrittene Gourmets, die kulinarische Trampelpfade verlassen wollen, zu Austern auch einmal Weine mit feiner Edelsüße probieren. Das Herbe der Auster kontrastiert im ersten Moment mit der Süße des Weins, doch vereinen sich beide Elemente am Gaumen zu spannungsvoller Harmonie.

„... und als ich die kalte Flüssigkeit aus jeder Muschel trank und sie mit dem frischen Geschmack des Weins hinunterspülte, verlor ich das leere Gefühl und fing an, glücklich zu sein und Pläne zu machen."

Ernest Hemmingway

Räucherlachs und Sardinen

Ein Räucherlachs ist ein Räucherlachs? Theoretisch ja, doch praktisch gibt es in Stil und Klasse so große Unterschiede, dass der Konsument auf der Suche nach dem besten Stück leicht ins Trudeln gerät wie ein Stück Butter auf einer heißen Kartoffel. Nicht alles, was in Feinkostläden und Kaufhaustheken rosafarben glänzt, verdient Lob. So manche Lachsseite schmeckt eher nach derbem Meeresspeck als zart geräuchertem Edelfisch – kein Wunder, denn der Lachs ist in den Meeresfarmen vielfach zu einem Masthähnchen der See verkommen. Hinzu kommt die Vielzahl der Arten: Atlantischer oder pazifischer Lachs? Pazifik-Lachse werden nochmals unterteilt in Rotlachs (oder Sockeye), Red King oder Springlachs, Coho- oder Silberlachs, Chum- oder Ketalachs, Pink- oder Buckellachs.

Unter Lachsologen gibt es naturgemäß immer wieder die Streitfrage, ob nun Wildlachs dem Zuchtlachs vorzuziehen sei. Das lässt sich nicht so einfach beantworten. Zum einen sind Wildlachse sehr selten geworden – abgesehen davon, dass so mancher Zuchtlachs aus der Farm entflohen und dann als „Wildlachs" gefangen worden ist. Ein veritabler Atlantik-Wildlachs, geangelt vor Schottland, Irland, Norwegen oder Island und perfekt zubereitet, schmeckt markanter, herzhafter als die fülligeren, milderen Zuchtlachse, doch im Handel sind solche Prachtlachse selten zu finden. Und nicht wenige Kenner geben einem unter idealen Bedingungen gezüchteten Lachs den Vorzug, weil er fetter ist, was sich beim Räuchern positiv auswirkt. „Graved Lachs" ist übrigens nicht geräuchert, nach skandinavischer Tradition nur mit Salz, Zucker und Gewürzen mariniert.

Um Räucherlachs in Top-Qualität zu bekommen, ob vom wilden oder gezüchteten Fisch, muss jedenfalls selektiv eingekauft werden. Das Rosa soll nicht zu dunkel sein und der Lachs muss mit seinem dichten und zugleich subtil nuancierten Aroma zart wie Butter auf der Zunge zergehen. Der ideale Räucherlachs ist von eher heller Farbe, er wirkt fast transparent, muß fein marmoriert sein, darf weder vordergründig rauchig noch gar salzig schmecken. Biss muss der Fisch haben, was heißt, dass er nicht schmierig sein darf, auch nicht mehlig. Die klassische Lachsfarbe soll sich durch den Räucherungsprozess nur leicht abgedunkelt haben, sodass man optisch meint, da liege ein roher Fisch. Vorsicht ist geboten vor Stücken, die eine Haut wie Schmirgelpapier haben, lederig und deckelartig; dann ist der Fisch zu stark geräuchert worden.

Minderwertige Ware schmeckt tranig und wird fischiger, immer fischiger, sobald man einige Male draufgebissen hat. Wem das zu Hause widerfährt, der hat zwar bereits falsch eingekauft, freilich auch hinzugelernt. Es empfiehlt sich, erst einmal ein Scheibchen als Kostprobe abschneiden zu lassen, auch wenn das Personal scheel schaut. Nichts ist desillusionierender als ein Mahl, auf das man sich freut und das sich dann mangels Güte als verpatzt herausstellt. Und frisch vom Stück geschnittener Lachs ist abgepackter Schnittware sowieso vorzuziehen.

Ganze vakuumierte Filets sollen übrigens geöffnet und vor dem Verzehr etwa eine Stunde lang an einem kühlen Ort gelüftet werden. Das bringt das feine Aroma besser in Form. Bleibt Räucherlachs über, darf der nicht in die Folie zurück, sondern soll locker in Papier oder Pergament eingeschlagen und kühl bei weniger als acht Grad gelagert werden. Da hält sich Räucherlachs im Schnitt bis zu zwei Wochen lang. Notfalls lässt sich der Fisch auch einfrieren, doch das ist nur die zweitbeste Lösung. Am besten schmeckt er nun mal frisch, hellrosa, seidig glänzend und zart rauchig.

Rezepte:

New Yorker Bagel: 30 Gramm Frischkäse, möglichst cremigen, mit Meerrettich, Cayennepfeffer (oder Tabasco) mischen. Den Bagel in der Mitte durchschneiden, beidseitig mit der Käsemasse bestreichen und darauf den Lachs drapieren. In New York nennt man den Räucherlachs übrigens „lax". In kleinen Schälchen weitere Würzzutaten zur Selbstbedienung anrichten wie beispielsweise geviertelte Zitronen, fein gewürfelte Essiggurke, Kapern, gehackte Petersilie, hart gekochtes und fein gehacktes Ei, Gewürze.

Kartoffelwasabi-Schaum: Mehlige Kartoffeln (250 g) roh schälen, in Scheiben schneiden, in 500 ml Sahne weich köcheln, salzen, pfeffern, mit dem Mixer fein pürieren, durch ein Sieb streichen. Die noch warme Masse aufschäumen und mit Wasabi (scharfe japanische Meerrettichpaste) aromatisieren.

Senfsauce: 4 bis 6 Esslöffel Senf (Schärfegrad nach Belieben) mit 1/8 l Honig und Pfeffer sämig verrühren.

Dillpesto: 100 g Spinat fein nudelig schneiden, mit einem Bund gehacktem Dill in einem hohen Mixglas mit Olivenöl (ca. 1/8 Liter) und Meersalz pürieren.

Rösti mit geräuchertem Lachs und Kaviar

Zutaten Senf Vinaigrette und Limetten-Crème-Fraîche:

2,5 TL süsser Senf
1 TL Dijon-Senf
3 EL Limettensaft
2 EL Olivenöl Extra Vergine
2 EL Distelöl
3 EL Schnittlauch, fein geschnitten
1/16l Crème fraiche oder Schmand
Salz und frisch geriebener weisser Pfeffer

Zutaten Röstkartoffeln:

4 EL Butter
3 große Kartoffeln Sorte „Linda"
2 EL Rapsöl oder Maiskernöl
Salz und frisch geriebener schwarzer Pfeffer

Weiters:

2 Handvoll gezupter und gewaschener gemischter Gartensalat
ca.350 g geräucherter Lachs, dünn aufgeschnitten
Kaviar oder Lachskaviar

Zubereitung Senf Vinaigrette:

Beide Senfsorten mit 1,5 El Limettensaft, Salz und Pfeffer verrühren. Langsam das Oliven- und Distelöl mit einer Schneerute einrühren. Den frisch geschnittenen Schnittlauch beifügen und mit einigen Tropfen Wasser verdünnen damit die Vinaigrette die gewünschte Sämigkeit erreicht.

Zubereitung Limetten-Crème-Fraiche:

Restlichen Limettensaft mit der Crème-Fraîche glattrühren und mit Salz und frisch geriebenem weißen Pfeffer abschmecken.

Zubereitung Rösti:

Kartoffeln schälen und grob reiben, mit einem Tuch aus den Kartoffeln Wasser ausdrücken. Die Butter in einer Eisenpfanne von etwa 24 cm Durchmesser (oder Teflonpfanne) schmelzen und in einer Schüssel mit den Kartoffeln vermengen. In derselben Pfanne 1,5 EL Öl bei mittlerer Hitze erhitzen und die Kartoffel zugeben, mit Salz und Pfeffer würzen und in die Pfanne drücken. Langsam goldbraun braten lassen (etwa 12 bis 15 Min., falls notwendig Hitze reduzieren).

Vorsichtig mit Hilfe eines Tellers wenden, restliches Öl zugeben damit die Kartoffeln nicht an der Pfanne kleben, und nochmals etwa 8 bis 10 Min. goldbraun fertig braten.

Den vorbereiteten Salat vorsichtig mit 2–3 EL der Senfvinaigrette marinieren.

Limetten-Crème-Fraîche über die Rösti verteilen. Lachsscheiben von der Mitte des Rösti rund auflegen und mit restlicher Senf-Vinaigrette beträufeln. Kaviar grosszügig in die Mitte aufsetzen.

Die Kartoffelrösti teilen und mit dem marinierten Gartensalat servieren.

Bemerkung: Sollte keine Pfanne von etwa 24 cm Durchmesser zur Verfügung stehen, kann man auch einen kleineren Durchmesser verwenden. Dann aber bitte bedenken, dass sich die angegebenen Garzeiten verlängern und die Hitze entsprechend reduziert werden muss.

Mario Lohninger

Ölsardinen

Selbst erfahrene Feinschmecker reagieren irritiert, ja ungläubig und sogar abwehrend auf die Empfehlung, Sardinendosen bis zum Ende des Verbrauchsdatums und darüber hinaus aufzubewahren. Aber es ist so: Sardinen, die übrigens zu den Heringsfischen zählen und nicht länger als 15 Zentimeter sein sollen (darüber hinaus werden sie Pilchard genannt), schmecken immer besser, je länger sie reifen. Sehr gut nachvollziehbar ist das bei den so genannten Jahrgangs-Sardinen, die einmal die Norm waren und inzwischen – aus klassischen Erzeugerländern wie Portugal und auch Frankreich – wieder angeboten werden. Tatsächlich sind Sardinen nahezu unbegrenzt haltbar.

Früher einmal haben qualitätsorientierte Produzenten ihre Produkte erst nach einer Vorreife von zwei bis vier Jahren auf den Markt gebracht. Dann waren die Sardinen geschmacklich nahe ihrem Höhepunkt. Heute triumphiert leider auch in diesem Geschäft der schnelle Umsatz über kulinarischen Anspruch, werden die Dosen – wegen der hohen Lagerkosten – bereits nach wenigen Monaten in den Handel gegeben. Es ist daher ratsam, Ölsardinen wie guten Wein bei sich zu Hause ausreifen zu lassen, getrost auch ein bisschen über das angegebene Verzehrdatum hinaus; in norwegischen Haushalten ist es durchaus üblich, Ölsardinen vor dem Verzehr in der geschlossenen Dose einige Zeit lang an die Sonne zu legen, bis sich der Deckel sanft zu wölben beginnt. Das soll den Reifeprozess forcieren.

Welche Sorte man wählt, ob mild, würzig, scharf, hängt selbstverständlich vom persönlichen Geschmack ab. Wer es gerne pikant mag, ist beispielsweise mit der portugiesischen „Nuri" vorzüglich bedient. Hier sorgt eine eingelegte rote Pfefferoni für diskrete Schärfe. Generell gilt, dass Sardinen mit Haut und Gräten saftiger schmecken und ein dichteres Aroma haben als ihre nackt oder als grätenloses Filet eingepackten Artgenossen.

Von ihrer Art her ist die Sardine in der Dose eine Dauerkonserve, geschmackvoll und preiswert obendrein. Sie eignet sich ideal als eiserne Ration für die Speisekammer und als rasch zubereiteter Imbiss für die spontane Bewirtung von Gästen. Darüber hinaus sind Sardinen, mit etwas Zitrone beträufelt und kombiniert mit hart gekochten Eiern, Senf oder Zwiebel und geröstetem Weißbrot, eine Delikatesse von besonderem Rang und ein die Sinne animierender Kick am Morgen.

Würzig marinierte Sardinen

Ergibt 6 Stück

Zutaten Senf Vinaigrette und Limetten-Crème-Fraîche:

12 frische, mittelgroße Sardinen (geschuppt von Eingeweiden und Gräten befreit)
Mehl zum Bestäuben
100 ml Olivenöl
frisch gemahlener schwarzer Pfeffer
1 getrocknete rote Chilischote (vom Stielansatz befreit und fein gehackt)

12 Knoblauchzehen
1 EL süßes spanisches Paprikapulver
3 Lorbeerblätter
100 ml Estragonessig
100 ml trockener Weißwein
100 ml Wasser
Salz

Zubereitung:

1. Die Sardinen mindestens 2 Stunden vor dem Servieren von beiden Seiten leicht mit Mehl bestäuben. Kurz im heißen Öl braten, bis sie von beiden Seiten gebräunt sind und in ein tiefes Steingutgefäß legen.
2. Das Öl aus der Pfanne abseihen, abkühlen lassen und zurück in die Pfanne gießen. Pfeffer, Chili und Knoblauch dazugeben und sanft braten, bis der Knoblauch goldgelb ist.
3. Vom Herd nehmen. Das Paprikapulver, die Lorbeerblätter, Essig, Wein, Wasser und Salz hinzufügen. Aufkochen und 1 Minute kochen lassen.
4. Die heiße Marinade über die Sardinen gießen. Bei Raumtemperatur mindestens 2 Stunden marinieren lassen.
5. Die Sardinen heiß, kalt oder bei Raumtemperatur servieren.

Harald Wohlfahrt

....
....
....

Trüffel *Diamanten der Küche*

Für Madame Colette war die schwarze Trüffel die "kapriziöseste Prinzessin". Recht hatte die sinnenfrohe Dichterin, die selber leidenschaftlich und gut kochte, denn die äußerlich unansehnliche Knolle ist in der Küche eine Diva, vor der die Internationale der Feinschmecker stramm steht. Wenn der Oberkellner dem Gast mit Verschwörerpose zuraunt, man habe auch frische Trüffel, so ist das ein Satz mit Sexappeal. Und tatsächlich gelten schwarze wie weiße Trüffel als Aphrodisiakum. Sie machen Frauen zärtlicher und die Männer leidenschaftlicher. Die originelle George Sand hielt Trüffel für „Zauberäpfel der Liebe".

Mutter Natur schert sich mit ihren Gaben weder um die Lüste der Schlemmer noch die Wünsche der Liebenden; sie spielt ihr eigenes saisonales Solo. Die weiße Trüffel hat ihre beste Zeit zwischen Oktober und Dezember, die schwarze Trüffel von Dezember bis März. Basta! Die helle Sommertrüffel, die von Juni bis Dezember ange-

Ein getrüffeltes Frühstücksei, das schon bei der Zubereitung gute Laune schafft, wird so gemacht: Je ein 1/8 Liter Milch sowie Süßrahm mit zwei Hühnereidottern und einer fein gehackten schwarzen Trüffel bei gelinder Hitze – ideal auch über Wasserdampf – verrühren, nach Gusto mit Salz und Pfeffer würzen. Außerhalb der Saison gibt es eingelegte schwarze Trüffel, von deren Saft einige Spritzer diese Trüffelei ideal vollenden.

boten wird, nimmt kein Gourmet ernst. Noch weniger vermag die sogenannte Kalahari-Trüffel zu entzücken, die das ganze Jahr über tiefgefroren verkauft wird und - wie die rund ums Mittelmeer wachsenden „Schneeweißchen" – in ihrer kartoffelartigen Form harmlos pilzig schmeckt, niemals trüffelig. Allerdings gibt es Schelme, die färben Sommertrüffel dunkel ein, um sie dann als schwarze Trüffel zu verhökern.

Solche Plagiate sind natürlich ein Ärgernis – wie übrigens auch jene angeblich getrüffelten Pasteten und Leberwürste, bei denen die pechschwarzen Partikelchen nicht Trüffel, sondern ein gummiartiger Ersatzstoff sind, der nach nichts schmeckt, doch bestens verdaulich sein soll. Das ist nur Augenwischerei.

Die schwarze Trüffel, ob frisch oder mariniert und eingelegt, ist küchenmäßig polygam, also weitaus vielfältiger und raffinierter zu verwenden als die weiße Alba-Trüffel, die nie gekocht oder gebraten wird, sondern ausschließlich als Gewürz zur höheren Aromatisierung von Speisen ihre kulinarische Erfüllung findet. In Gläsern oder Dosen eingelegte schwarze Trüffel haben übrigens ein besonders intensives Aroma, und der daraus gewonnene Saft ist geradezu eine Trüffelessenz, mit der Wildsaucen an geschmacklichem Esprit gewinnen und Salate ungemein an Raffinesse zunehmen.

Schwarze Trüffel schmecken auch roh: beispielsweise in dünnen Scheiben, doch großherzig auf ein Butterbrot geschnitten sind sie ein privates Weltereignis. Sie geben der berühmten Gänseleberterrine den gewissen Gout und machen aus Bratkartoffeln, in die man wenige Minuten, bevor die Pfanne mit den bereits goldbraun gerösteten Erdäpfelscheiben vom Herd genommen wird, einige Trüffelchen hinein schneidet, eine Delikatesse, nach der man süchtig wird. Ein Klassiker aus der Belle Epoque ist übrigens ein Salat aus Sellerie mit Trüffeln.

Hinreißend schmeckt eine Lauchterrine mit einer kräftigen Trüffel-Vinaigrette, die sich übrigens auch aus konservierten Trüffeln aus dem Glas zubereiten lässt. Ein Rührei mit schwarzen Trüffeln ist ebenso eine Wonne wie die Trüffelsuppe unter der Haube aus Blätterteig, mit der sich Paul Bocuse unsterblich gemacht hat.

Den Sortenamen „Périgord-Trüffel" (Tuber melanosporum) hat das schwarze Erdjuwel bekommen, weil aus dieser südwestfranzösischen Region die wertvollsten Exemplare stammen. Die Trüffel aus dem Périgord ist an ihrer feineren Haut zu erkennnen. Sie sieht aus wie Schmirgelpapier, Die italienische Variante ist schrundiger, tannenzapfenähnlich. Generell ist die schwarze Trüffel dunkelbraun bis schwarz, ihr warziges Äußeres gleicht einer großen Brombeere. Das Innere, zunächst hellgrau, wird mit der Reife immer dunkler bis schwärzlich nebst einem violetten Schimmer. Der pflaumen- bis eigroße Körper ist durchzogen von einem hellen Adergeflecht – je feiner die Marmorierung, desto besser. Ihr Aroma erinnert angenehm an Herbstlaub und warme, würzige Erde. Dem Mysterium ihres Geschmacks kommt man freilich nur mit vollem Munde nahe, was praktisch bedeutet: Wenn schon Trüffel, dann richtig!

Das gilt auch für die weiße Trüffel, diese auf die Spitze getriebene Philosophie vom edlen Kern in banaler Schale. Der Triumph des Seins über den Schein. Erst die Nase offenbart dem Kenner durch den höchst eigenwilligen, einer Explosion gleichenden Duft, dass es sich bei der Knolle um ein Naturwunder handelt: eine kulinarische Königin namens "Tuber magnatum Pico". Das Majestätische zeigt sich freilich auch im Preis. Je nach Qualität, Schönheit und Größe müssen für die nuss- bis faustgroßen Trüffel um die drei- bis fünftausend Euro und mehr pro Kilo bezahlt werden. Da geht der Verstand erschrocken in Deckung

Wie immer, wenn viel Geld im Spiel ist, sind die Gauner nah, was in diesem Fall heißt: Betrüger, die banale Sommertrüffel, afrikanische "Wüstenkartoffel" oder die geschmacklich harmlose chinesische "Weißtrüffel" als Alba-Trüffel anbieten. Das Aroma solcher Plagiate mag angenehm sein, ist jedoch mehr pilzig als trüffelig – und qualitativ sind diese Arten minderwertig. In manchen Lokalen werden sie als echte Alba-Trüffel über die Speise gehobelt, doch die ist zuvor kräftig mit Trüffelöl getränkt worden, was dem unkundigen Gast fälschlich Authentizität suggeriert. Die Alba-Trüffel hat eine glatte Haut. Große Exemplare ähneln figürlich einem rasierten Sellerie. Ihre Farbe gleicht der eines Milchtees und der Duft ist eine zugleich geschmeidige und aggressive Mixtur aus feuchter Erde, Knoblauch, Gorgonzola, Nüssen, Honig und Heizgas.

Ideal entfaltet sich die Kraft der Trüffel in Verbindung mit warmen und feuchten Gerichten wie Sahnenudeln, Risotto, Käsesoufflé. Eierspeisen oder ein Carpaccio vom Rind gewinnen ebenfalls durch die Trüffelung, und delikat ist ein dem toskanischen Bruschetta verwandtes Rezept: Weißbrotscheiben in der Pfanne mit Olivenöl rösten und darüber großzügig weiße Trüffel hobeln.

Dim Sum

Sie sind handlich, duften nach 1000 chinesischen Geheimnissen und heißen Dim Sum. Was so apart klingt, ist der klassische chinesische Quick-Lunch und im Westen der kulinarische Renner der Saison. Die New Yorker sind verrückt nach diesen leckeren Dampfteigbällchen - im „Goldenen Unicorn", einem Esstempel am East Broadway, werden sie mit grünem Tee oder Reiswein serviert. In Chinatown von San Francisco sind die speziellen Dim-Sum-Lokale schon am Morgen rappelvoll, aber nicht nur mit Asiaten, sondern auch mit Langnasen, wie die Weißen dort genannt werden. Dim Sum sind auch eine ideale Frühstücksspeise, wie aus dem Bilderbuch der kulinarischen Exquisitessen abgeschaut.

Ausgangspunkt der Dim-Sum-Welle ist jedenfalls Hongkong. Von dort eroberte sich diese kantonesische Spezialität erst die USA und danach London. Nun bieten auch China-Lokale in Deutschland zunehmend Dim-Sum-Variationen an, und im Wiener „Tsing Tao" bekommt der lüsterne Gourmet eine große Auswahl dieser teils frittierten, teils in Butter zart gedünsteten, in Fleischbrühe behutsam gesottenen oder traditionell in Bambuskörbchen über kochendem Wasser gedämpften Leckerbissen, die nach chinesischer Manier in eine mit Chilipaste angerührte Sojasauce getunkt werden. In Hongkong werden Dim Sum als Snack zwischen zwei Mahlzeiten geschätzt, man baut sie als Vorspeise in ein Menü ein oder bereitet sich bereits am Morgen mit einem Dutzend für den Tag vor.

Tee in der Küche *Eine reizvolle Bereicherung*

Angesichts einer geschätzten Zahl von etwa 3000 verschiedenen Teesorten weltweit sind die Möglichkeiten, Tee mit Essen zu kombinieren, naturgemäß nicht gerade klein. Ein warmwürziger Assam oder Ceylon zu Hartkäse à la Gouda, Emmentaler oder Gruyère schmeckt wie eine naturgeborene Partnerschaft. Zusätzlich spannend wird die Sache freilich dann, wenn Tee in der Küche als Zutat verwendet wird. Man kann Tee nämlich als Gewürz einsetzen, daraus leckere Parfaits machen, Gelees, Soufflés und Cremes, aber beispielsweise einen Darjeeling oder Oolong auch mit Reis; Zimt, Orangenzeste, Sternanis, etwas braunem Zucker und weiteren Gewürzen nach persönlichem Gusto in einen Wok geben, bei guter Hitze fleißig rühren, bis die Mischung leise zu rauchen beginnt – und zur Vervollkommnung darin ein paar Minuten lang Enten- oder Hühnerbrüste räuchern.

Ein asiatischer Klassiker sind Nudeln in grünem Tee mit Sprossengemüse. Dabei werden die Nudeln im aufgebrühten Tee einige Minuten lang gekocht, abgegossen, danach mit heller Sojasauce sowie ein wenig Zucker kombiniert und zusammen mit Sesamöl sowie dem Gemüse (beispielsweise Paprikaschote, Porree, Sojasprossen, alles in feine Streifen geschnitten) in dem mit Gemüsebrühe vermischten Tee sanft geköchelt und schließlich in tiefen Tellern serviert. Apart sind Tee-Eier – zubereitet nach dem Prinzip der Sol-Eier –, gewürzt mit Sesamöl und serviert mit Sojabohnensprossen-Salat plus Sojasauce.

Köstlich ist ein Sorbet von Jasmintee, Beethoven schwärmte für ein Punscheis, zubereitet mit Weißwein, Zucker, Zitronensaft, Rum, Eierlikör, Schaumwein und schwarzem Tee. Schön für das Auge und delikat für den Gaumen ist ein Gelee von grünem Tee: 10 g Agar-Agar mit 175 g Zucker und einem Liter warmem Wasser verrühren, fünf Minuten stehen lassen. Grünen Tee und zwei Esslöffel Mirin (süßer japanischer Reiswein) zugeben, einmal kräftig aufkochen lassen. Die Flüssigkeit etwa zwei cm hoch in ein Gefäß füllen, abkühlen lassen und etwa zwei Stunden kalt stellen. Das nun fertige Tee-Gelee auf ein Brett stürzen, davon zehn bis zwölf Stücke ausschneiden und auf einer Platte, bestreut mit braunem Zucker, anrichten, garniert mit Rosenblättern.

Den Reiz des Besonderen vermittelt auch eine Grüntee-Suppe. Dafür werden je 100 Gramm Sellerie und Karotten, geschnitten, mit zwei fein geschnittenen Zwiebeln, 100 Gramm Tomaten, 100 Gramm Kohlblättern, einem Esslöffel Knoblauch, einem Esslöffel frischem Ingwer, 50 Gramm Zitronenblättern, einem Esslöffel Korianderblättern, 50 Gramm Pilzen, einem Viertelliter Ginsengsaft (oder frischem Ingwer) in ein-

einhalb Liter Wasser mit etwas Zitronenpfeffer und Meersalz zum Kochen gebracht. Etwa eine Stunde lang köcheln lassen, dann abseihen. 200 Gramm Buchweizennudeln blanchieren und in vorgewärmte Suppentassen geben. Die fertige Brühe nun mit konzentriertem Grüntee vermengen und eine Minute köcheln lassen. Abschmecken, in die Tassen mit den Nudeln füllen und mit Chrysanthemenblüten garnieren.

Delikate Wonnen verheißt ein Tee-Parfait mit Dörrzwetschgen, und das geht nach einem Rezept der schweizerischen Meisterköchin Elfie Casty so: Je 1 1/4 Deziliter Portwein und Rotwein mit einer Viertelstange Vanille und 50 Gramm Zucker aufkochen, zehn große Dörrzwetschgen hinzufügen und alles bei kleinster Hitze so lange leise köcheln lassen, bis sich die Flüssigkeit sirupartig reduziert hat und schwer vom Löffel fällt. Die Zwetschgen im Sirup erkalten lassen, danach die Steine auslösen, das Fruchtfleisch in kleine Würfel schneiden und zurück in den Sirup legen.

Für das Parfait einen halben Deziliter Wasser aufkochen, drei bis vier Teelöffel feinsten Schwarztee zufügen und zugedeckt neben dem Herd ungefähr zehn Minuten lang ziehen lassen. In der Zwischenzeit 1 1/4 Deziliter Sahne steif schlagen, zwei Eigelb und 50 Gramm Zucker mit dem Schneebesen zu einer Creme schlagen, das Teekonzentrat durch ein feines Drahtsieb hinzufügen und die Sahne sorgfältig unterheben. In eine Terrinenform von etwa 2 1/2 Deziliter Inhalt (alternativ: individuelle Förmchen) füllen und über mindestens sechs Stunden ins Tiefkühlfach geben. Vor dem Servieren die Form bzw. die Förmchen kurz in heißes Wasser stellen, damit sich das Parfait besser auf ein Brett stürzen lässt. Das Parfait nun in Scheiben schneiden, auf kalte Teller legen, mit dem Zwetschgenragout umgießen und mit Doppelrahm (Crème fraîche double, Schmand auf Deutsch) servieren.

Phänomenologie der Esser-Typen

Der Mensch ist, wie er isst

Es heißt: Der „Mensch ist, was er isst." Das ist materialistisch gedacht und obendrein zu simpel gestrickt. Zwar ließe sich die Lust der englischen Königin auf weiße Bohnen mit Toast dahingehend deuten, dass sie letztlich eine Frau von einfachem Geschmack, ja vielleicht Gemüt ist. Aha-Effekte lösen auch jene Sozialdemokraten (Stichwort: Toskana-Fraktion) aus, die lieber Champagner als Bier trinken und genießen, was der Kapitalismus an Ergötzlichem bietet – beispielsweise die vom Ex-Bundeskanzler geschätzten 20-Euro-Zigarren der kubanischen Marke Cohiba. Aber Vorsicht, schon Schopenhauer, der geistreiche und mopsfidele Pessimist, hat davor gewarnt, vom Leben eines Philosophen auf sein Denken zu schließen. Für Nietzsche, den großen Denker und heimlichen Gourmet, dem die Küche des Piemont als Speiseplan des Übermenschen vorschwebte und der doch zeitlebens nicht von den geräucherten Hauswürsten seiner Frau Mama loskam, war die Sache ziemlich einfach: „Wer erst für Pflanzenkost reif ist, ist es meist auch für sozialistisches Allerlei."

Interessanter ist diese These: Der Mensch ist, wie er isst! Dahinter steckt soziologischer Nährwert, wie jeder unschwer bei Essen in Gesellschaft feststellen kann. Da gibt es den Lust-Esser: Schon der Anblick einer dampfenden Suppenschüssel stimmt ihn fröhlich. Er ist ein angenehmer Gast, der niemals beim Brathuhn über Schlankheitskuren spricht. Der Mantscher: knetet auf dem Teller alles zu Mus. Eher biederer Charakter, doch harmlos und verspielt wie ein Kind. Der Nachwürzer: greift schon vor dem ersten Bissen zu Salz und Pfeffer. Köche hassen ihn.

Noch nicht untersucht worden ist hingegen die Frage: „Ist der Mensch so, wie er isst?" Diesem nahrhaften Thema sind folgende Skizzen gewidmet.

Der heitere Esser

Schon der Anblick eines Rühreies, von dem noch pfannenfrisch zarte Dämpfe aufsteigen, stimmt ihn fröhlich. Er ist ein exzellenter Gastgeber, aber auch ein angenehmer Gast, weil er mit Komplimenten nicht spart und niemals auf die Idee käme, beim Schinken oder Ei mit Speck über Schlankheitskuren zu sprechen. Seine Neigung, die Welt auch ein bisschen durch die Bratröhre zu betrachten, hat ihm einen gewissen Leibesumfang verschafft, aber das stört ihn überhaupt nicht. Vordergründige Eitelkeit ist ihm sowieso fremd, also sagt er heiter: "Aber innen bin ich ganz schlank."

Der ignorante Esser

Eher hager an Gestalt, redet er bei Tisch unentwegt über alles, nur nicht über Kochkunst. Er stochert lustlos in den Speisen herum und lässt prinzipiell die Hälfte über.

Der Häppchen-Esser

Angeblich stets appetitlos, doch immer etwas naschend. Wie unter Zwang stopft dieser Typ unentwegt kleine Leckereien in sich hinein. Pralinen, Bonbons, Datteln, Nüsse, auch kleine Mettwürstchen und dergleichen. Seine Nahrung besteht nur aus Winzigkeiten, aber dafür von jeder Speise etwas, und er glaubt an seinen sensiblen Magen, der eigentlich nichts verträgt. Bei Tisch isst er wenig – und so wundern sich alle, die seine heimlichen Futterorgien nicht kennen, woher er das Übergewicht hat. Übergewicht? Aber bitte, ich esse doch kaum was. Und: Waagen gehen falsch, Spiegel sind blind.

Der Nachwürzer

Sein erster Griff bei Tisch gilt dem Salzstreuer. Noch ehe er die Speise probiert hat, salzt, pfeffert und würzt er nach – sogar die leckersten Krabben und die feinste Pastete werden mit Ketchup traktiert und solcherart geschmacklich gemordet. Salz und Pfeffer sind seine Duftmarken. Er ist die personifizierte Beleidigung eines jeden Kochs.

Der Nörgler

Missmutig betrachtet er Buffet und Frühstückskarte, ehe er schmallippig bestellt oder sich bedient. Der Saft ist ihm zu warm, der Tee zu kalt, das weiche Ei zu groß, der Schinken zu versalzen, das Brötchen zu trocken.

Jedes Salatblatt wird gewendet, um zu sehen, ob sich darunter nicht ein Insekt verbirgt. Hinter diesem institutionalisierten Missmut steckt nicht selten eine brisante Seelenmischung aus Narzissmus und Minderwertigkeitskomplex.

Der Körner-Apostel

Er ist meist intolerant. Wer Fleisch isst, wird als Aas-Fresser verteufelt. Unermüdlich singt er in monotonem Tonfall das Hohelied auf Kräuter, Quark, Soja und Körner. Ist er eingeladen, zieht er Hefeflocken oder ähnliches aus der Tasche und funktioniert die köstliche Sauce zu einem Brei um. Fleisch lehnt er ab, nicht ohne beleidigende Bemerkungen. Anstelle eines Desserts bittet er um eine Möhre. Mit ihm kann man erst diskutieren, sobald er eine Wurstfabrik geerbt hat.

Der modische Esser

Er frühstückt prinzipiell nur in Lokalen, ob Restaurant oder Café, die gerade „fashionable" sind, quält sich mit einer vom Service als hochmodisch empfohlenen Speise ab – „Eine brandneue Kreation, müssen Sie probieren, hat gestern die Bundeskanzlerin gegessen" – obwohl er sich lieber im Bistro nebenan an einem ordinären Sandwich delektieren würde. Aber er gehört zu jenen bedauernswerten Menschen, die wenig eigene Meinung haben und noch weniger Rückgrat, sodass sie, modisch orientiert, auch beim Essen nur das tun, wovon sie meinen, dass andere es von ihnen erwarten.

Der In-Esser

Eine Abart des modischen Essers. Mit Genuss hat das, was dieser Typ macht, ebenfalls nichts zu tun. Er ist süchtig nach Anerkennung, gierig danach, für einen gehalten zu werden, der turmhoch aus der Masse ragt. Weil er selber nicht zu denen gehört, die bestimmen, was „in" ist, orientiert er sich ängstlich in sämtlichen Szenemagazinen, um nur ja keinen Trend zu versäumen. Wenn andere noch französisch essen, ist er längst beim Japaner. Ist der Japaner „in", isst er schon deftig-bayerisch, geht die Körnerwelle durchs Land, hechelt er schon der neuen Früchteküche hinterher.

Ein Getriebener wie Don Juan, der Jäger und Gejagte der Liebe, der in ihr doch niemals seine Erfüllung findet.

Der Vielfraß

Bei Tisch setzt sein Verstand aus. Kein Teller ist ihm groß genug. Lädt er Salate auf, ruht sein hungriger Blick bereits auf dem Lachs. Droht sein Teller leer zu werden, bricht ihm der Angstschweiß aus, und ständig lebt er in dem quälenden Gefühl, verhungern zu müssen. Im Allgemeinen von durchaus verträglicher Natur. Er denkt halt mit dem Bauch. Psychologen deuten ihn auch so: Er isst, was ihm fehlt, oder: Lieblingsspeisen verraten seinen seelischen Mangel. Naja!

Der Kreative

Ihn findet man speziell in der Gastronomie. Gestaltet sein Frühstück grundsätzlich mit Produkten und Speisen, die weder auf dem Buffet noch in der Karte stehen. Er macht sich wichtig, sucht nach Aufmerksamkeit, ist beim Service alles andere als beliebt.

Der Diät-Gläubige

Glaubt, dass Müsli die Immunkraft stärkt, Fleisch aggressiv und Obst schön macht. Dieser Esser-Typ ist mit freiem Auge schon an hagerer Gestalt und verhärmten Gesichtszügen zu erkennen. Ihm nahe verwandt sind die Joghurt-Jogis, die Rohkostpropheten, die Hefe-Heiligen und die Körner-Apostel (siehe auch darunter).

Der rationale Esser

Mir der einen Hand löffelt er das Essen in sich hinein, mit der anderen hält er die Zeitung. Er sieht im Frühstück – wie im Essen allgemein – keinen Lustgewinn, sondern nur eine Pflicht, ja eine Schikane, weil es die blöde Natur so eingerichtet hat, dass der Körper quasi geschmiert werden muss.

Essen ist ihm eigentlich eine nüchterne Notwendigkeit und morgens sowieso zuwider. Geschmackliche Aspekte sind ihm ebenso gleichgültig wie gesundheitliche Überlegungen. Hauptsache, er wird satt. Kein angenehmer Tischnachbar und morgens schwer erträglich.

Der methodische Esser

Ein möglicherweise verhinderter Architekt. Das Brot wird erst mit Akkuratesse millimetergenau geschmiert, danach Lage für Lage derart präzise und randfrei belegt, dass man von einer kulinarischen Geometrie sprechen kann. Gegessen wird mit dem gleichen hohen sittlichen Ernst, mit dem das Brot gestaltet worden ist.

Der Gewohnheitsesser

Isst immer das Gleiche. Vergleichbar jenen Menschen, die sich nur in Schwarz kleiden, weil das einfach ist und weder Stilkunde noch morgendliches Kopfzerbrechen (Was ziehe ich an? Was passt zusammen?) erfordert, erlaubt sich dieser phantasielose Typ tagtäglich nur das nämliche Frühstückspotpourri.

Frühstückt er mal auswärts, deckt der Service schon bis zum letzten Brötchen den Tisch, wenn er das Auto nur vorfahren sieht. Nichts kann ihn erschüttern, aber auch nichts wirklich erregen und somit beglücken. Sein Gemüt baumelt auf lauwarm. Kein Kandidat für die spontane Liebe am Nachmittag.

Frühstück und Tischkultur

Der Mensch kann sich ein Leben auf dem Mond vorstellen, doch keines ohne Esstisch. Wie Bett und Sessel ist der Tisch ein Gebrauchsmöbel, über das man nicht weiter nachdenkt. Er steht da, basta, sakral dem Priester dienend und profan dem Bürger. Am Tisch wird gearbeitet, geopfert, gelacht und geweint. An ihm werden Geschäfte gemacht, zarte Liebesstückerl gespielt und Hochzeiten gefeiert, aber auch Scheidungen ausgesprochen und die Toten betrauert. Der Tisch ist ein wesentliches Stück auf der Bühne des Lebens – und unersetzlich für die ästhetische Inszenierung des Essens und Trinkens. Für Johann Nestroy, den großen österreichischen Dichter mit satirischer Neigung (die Ehe nannte er eine „wechselseitige Lebensverbitterungsanstalt"), war die „schönste Gegend ein gedeckter Tisch".

Seine Geburtsstunde liegt im Dunkel der Vergangenheit. Niemand weiß Genaues über den ersten Tisch. War es ein abgeflachter Felsbrocken oder ein umgestürzter Baum? Sicher scheint, dass die Annehmlichkeit einer Unterlage nicht erfunden, sondern eher beiläufig entdeckt worden ist. Und wer die erste Blume auf den Tisch legte, ob es nun eine Frau in koketter Unschuld war oder ein Mann mit spielerischer Lässigkeit, hatte den ersten Schritt hin zur Tafelkultur getan. Zwischen diesem Zufallsdekor und protokollarisch penibel gedeckten Staatsbanketten liegen tausende Jahre Tischgeschichte – eine Geschichte, die nicht geradlinig verlief, sondern im Auf und Ab wie eine Berg- und Talbahn.

In vorchristlicher Zeit dominierte der einfach gedeckte Tisch. Den Assyrern waren Messer und Gabel fremd. Gegessen wurde bei ihnen mit kupfernen Löffeln und den Fingern, später auch mit Esshandschuhen zum Schutz vor den heißen Bratenstücken. Auf den Fürstentischen gab es Tafelgeschirr aus Kupfer oder Bronze, reich ziseliert mit Tierfiguren und Kampfesszenen: die Trinkgefäße sind aus Glas, Alabaster oder Ton, und der Trinkspruch des Königs Assurbanipal kündet von der unbändigen Lust am Wohlleben:„Iß und trink und liebe, der Rest ist keine Bohne wert".

Über die karg gedeckte Tafel in Sparta spottete alle Welt. Da ernährte man sich von Blutsuppe, gewürzt mit Essig. Wenn Fleisch, klein geschnetzelt, auf den Tisch kam, wurde es mehr oder weniger elegant mit den Fingern transportiert, die man sich hinterher am Brot trocknete. Tischtücher waren noch unbekannt, die bedeckten erst zu Beginn der römischen Kaiserzeit die Platten, die bis dahin mit nassen Schwämmen gereinigt wurden. „Und sie erhoben die Hände zu locker bereitetem Mahle", beschreibt Homer die Szene im Zelt des Achilleus, der grollte, doch in klassischer Gastfreundschaft den Griechenfürsten, die ihn zum Kämpfen gegen Troja überreden wollten, ein Mahl bereitete, indem er „alles zerlegte mit Kunst und bohrte das Fleisch an die Spieße".

Zu einer Art Trimmfeld der leiblichen Begierden wurde der Tisch unter den Römern. Während Tacitus über die Germanen, denen eine vertiefte Eichenplatte als Tisch und Schüssel in einem diente, verächtlich schreibt, sie trieben den Hunger ohne Aufwand aus, machten die Römer aus den Tafeln prächtige Altäre ihrer mitunter grotesken Neigung zu Pomp, Übertreibung und Opulenz auch bei Tisch.

Gaius Petronius schildert mit beißender Ironie die sündteuren Gelage des Emporkömmlings Trimalchio, Roms größtem Fresssack und Prasser. Doch er war ein genialer Regisseur von Festen. Wenn Trimalchio seine Freunde einlud, trugen hübsche, locker geschürzte Knaben und Mädchen einen riesigen, über und über mit Gold sowie Juwelen reich geschmückten Tisch in den Saal, auf dem gebratene Spanferkel, Hasen, Kälber und Pfauen lagen. Auf einen Wink des Hausherrn begann ein Vorschneider unter vielen Gaukeleien und im Takt der Musik die Speisen zu tranchieren, während sich plötzlich die Decke öffnete und Tausende von Rosen wie ein duftiger Blumenregen auf die Gäste herunterfielen. Das von Petronius geschilderte Gastmahl des Trimalchio ist das berühmteste Essen in der Weltliteratur und zugleich Vorbild aller Erlebnisgastronomie. Zwar gab es davor und danach sagenhafte Schlemmereien – wie beispielsweise die aufwendigen Gelage, mit denen Kleopatra den Antonius verblüffte. Aber die intime Verquickung von Küche und Zirkus, von Wein und Allotria, kurz: das Essen als Theater, das ist die große historische Nummer des Trimalchio.

Mit Rom ging dann allerdings auch der Tafelluxus unter. Chaos herrschte in der ersten Ritterzeit der langen, schnell gezogenen Messer. Es war die Epoche der monströsen Fressgelage und schrecklichen, oft blutig endenden Besäufnisse. Totschlag bei Tisch war keine Seltenheit; stirnbekränzte Königstöchter tranken aus den Schädeln ihrer ermordeten Väter, der große Theoderich stieß über den Tisch hinweg seinem Gast Odoaker das Schwert ins Herz und in König Etzels Halle gab es das Todesmahl der Nibelungen, wie es Hollywood nicht grausiger hätte inszenieren können. Erst nach der Völkerwanderung entwickelte sich die Tischkultur langsam zu neuen Formen. Stilbildend waren die Abttafeln der Klöster und die fürstlichen Herrentische, die mit gestickter Leinwand geschmückt waren. Karl der Große aß seine Suppen noch an einem langen Eichentisch aus Vertiefungen, doch setzte sich zunehmend eine verfeinerte Tafelzucht durch.

Von Bestecken wurde wenig gehalten, man achtete auf zierliches Essen mit den drei ersten Fingern der Hand. Das wichtigste Requisit der Tafel war übrigens das große Salzfass – stets fest verschlossen und misstrauisch bewacht, damit keiner Gift hineinmogeln konnte. Pfeffer, der teurer war als Gold, galt nebst Muskat, Ingwer, Safran und Zucker als kulinarisches Nonplusultra zum Würzen der beliebten Pfauenbraten, die mitsamt dem glänzenden Gefieder aufgetragen wurden und auch bei Tisch Macht und Ansehen demonstrieren sollten. Mit Brot wurden die Fleischstücke zum Mund spediert und damit Saucen, so elegant es eben ging, aufgetunkt.

Die höfische Gesellschaft, in der die Frauen bereits in bunter Reihe mit den Männern am Tisch saßen, was die Manieren ungemein hob, legte Wert auf kostbares und prunkvolles Tafelgerät, reich bestickte Tischtücher und gepflegtes Benehmen, was damals hieß, dass man weder gierig essen noch aus der Schüssel saufen, jedoch aufrecht sitzen, sich nicht ins Mundtuch schneuzen und keinesfalls mit der nackten Hand in die gemeinsame Schüssel langen sollte. Als Flegel wurde verachtet, wer benagle Knochen auf den Tisch legte, den Wein vergoss, mit dem Messer in den Zähnen bohrte oder gar den Löffel des Nachbarn benutzte.

Die Gabel wurde bis weit über die Ritterzeit hinaus fast ausschließlich zum Tranchieren benutzt, der damals wichtigsten Disziplin der Tafelkunst. Die größten Meister des Vorschneidens waren die Italiener - allein für die Zerlegung eines Huhns waren, wie in den diversen fashionablen Tranchierbüchern aufgezeichnet, 14 exakte Schnitte erforderlich. Nur Kavaliere durften bei Tisch tranchieren und selbst Monarchen übten sich in dieser Kunst. Von König Artus hieß es bewundernd, dass er einen Pfau virtuos in so viele Teile zerlegte, wie Gäste an seiner berühmten Tafel saßen. Vollendet beherrschte ein Tranchiermeister sein Metier, wenn er das senkrecht auf eine Gabel gespießte Geflügel im Rhythmus der Musik in der Luft zerteilte und obendrein kniend, wenn es an einer Fürstentafel war.

Tafelkultur ist immer ein Stück Gesellschaftsspiegel. Jahrtausende hat der Mensch mit den Fingern gegessen und sich dabei glücklich gefühlt. Emotionen wurden in der Antike und bis tief ins Mittelalter hinein auch bei Tisch in ungezwungener Selbstverständlichkeit ausgelebt. Zur Raubeinigkeit der frühen Ritter gehörte der gleichsam instinktive Griff zum Essen. Wild und anderes Fleisch kam im Ganzen auf den Tisch, wo es unter beifälligem Gemurmel zerlegt wurde. Man hatte keine Scheu vor Blut und Tod, der erst später tabuisiert wurde. Je verfeinerter und prätentiöser die Sitten wurden, umso mehr entfernte sich der Mensch von der Natur: So wird das Wildbret in Renaissance und Barock zunehmend in der Küche tranchiert – vor allem, um den Essern die Erinnerung an das getötete Tier zu ersparen. Die Maskerade wird zu einem Stück Tischkultur.

Das zeigte sich an der Schwelle zur Neuzeit auf besonders drastische Weise bei den modischen Schauessen, wo neben den zum Verzehr gedachten Gerichten prächtig aufgeputzte Speisen mehr fürs Auge als für den Gaumen gerichtet wurden. Der Koch veränderte durch seine Kunst Fleisch und Fisch bis zur Unkenntlichkeit: Lämmer, Kälber und ganze Hirsche wurden versilbert auf die Tische gestellt, Fasanen, Pfauen und Schwänen die Schnäbel vergoldet. Die Öffentlichkeit war als gierig gaffender, applaudierender und bettelnder Zaungast zugelassen und erwünscht. Die große Küche war damals ein Privileg der Aristokratie und derer, die reich genug waren, um den Adel zu imitieren. Das Essen war ein gesellschaftlicher Akt, bei dem Reichtum, Macht und Ansehen demonstriert wurden. Man ließ sich beim Tafeln auch gehen und fütterte das Volk mit den Resten.

Die „erlaubte Wollust des Leibs" hat der Mensch, sobald die Grundversorgung gedeckt war, von Anfang an ritualisiert, ausgeschmückt, veredelt. Bei Gast-, Fest- und Friedensmählern zeigte er sich als geselliges Wesen von seinen guten Seiten. Und von

Anfang an war mit dem Essen eine visuelle Kultur verbunden. Im Mittelalter gang und gäbe war die „offene Tafel": Der Fürst speiste öffentlich, die gemeinen Bürger, sofern sie sich anständig, also in hoffähiger Aufmachung zu kleiden wussten, beobachteten das Spektakel hinter einer Barriere oder von einer Estrade aus. Diese „offene Tafel" war eine Demonstration politischer Macht; man zeigte, was man hatte und sich leisten konnte.

Es wundert also nicht, dass die Klagen über die Fress- und Schlucknarren in den moralischen Satiren der Renaissance und des Barock einen hervorragenden Platz einnehmen. So fragt Hans Michael Moscherosch in seinem Buch „Gesichte Philanders von Sittewald": „Thut es ein Stuck Rindfleisch, Speck und Saur-Kräut nicht mehr? Muß es alles mit Feldhünern, Wachteln, Krammetsvögeln, Austern, Schnepffen, Schnecken und Trecken verpfeffert sein? Muß es dan mit eitel Melonen, Citronen, Lemonen, Pomerantzen, Ragouts und Ollipotridos hergehen? Mit solchen Trachten, da mit einer jeden zwölff arme Mänschen hätten erhalten und gespeiset werden mögen."

Für heftige moralische Diskussionen sorgte auch das 1474 erschienene und „Honesta voluptate" betitelte Werk des Bartholomäus Sacchi. Unter dem leicht anrüchigen Titel hatte der auch als Platina di Cremona bekannte und schreibende päpstliche Bibliothekar im 15. Jahrhundert Regeln zur Haus- und Lebensführung verfasst. Besonders sein Streifzug durch alle Gebiete der Kochkunst stellte auf dem Buchmarkt ein Novum dar; das Buch hatte zahlreiche Neuauflagen, Übersetzungen und Bearbeitungen zur Folge.

Viele Essensdarstellungen aus jener Zeit lesen sich wie Schlachtbeschreibungen: ganze Armeen von wohlausgerüsteten Essbarkeiten ließ man gegen den Hunger los, bis sich Sattheit über das Schlachtfeld namens Tisch senkte. Merlin Cocai schildert in seinem „Opus maccharonicum" (1521) die Gaumentüchtigen im Schlaraffenland als homerische Helden. François Rabelais, der die makkaronische Literatur kannte und selbst ein erhabener Gourmand war, stellte die Stillung des Hungers mit verbalem Behagen dar. Gegen die asketischen Vorschriften der Mönche, die freilich mit kasuistischer Spitzfindigkeit die sättigenden Ausnahmen der Regel herausfanden (in der Fastenzeit wurden beispielsweise Ferkel in der Kirche auf den Namen „Hering" getauft – und somit als „Fisch" zur Speise freigegeben), predigte er mit komischem Eifer von den Freuden eines vollen Bauchs.

Noch im späten Mittelalter sowie in der frühen Neuzeit kamen bei den Fürsten und Äbten ganze Berge von Fisch, Fleisch und Geflügel, gesotten, gespickt und gebraten, zu gleicher Zeit auf den Tisch. Es herrschte ein heilloses Durcheinander von süß, sauer und salzig. Ein Beispiel früheren Prassertums vermittelt das Protokoll eines Festessens im Jahre 1476 für den König von Neapel: Unter Trompetengeschmetter nahmen die Gäste Platz. Als Vorspeise bekam jeder ein Schüsselchen mit vergoldeten Kuchen aus Pinienkernen und einen Majolikanapf mit einer Milchspeise. Galantine von Kapaunbrust, mit Wappen und Sinnsprüchen geschmückt, folgte in silbernen Schüsseln. Auf dem riesigen Tisch stand ein Goldbrunnen, der Orangenblütenwasser versprühte.

Es folgten zwölf Gänge mit Fleisch von Wild, Kalb, Schwein, Fasan, Rebhuhn,Kapaun und Huhn sowie dem beliebten, aus Milch, Mandeln, Reis und Fischfleisch bereiteten „Blancmanger". Aus einer der großen Silberschüsseln flogen zahlreiche Vögel empor. Das obligate Schaugericht, das nur zum Ansehen gefertigt war, bestand aus zwei Pfauen, die wie lebendig Rad schlugen und in ihren Schnäbeln duftende Essenzen trugen. Dann kamen nochmals neun Gänge mit süßen Speisen, Torten, Marzipanen, Backwerk und so weiter. Der Nachtisch bestand aus Zuckerwerk in Schüsseln mit Deckeln aus Zuckerguss. Dagegen kommen einem die zeitgenössischen Menüs mager vor – wie diätetische Kompositionen für Hungerleider.

Im 15. Jahrhundert hatte die Neigung zu unterhaltenden Einlagen während der sich über viele Stunden hinziehenden Gastmahlereien stark zugenommen. Das war gastronomisches Entertainment. Musiker, Tänzer, Gaukler und Pantomimen unterhielten die Gäste; solche Tischopern mehrten den Ruhm des Gastgebers. Sehr beliebt waren die Riesenpasteten, die unter lauten Zurufen aufgeschnitten wurden. Unter dem Teig verbargen sich Musiker, Tänzer und Liebespaare. Anlässlich des Hochzeitsessens Wilhelms von Bayern im Jahre 1568 wurde beispielsweise eine gewaltige Pastete aufgetischt, in der ein Zwerg steckte, der, gekleidet in einen glänzenden Kürass, fähnchenschwingend und jeden Gast einzeln begrüßend, auf dem Tisch hin und her ging.

Der Tisch wurde solcherart zum bombastischen gastronomischen Spektakel. Das Dekor war wichtiger als das Menü. Jeder Fürst und reiche Kaufmann wollte den anderen an Phantasie übertreffen. Aus so genannten Tischbrunnen floss Wein und Rosenwasser, und bei der Tafel Philipps des Guten von Burgund sprudelte zum Gaudium der Gäste aus den Brüsten einer nackten Frauenstatue purer Wein.

Lange hat es gedauert, bis sich die Gabel durchsetzte. Im 11. Jahrhundert hörte man zwar von der Frau des venezianischen Dogen Orseolo II., einer Byzantinerin, sie lasse die Speisen von Eunuchen klein schneiden, um sie mit einer zweizinkigen Goldgabel in den Mund führen zu können, aber das wurde für lächerlichen Manierismus gehalten, bestätigt obendrein durch die Exaltiertheit jener Dame, sich nur im Tau zu waschen, den Diener jeden Morgen mühsam aufsammeln mussten.

Noch 1580 bekannte Montaigne, er gebrauche die Gabel nur wenig und bedauere vielmehr, dass man nicht allgemein das Beispiel befolgt, das die Könige geben, nämlich dass man die Servietten ebenso oft wechselt wie die Teller. In den Statuten der „Compagnia della Lesina" heißt es kategorisch: Unsere Mitglieder mögen von ihrem Tisch Gabeln und Löffeln verbannen: Hat uns nicht Mutter Natur fünf Finger an jeder Hand geschenkt? Warum sie mit jenen dummen Instrumenten beleidigen, die eher dazu geschaffen sind, Heu aufzuladen denn das Essen?" Das Essen mit der Gabel galt schlicht als „idiotische Angewohnheit", und ein deutscher Reiseschriftsteller fragt in den 1648 erschienenen „Wunderbaren und wahrhaftigen Geschichten" entgeistert: „Wie kann Salat jemals ordentlich schmecken, wenn ich ihn nicht mit den Fingern esse?" Ludwig XIV. tat es hemmungslos und machte daraus ein ehrfurchtsvoll angestauntes Schauspiel.

Aber die Sitten ändern sich. Beim Frieden von Münster 1648, den Diplomaten und Köche gleichermaßen prägten, war bei Tisch die „heilige Sieben" en vogue: Teller, Löffel, Messer, Gabel, Handtuch, Trinkglas und Zahnstocher. Das dem Adel nacheifernde Bürgertum zog bald nach, und so gehörten ab dem 18. Jahrhunden Besteck und Serviette zum selbstverständlichen Arrangement einer guten Tafel. Die letzten Jahre vor der Französischen Revolution waren zudem eine Blütezeit der Gourmandise. Es gab eine neue Küche, leichter, raffinierter, ja geistreicher als die alte.

Im Mittelalter hatten die gewürzten Ragouts dominiert. Die Renaissance war die Epoche der Schleckerei sowie der immer prätentiöser werdenden Tafelkultur. Meister des Naschwerks und der manierlichen Tischsitten waren die Italiener. Als Katharina von Medici 1533 am Pariser Königshof eintraf, pikierte sie sich über die gastronomischen Sitten der Franzosen, die noch wild durcheinander aßen, was auf die Tische kam. Die Medici setzte wohl feinere Esskultur durch, doch war das nicht der Beginn eines neuen kulinarischen Zeitalters, wie oft behauptet wird.

Eine wirklich neue Küche entstand in den Jahrzehnten vor der Französischen Revolution. Da krempelten geniale Köche die alte Praxis um – selbstverständlich gegen den erbitterten Widerstand der Traditionalisten – und in den Salons debattierten Dichter und Fürsten über die Kunst des guten Essens. Man näherte sich, wenn auch behutsam, dem Ideal der einfachen Form und brachte eine klarere Linie in die Menüs. Ludwig XIV. war noch ein Fresser, der sich dabei bewundern ließ, doch Ludwig XVI. stellte sich, ganz im Sinne des Zeitgeists, selber an den Herd, um Lerchenpastetchen und Hühnchen mit Basilikum zu kochen. Damals durfte auch eine Sauce geistreich sein!

Anthelme Brillat-Savarin, der heute noch berühmte Feinschmecker und Verfasser einer Bibel der Gourmandise, nannte die Fortschrittlichen der Küche, die sich vor 200 Jahren beispielsweise an Kalbsbries mit Krebssauce, gefülltem Hecht und Champignonpüree delektierten, die „Helden der Gourmandise", wogegen der Dichter Voltaire grimmig mäkelte, sein „Magen könne sich keineswegs an die neue Küche gewöhnen". Ein Haschee aus Truthahn, Hase und Kaninchen, mit viel Pfeffer und Muskat gewürzt, galt Voltaire als Inbegriff der Gaumenlust. Das war die alte Küche, ganz und gar eine Sache des schweren Gefühls, des Bauches, während die neue eine des Intellekts war.

Als Folge der politischen Revolution veränderte sich schließlich die gastronomische Struktur. Noch im 18. Jahrhundert fand die große Küche nur privat statt, also in den Palästen der Fürsten sowie des reichen Bürgertums. Ansonsten gab es nur Schänken, Gasthäuser, Fleischer, Pastetenbäcker, Kaffeesieder. Restaurants im modernen Sinn kamen erst um die Wende vom 18. ins 19. Jahrhundert auf, als die Pariser Nationalversammlung die alten Privilegien der Zunft kassierte und den neuen Restaurateuren erlaubte, Gerichte nach Belieben anzubieten. Köche, deren Herren auf dem Schafott hingerichtet wurden, emigriert oder verarmt waren, wurden zu gastronomischen Unternehmern.

Im 19. Jahrhundert entwickelte sich die große Küche fast ausschließlich in den Restaurants; die wurden zu kulinarischen Bannerträgern. Die französische Küche hatte ihre Hochblüte erreicht, sie strahlte aus und wurde, schöpfend aus der volkstümlichen Küche der französischen Provinzen, zur ersten internationalen Küche von Rang. Es war, kompliziert und raffiniert angelegt, eine Hochküche als Ergebnis des Nachdenkens, Experimentierens und Reformierens. Die Leitfigur war Marie Antoine Carême, ein leidenschaftlicher Koch auf der Suche nach der Perfektion, obendrein ein begabter gastronomischer Schriftsteller.

In der Politik ging es zwar noch drunter und drüber, aber für Frankreichs Küche war es der Beginn einer goldenen Zeit, in der Feinschmecker das Bein, auf dem das Feldhuhn im Schlafe stand, an seinem besonderen Geschmack erkannten. Napoleon, der gekrönte Plebejer, entließ keinen Diplomaten ohne den Rat, vor allem für eine feine Tafel zu sorgen, kulinarisch wie ästhetisch. Beim Wiener Kongress waren die Gerichte des Genies Carême das Tagesgespräch, und die französischen Kochstars standen in der gesellschaftlichen Rangordnung so weit oben wie ehedem ihre Kollegen im alten Griechenland, wo es neben den sieben Weltweisen auch die sieben Weltköche gab, nach deren Kunst sogar die Götter sehnend sich verzehrten.

In der Tischkultur hat sich zwischen der Mitte des 19. Jahrhunderts und dem Beginn des 1. Weltkriegs vieles geändert. Darin spiegelt sich auch deutlich der gesellschaftliche Wandel. Der Jugendstil hatte mit dem Schwulst des viktorianischen Zeitalters weitgehend aufgeräumt. Man suchte auch auf dem Gebiet der Tischdekoration nach neuen Wegen.

Das Tafelwesen um 1870/80 lässt sich in wenigen Worten charakterisieren: Repräsentation, öffentliches Vorzeigen des eigenen Reichtums, übertriebene Dekoration, Überladenheit. Staffelung des Blumenschmucks in die Höhe, reich und kompliziert gefaltete Servietten. Das Tafelwesen der Jahrhundertwende zeichnete sich aus durch: elegante Einfachheit, kein Protzentum, keine Verschwendung mehr, aber sorgfältige Verarbeitung der Speisen und kurze Speisefolgen – trotzdem Beachtung der individuellen Note. Die Blumendekorationen wurden flach angelegt und möglichst natürlich arrangiert. Die Servietten lagen flach auf oder neben dem Teller. Kurz: Es galt, was Abel, der Fachmann, über die „moderne Anrichtekunst" um 1900 schrieb: „Eine geschmackvoll gedeckte Tafel erfreut schon im voraus das Auge und Herz jedes eintretenden Gastes, und dieser angenehme äußere Eindruck macht selbst verwöhnte Gourmands geneigt, die Speisen schmackhaft und gut zubereitet zu finden. Vor allen Dingen muß den Gästen der Platz bei Tisch reichlich zugemessen sein, denn es speist sich schlecht, wenn man zu eng sitzt."

Das Tischzeug sei „ausgesucht schön, blendend weiß, das Silberzeug, Bestecke, Gläser und alle Geschirre mit der größten Sorgfalt geputzt", heißt es weiter bei Abel, der millimetergenau die Tischordnung vorschreibt: „Auf jedem Platz steht ein flacher Teller mit einer nett gebrochenen Serviette und einem Brötchen, zur Rechten kommt ein Messerbänkchen mit dem Messer, die Schneide nach dem Teller gekehrt, daneben der Suppenlöffel, links die Gabel. Etwas nach der linken Seite hin stellt man die Gläser vor das Kuvert, und zwar ein Wasserglas, je ein Weinglas für Weiß- oder Rotwein, ein etwas kleineres Glas zum Madeira oder Portwein, der nach der Suppe gegeben wird, und ein Champagnerglas."

Diese neue Sachlichkeit, das Prinzip der klaren Linie, ist im Wesentlichen auch heute noch gültig. Selbstverständlich gab und gibt es modische Seitensprünge, auch Verwirrungen, Irrungen und – Tischkultur ist ja, wie bereits angedeutet, stets ein Spiegel der Zeit – so etwas wie eine verzweifelte Suche nach Orientierung. Aber Mode, so hat Bernard Shaw kategorisch festgestellt, ist eine so häßliche Sache, daß sie alle halbe Jahre geändert werden muss.

Andererseits gibt es ein Verhalten, dass man als Safe-Mentalität bezeichnen kann. Nicht wenige Leute begnügen sich mit dem Gefühl, kostbares Geschirr zu besitzen. Sie haben Meißen in der Glasvitrine stehen und benutzen es allenfalls zu sogenannten hohen Festlichkeiten. Das ist nicht nur praktizierter Kleinmut, sondern ein grobes Missverständnis und – vor allem – ein grandioser Selbstbetrug. Man betrügt sich selber um Genuss, um einen Genuss, wie er im Decken eines Tisches empfunden werden kann und danach, wenn man daran sitzt, isst und trinkt.

Gottlob gibt es in der Tischkultur – wie in der Mode allgemein – kein festes Diktat, nach dem man sich sklavisch zu richten hat. Alles fließt, sagt der Philosoph, und so hat der Mensch auch bei der Inszenierung der Tafel mehr Freiheiten als je zuvor, was freilich nicht mit Anarchie verwechselt werden darf. Gewisse Stilbrüche können charmant sein, vorausgesetzt, sie werden von eleganter Hand begangen. Richtungsweisend für die Wahl des Dekors und die Gesamtinszenierung ist der Anlass. Ein Flirtessen wird man anders gestalten als eine Hochzeit oder ein Jagddinner. Wer die Form beherrscht, kann sie sowieso heiter und gekonnt durchbrechen, indem er die alte Ordnung als Basis für ein neues Spiel mit vielen Variationen nimmt. Da sind der Phantasie nur wenige Grenzen gesetzt.

Dennoch bekommt das Essen und das Trinken wie alles andere, was man tun muss, um sein Leben zu leben und zu erhalten, einen besonderen Wert dadurch, dass man sich nicht einfach treiben lässt, wie es gerade geschehen mag und wie der Apfel gerade fällt. Vollzieht man alles nach einem Gesetz der Form, gibt man den Dingen einen Wert, den sie ohne das nicht hätten, so wie Libertinage etwas anderes ist als Freiheit: das eine kann zur Verlumpung führen, während das andere das Menschsein steigert. Nun ist ja der Hunger neben dem Durst der getreueste Begleiter des Menschen.

Er hat Kriege angezettelt und die Kochkunst erschaffen, nur: der Hunger allein ist kein kultureller Wert. Der Hungrige isst triebhaft, ihn interessiert ausschließlich, was auf dem Teller ist, nichts drumherum. Ambiente, Service, Tischkultur, Unterhaltung sind ihm einerlei. Nicht die Rose in der Silbervase, sondern das schiere Stück Fleisch fasziniert ihn. Erst in Verbindung mit dem Müßiggang, der den Geist wetzt und das große Einfallstor zur Kreativität ist, lässt sich der Hunger kultiviert austreiben.

Und wir sollten nicht vergessen, dass der Hunger täglich kommt, dass der Mensch schätzungsweise drei Jahre seines Lebens am Esstisch verbringt. Anders gesagt: Der Mensch muss essen, ob er das für eine blöde Schikane der Natur hält oder nicht. Weshalb also nicht aus der Pflicht eine Kür machen und jedes Essen als kleines bis großes Sinnenfest gestalten?

In diesem Zusammenhang sind nicht Schlemmerorgien à la Rom gemeint, sondern die Bereitschaft, auch für die kleine Jause und ein schlichtes Mahl den Tisch liebevoll zu decken. Eine Pellkartoffel, ob mit Kaviar und Rahm serviert oder mit frischem Ziegenkäse und Olivenöl, wird auf Zwiebelmuster zum Fest für Auge und Gaumen, für Leib und Seele. Natürlich ist es Luxus, den Tag beispielsweise mit Meißener Porzellan zu beginnen und zu beeenden. Aber man kann diesen Stil auch angewandte Lebenskunst nennen. Dies kann unser Leben spannender machen, erlebnisreicher, einfach schöner.

Frühstückt in der Regel im Wiener Hotel „Imperial", und zwar am liebsten Joghurt und Erdbeeren, auch mal ein Schnittlauchbrot.

Niki Lauda, Ex-Rennfahrer und Unternehmer

Wie bei Menschen, wo der erste Blick oft entscheidet, ob man sich mag oder nicht, stellt die Tischkultur die Weichen für die Stimmung. Insofern ist der gedeckte Tisch mehr, viel mehr als ein Stück Innenarchitektur: Er ist ein Sinnbild der Zufriedenheit und die Ouvertüre zum Ganzen, das man Leben nennt.

Galerie der Meisterköche
Hommage an die Meisterköche

Pikobello, in tadellos gebügelter, blütenweißer Jacke mit elegant aufgesetztem Stehkrägelchen, wie es weiland die Offiziere des Zaren an ihren Galauniformen für angemessen gehalten haben, schreitet der Mann im Restaurant die Tische ab, hier einem Gast gnädig zuwinkend, dort ein Bussi hinhauchend und die Komplimente – „Ach, Sie haben ja wieder phantastisch gekocht" – „Großartig, Meister, hinreißend, was Sie in der Küche gezaubert haben" – so lässig wegsteckend wie die Kellner das Trinkgeld. Die Gäste senken jeden Abend artig Gabel und Messer, wenn er sich ihnen bei seinem Rundgang durchs Lokal nähert: ER, der Koch, der die Honneurs macht, wobei mit freiem Auge freilich nicht zu erkennen ist, wer eigentlich von wem Huldigung erwartet.

Ob man die Gastronomie nun dem Unterhaltungsfach zuordnet oder den schönen Künsten gleichsetzt: Köche, zumal die von Restaurantführern hochdekorierten, sind Stars der Gesellschaft geworden. Kalbskopf in Safransud und getrüffeltes Täubchen werden wie Literatur rezensiert, in Illustrierten steht der Küchenchef neben dem Nobelpreisträger und wenn einer der Großen der Branche hüstelt, legen sich nicht wenige sogenannte Gastronomie-Kritiker mit Grippe ins Bett. Das zeigt deutlicher als jede noch so gescheit geschriebene soziologische Untersuchung, wie sehr die Spitzenköche zu Personen des öffentlichen Interesses geworden sind – mit all den positiven und negativen Seiten, die Popularität mit sich bringt.

Die einen verdienen das auf sie gerichtete Licht zurecht. Sie sind Künstler, wahre Dirigenten übers Orchester der Aromatik. Andere spielen Genie in der Erwartung, auch als solches angesehen zu werden. Denen gelingen freilich auch in der Küche nur Schaumschlägereien – Namen sollen barmherzig verschwiegen werden. Schließlich gibt es noch jene Köche, die im Stillen arbeiten, von denen die Öffentlichkeit selten erfährt, die jedoch mit Liebe und Können ihrem Beruf zugetan sind. Diese Helden der Gourmandise, die eines Verdienstordens würdig wären, beweisen täglich aufs Neue, dass gute Küche ein geschmackvolles Stück Erotik ist.

Wie auch immer man zur Gourmandise steht, ihr fröhlich huldigend oder sie nach dem Motto „Würstchen tun's auch" ablehnend: Grundsätzlich ist nicht an der Tatsache zu rütteln, dass Hunger und Durst die getreuesten Begleiter des Menschen sind. Das Duo überlebt jede Sättigung, es regiert in höchstem Maße gerecht, ja urdemokratisch, denn es verschont keinen und quält jeden: den Dummen wie den Geistreichen, den Schwachen wie den Starken, die Frau wie den Mann. Und das ist gut so, dass der Appetit nimmersatt ist, denn ewige Sattheit würde das Ende aller Hoffnung bedeuten und uns ebenso schöner wie faszinierender Erlebnisse berauben.

Die Geschichte der Küche ist ja nie geradlinig verlaufen. Gegessen wurde zwar immer und zum Glück für die Köche ist der Appetit nimmermüde. Aber über alle Zeiten hinweg, vom Suppenkoch Karls des Großen bis zu Escoffier, dem kleinwüchsigen Kochgenie in den hochhackigen Schuhen, der um die letzte Jahrhundertwende Carême reformierte und mit seinem Stil die – bis heute ausstrahlende – klassische französische Hochküche prägte, die „Grande Cuisine", wechselten die Eppochen der belebenden Erneuerung mit solchen der stupiden Beharrung ab, genau wie in der Mode.

Noch Anfang der 70er-Jahre des 20.Jahrhunderts, als sich die sogenannte „Nouvelle Cuisine" zaghaft zu entfalten begann, standen die Köche in der sozialen Rangordnung ziemlich weit unten. Ihr Platz war im Dunst der Herde, basta. Für sie galt, was Josef Roth in einem kleinen Feuilleton auf den Punkt gebracht hat: „Von ungewöhnlicher Bedeutung, aber den meisten unbekannt, ja unsichtbar lebt in der Unterwelt des Hotels der Koch." Im Gegensatz zu Frankreich, wo Spitzenköche traditionell gesellschaftliches Ansehen genießen – wie im alten Griechenland, das neben den sieben Weltweisen auch den sieben Weltköchen huldigte, nach deren Kunst sogar die Götter sehnend sich verzehrten - , wurde in Deutschland der Beruf des Kochs nur gering geschätzt. Eher noch als einem Koch gab man seine Tochter dem Oberkellner zur Frau.

Heute sieht das ganz anders aus. Tischgespräche über die Melancholie des Steinbutts oder die Vorteile des Garens in Folie gehören zum fashionablen Salongeplauder, und Mitglieder der Snobiety empfinden es als schick, im Restaurant vom Küchenchef geduzt zu werden. Köche treten im Fernsehen auf, werden von Party zu Party gereicht, von Frauen, denen es gar nicht um Rezepte geht, umschwärmt und von der Industrie verhätschelt. Diese Spitzenköche sind nicht nur unsere Ernährer, wie Gustav Heinemann als Bundespräsident einmal schelmisch meinte. Dank ihrer Kunst verschönern sie denen, für die das Essen mehr als nur eine schikanöse Einrichtung der Natur zum Erhalt des Lebens ist, das Dasein. Ihnen gilt uneingeschränkt der große Applaus, verbunden mit der Hoffnung, dass sie nicht müde werden, auch künftig jeden Tag tausend neue Saucen erblühen zu lassen, um uns bislang unbekannte kulinarische Welten zu eröffnen.

Harald Wohlfahrt

Kochen ist sein Leben, und das auf höchstem Niveau. Harald Wohlfahrt, der Königsblau als seine Lieblingsfarbe nennt, ist seit 1980 Chef in der Küche der Schwarzwaldstube und führt seit Jahren unangefochten die Liste der besten Köche in Deutschland an. Seit 1992 leuchtet über ihm der dritte Michelin-Stern. Unter den Händen dieses sensiblen Kochs bekommt auch das scheinbar Verwegene eine Logik – wie überhaupt der Kochstil von Harald Wohlfahrt durch klaren, architektonisch geradlinigen Aufbau gekennzeichnet ist.

Was Wohlfahrt mit seinen zehn Köchen macht – alles schlanke Kerle, denn ein Dicker würde nach Ansicht des Chefs nicht zwischen die schmalen Gänge um die Herde und Arbeitstische passen -, das ist eine originäre Persönlichkeitsküche auf Basis der klassischen französischen Grande Cuisine. Wie er beispielsweise das Erdige einer schwarzen Trüffel mit der durch Dünsten zart süßlich werdenden Schalotte in Harmonie vereint, ist mit Worten so unzulänglich zu beschreiben wie eine Fuge von Bach oder ein Bild von Matisse – oder seine schon legendären Amuse-bouche-Kreationen. Das finessige Schneckenragout mit Pfifferlingen auf Petersilienpüree oder der von einer säuerlich-süßen Sojasauce geschmeidig begleitete gegrillte Wolfsbarsch sind geschmackliche Meisterwerke wie sein konfiertes Rotbarbenfilet auf Risotto mit Felsenoctopus und Rotweinbutter.

Dank seines handwerklichen Könnens und seiner mit einem untrüglichen Gespür für kulinarische Spannung und kompositorische Harmonie gekoppelten Phantasie ist Wohlfahrt kein Nach-, sondern ein Neukocher, also einer, der jeden Tag mit Engagement an Rezepten tüftelt und alle vier bis sechs Wochen die Speisekarte erneuert. Entspannen kann er sich beim Sport oder zu Hause bei den Kindern und seiner Frau, bei Eintopf und geschmortem Huhn, einem Paradestück der Gemahlin. Auf welche drei Dinge er in seinem Leben nie verzichten möchte? Abgesehen von Frau und Familie sind es die vier Jahreszeiten, Sport und generell „außergewöhnliche Dinge". Gottlob ruht Wohlfahrt nicht auf seinen Lorbeeren aus. Er brennt noch vor Leidenschaft, ohne die es keine große Küche gibt, und er gehört zu jener Handvoll deutscher Köche, die nicht nur ein Teil ihrer Epoche sind, sondern diese gastronomisch mit prägen.

Adresse:

Restaurant Schwarzwaldstube im Hotel Traube
72270 Baiersbronn-Tonbach
Tel.: 07442/492665, www.dieschwarzwaldstube.de

Tipp:

Man spare beim Brot, denn die Desserts von Pierre Lingelser sind eine Genussklasse für sich.

Heinz Winkler

Den guten Koch erkennt man daran, wie er sein Material einsetzt, es verwertet und zur Wirkung bringt. Heinz Winkler („Das Klare, Eindeutige ist für mich wichtig") setzt auf puristische Klarheit, er konzentriert sich auf das Hauptprodukt, das durch eine Sauce, durch Aromata und Beilagen ebenso elegant wie kulinarische Spannung erzeugend flankiert, doch niemals verfremdet wird. Seine Küche hat Tiefe und begeistert durch Esprit. Gerichte wie das Lamm im Brotteig mit Thymianjus, der im Salzteig gegarte Rehrücken, das Cassoulet vom grünen Spargel mit Kaviar, das Carpaccio von Langoustinos mit der Sauce von einmaliger Geschmeidigkeit oder der Hummer mit Sternanisgelee und Fenchelmousse zählen zu jenen Speisen, die es verdienen, in einem gastronomischen Köchelverzeichnis festgehalten zu werden.

Begonnen hatte das Märchen vom Aufstieg des Südtiroler Bauernburschen zum weltberühmten Dreisternekoch und Unternehmer alles andere als märchenhaft. Die Familie war arm und kinderreich, der Junge erlernte früh das Handwerk des Kochens im heimischen Meran, gefolgt von Stationen wie dem „Palace" in St.Moritz, dem „Schloßhotel" in Pontresina sowie bei Paul Bocuse nahe Lyon. Als im Herbst 1977 das Angebot kam, im Münchener „Tantris" die Nachfolge von Eckart Witzigmann anzutreten, war Heinz Winkler gastronomisch bereits rundum gesalbt.

Im „Tantris" galt es, einen eigenen Stil zur entwickeln. Das ist ihm bravourös gelungen, und Unverwechselbarkeit ist ja auch in der Küche das Maß für Größe. Bereits 1981 empfing Winkler, damals 32 Jahre alt, den dritten Stern vom Restaurantführer „Michelin" und war somit der weltweit jüngste Küchenchef mit dieser Auszeichnung. „Das Essen soll beflügeln, nicht belasten", lautet sein Credo am Herd. Er nennt diesen Stil, mit dem er auch international Furore macht, sinnig „Cuisine vitale", was praktisch eine Kombination aus Wohlgeschmack und Bekömmlichkeit bedeutet.

Adresse:

Residenz Heinz Winkler
Kirchplatz 1
83229 Aschau (Chiemgau)
Tel.: 08052/17990, www.residenz-heinz-winkler.de

Tipp:

In der schönen Residenz gibt es – sommers auf der Terrasse mit Blick auf die imposante Kampenwand - ein grandioses Frühstück. Dazu gehören nebst warmen Laugenbrezeln auf Wunsch auch Weißwürste, frisch geholt und preisgekrönt von der Metzgerei Angermann vor Ort. Außerdem und selbst für hochbesternte Hotels leider keine Selbstverständlichkeit, gibt es für Teefans eine spezielle Karte mit raren Sorten.

Helmut Thieltges

Seit gesottene Kalbsköpfe wie Literatur rezensiert werden, was grundsätzlich begrüßt werden kann, weil die große Küche auch große Kultur ist, spielen manche Köche Genie in der Erwartung, als solches angesehen zu werden. Vor lauter Selbstglorifizierung halten sie den Mittelpunkt für die ihnen angemessene Position in der Gesellschaft. „Alles Licht auf mich" lautet die Devise derer, die in jeder Oper der Tenor und auf jeder Hochzeit die Braut sein wollen. Nicht so Helmut Thieltges vom Jahrgang 1955. Er gehört zu den stillsten Köchen in Deutschland und ist zugleich einer der besten. Vermutlich ist er der unbekannteste Dreisternekoch, und das ist ein großes Kompliment, denn ihm ist die Küche wichtiger als gesellschaftlicher Ruhm.

Eigentlich ist die Geschichte des „Sonnora" ein modernes Märchen. Ursprünglich war das außerhalb von Dreis in die Natur gebaute Haus eine simple Pension; gutbürgerlich nennt man das mit sanft gehobener Augenbraue. Der Umschwung zur Grande Cuisine erfolgte phasenweise, seit der Junior nach Lehrjahren im Ausland die gastronomische Richtlinie bestimmt. Immer mehr Gäste kamen immer öfter speziell wegen der zunehmend mutiger und raffinierter inszenierten Küche. Erste positive Berichte in Gourmet-Magazinen spornten den Jungkoch an, er erhöhte behutsam, doch stetig seine gastronomische Tourenzahl mit dem Erfolg, dass er – zu seiner Verblüffung – 1982 mit dem ersten Stern vom Restaurantführer "Michelin" bedacht wurde und 1999 mit dem dritten.

Einige Beispiele aus dem Kanon seiner Kochkunst mögen eine Ahnung vom Genuß vermitteln, den Thieltges bietet: Chartreuse von Périgord-Gänsestopfleber mit Nüssen auf Gewürztraminergelee; gebratener Seeteufel auf Kartoffelpüree mit Scampi in Olivenölmarinade; Sauté von Kalbsnieren und Bries in Schalotten-Balsamicosauce mit Tomaten; Supreme vom Bresse-Täubchen mit Trüffelscheiben und Madeira. Das Ambiente deucht einem wie ein Stück Venedig in der Eifel, man kann auch sagen: ein bißchen Palazzo. Untadelig ist die feine Tischkultur, eine Herzenssache des liebenswürdig agierenden Service unter der Leitung von Ulrike Thieltges, einer Frau mit Charme & Können, die sich auch in der großen und subtil komponierten Weinkarte mit dem naturgemäß großen Mosel-Schwerpunkt gut auskennt.

Adresse:
Waldhotel Sonnora
Auf dem Eichelfeld
54518 Dreis,
Tel. 06578/98220, www.hotel-sonnora.de

Tipp:
Einem privaten Weltereignis gleicht das von Thieltges geschaffene dreistöckige Tatar von Rind, Langostino und Lachs mit Kaviar als Salzersatz!

Sissy Sonnleitner

Schätzungsweise 99 Prozent aller Spitzenköche zwischen Tokio, München, Paris und New York sind aus tiefstem Herzensgrund der Überzeugung, dass Frauen an den Herd gehören, nur: der häusliche soll es, bitte schön, sein. Tatsächlich ist der größte Widerspruch in der Gastronomie weiblichen Geschlechts. Frauen, die in der bürgerlichen Küche große Leistungen vollbringen, spielen in den Gourmet-Tempeln nur eine bescheidene Rolle. Die feine Küche ist ein zölibatäres Geschäft. Freilich ist denkbar, dass Männer die Küche als eine der letzten Zidatellen des Patriarchats verteidigen. Wie auch immer: in Deutschland steht in der Spitzenküche keine Frau am Herd. Hingegen geben in der Wirtshausküche, die ja nicht weniger anstrengend ist, viele Frauen den Ton an, und die italienische Mamma-Küche wäre – der Name drückt es aus – ohne Frauen verloren.

Sissy Sonnleitner belegt mit ihrer „Alpen-Adria-Küche", dass Frauen nicht nur lustbringend kochen, sondern auch kühn komponierte Menüs entwerfen und kulinarische Anmut mit Modernität verbinden. Ihr ist eine köstliche Liaison der friulianischen mit der kärntnerischen Küche gelungen. Aus überwiegend regionalen Produkten komponiert sie hocharomatische und zugleich subtil strukturierte Gerichte. Sie macht aus einer Rindssuppe oder Kalbsstelze gleichermaßen traumhaft sicher ein Esserlebnis wie aus einem im Ganzen gebratenen Zander mit Schalotten und Speck im Rieslingsaft oder der gebratenen Kalbsleber in Portweinsaft mit Schwarzbrot, Nüssen und Pfefferfeigen. Eine Spezialitäten sind ihre Risottti à la Saison.

Dabei ist die Gastwirtstochter nicht gerade mit Bravour als Köchin gestartet. Sie habe, sagt sie herzerfrischend offen, eine eher „lustlose Koch-Kellner-Lehre" im elterlichen Betrieb absolviert, und als sich herausstellte, dass keine ihrer drei Schwestern den Familienbetrieb übernehmen würde, sei sie mit ihrem Mann, einem Techniker, in die Bresche gesprungen. Kochseminare bei der wunderbaren Elfie Casty in der Schweiz sowie bei Koryphäen wie Dieter Müller, Harald Wohlfahrt und Otto Koch hatten sie schließlich auf den Geschmack und hin zum Erfolg als eine der besten deutschsprachigen Köchinnen gebracht – inzwischen tatkräftig von vier Töchtern im Alter zwischen 21 und 25 Jahren unterstützt.

Adresse:

Restaurant und Hotel Kellerwand
A-9640 Kötschach-Mauthen,
Tel.: 04715/269, www.sissy-sonnleitner.at

Tipp:

Sissy Sonnleitner gibt Kochseminare von Basiskursen bis zur großen Bratenküche. Ihre Spezialität: die Aromaküche mit Pasta, Gemüse und Fisch.

Lisl Wagner-Bacher

Es beginnt mit einem sehnsuchtsvollen Geschmack im Mund und steigert sich zu einer Erregung im ganzen Körper, wie ein Verlangen nach Liebe. Plötzlich ist ganz klar: Du musst in die Wachau, und zwar sofort. Der Riesling gedeiht so prächtig wie am Rhein. Voll dichter, würziger Frucht ist der Grüne Veltliner, die Leitrebe der Region. Kein Ober wispert einem in Verschwörerpose etwas von Hummer auf Erdbeermus ins Ohr. Hier triumphiert eine graziös reformierte K.u.K.–Küche mit mediterranen Einsprengseln und Signalen französischer Klassik. Damit hat sich Elisabeth „Lisl" Wagner im „Bacher" in Mautern in die europäische Spitze vorgekocht. Auf ihrer Karte stehen Hummer und Gänseleber neben Rindersuppe mit Einlage, gebratenem Kalbshirn, paniertem Junghenderl, Lammrücken, Steinbutt und Seezunge. Sie verjüngt, modernisert und verfeinert mit künstlerischer Anmut, was sie in alten Kochbüchern liest und was sie von den Altvorderen übernommen hat.

Die Köchin ist kreativ und sie ersinnt neue Kombinationen, die mitunter frivolen Charme haben (wie ihr inzwischen weltberühmtes gebackenes Kaviar-Ei), doch stets unverwechselbar sind. Die Küchenlinie hat noch weiter an Raffinement gewonnen, seit Thomas Dorfer, der Schwiegersohn, als Küchenchef an ihrer Seite fungiert und sozusagen als Mitgift neue Ideen einbrachte, die am Herd mit bestechender Technik und einer von traditionellen Zwängen befreiten Kreativität umgesetzt werden. Und Klaus Wagner, Lisls weinverliebter Mann, hat eine Weinkarte geschaffen, die sich zwischen Wachauer Raritäten, italienischen Klassikern und Bordelaiser Kreszenzen für Kenner so spannend und verheißungsvoll liest wie anspruchsvolle Literatur.

Rund um das Landhaus Bacher und in der gesamten Wachau ist jedenfalls schon etwas von der Leichtigkeit des Südens zu spüren. Laubengänge, Sgrafitto-Häuser, holzbedachte Stiegen, Erker, deren seitliche Spionierfenster die bürgerliche Neugierde befriedigen, sowie eine Blumenpracht lassen einen bereits am Tage träumend durch die Gassen gehen. Es ist wie ein Flanieren der Seele und man spürt, dass in der Wachau die Realität unversehens zum Märchen werden kann - und umgekehrt.

Adresse:

Landhaus Bacher
Südtiroler Platz 2
A-3512 Mautern,
Tel.: 02732/82937, www.landhaus-bacher.at

Tipp:

Das von Haus aus schon vorzügliche Frühstück mit besten Brötchen und Kipferln, im Sommer auf der Terrasse aufgetischt, wird durch Schmankerln aus der Küche ergänzt. Frau Johanna fragen, die liebenswürdige Seele des Hauses!

Markus Bischoff

Sein Lachen ist herzlich, der Blick ohne Scheu, der Händedruck fest und der Schritt von jenem federnden Schwung, der signalisiert, dass hier ein Mann mit beherzter Offensive durchs Leben geht. Keine Frage: Markus Bischoff, der 42jährige Chef des schön am Ufer des Tegernsees gelegenen Restaurants mit großzügig gestalteter und elegant eingerichteter Bar nebst kleinem Hoteltrakt, ist ein Tatmensch, ein Macher, aber einer, der selbst dann nicht gehetzt wirkt, wenn das Haus voller Gäste ist.

Bischoff hat keine Angst vor Luxusprodukten. Die Gänseleber gehört als Bestandteil der klassischen Kochkunst ebenso zu seinem Repertoire wie die Trüffel in schwarz und weiß. Doch Hummer, Kaviar & Co. spielen weder die Hauptrolle noch dienen sie ihm, wie so manchem Kollegen, als Alibi für gesalzene Preise. Am liebsten demonstriert er seine Kochkunst, die er gerne mit Attributen wie „edelbayerisch" oder „feinbayerisch" beschreibt, sowieso mit erstklassiger Ware vom Biobauern und natürlich dem lokalen Fischer. Bischoff hat Respekt vor dem Produkt, das haben ihn seine Lehrmeister von Paul Haeberlin bis Eckart Witzigmann gelehrt.

Seine Variation von Renke und Saibling gleicht einem impressionistischen Gemälde, bei der großmütig getrüffelten Kürbiscremesuppe stellt sich ebenso Freude ein wie bei den eingelegten Sardinen mit weißem Tomatenmus, den hauchzart gebackenen Flußkrebserln auf einem klar und geschmeidig angelegten Erbsenpüree oder der saftig gegarten Hirschlende im Kräutercrêpe mit Steinpilzen.

Analysiert man den Küchenstil von Bischoff, ergeben sich drei Grundsätze: 1. Die Klarheit bei der Kombination und Zubereitung der Gerichte. Ein Beispiel: Die gefüllte und mit weißem Trüffel angereicherte Zucchiniblüte wird nicht extra mit Trüffelöl parfümiert – eine Unsitte, der anderswo sogar Topköche verfallen, um einem Risotto, einer Sauce, einem Püree oder Nudelgericht vorgeblich mehr Aroma zu verleihen. 2. Die Ästhetik auf dem Teller. Jedes Gericht ist auch eine Augenweide. 3. Engagement und Perfektion. Bischoff widmet sich einem Salat mit der gleichen Hingabe wie der knusprig gebratenen Bauernente oder dem Saiblingsstrudel.

Adresse:

Bischoff am See
83684 Tegernsee,
Tel. 08022/3966, www.bischoff-am-see.de

Tipp:

MB hat ein Faible für Innereien, vorzüglich demonstriert bei der Taube mit deren Innenleben auf Risotto plus Leber-Crostino.

Hans Stefan Steinheuer

Bereits ein erster Blick in die Speisekarte des Mittvierzigers von der Ahr, der sich zwei Sterne vom Michelin erkocht hat - Fortsetzung folgt - , vermittelt eine Ahnung bevorstehender Wonnen. Perfekt ist das Carpaccio von der Entenbrust mit Gänseleber und Trüffelvinaigrette – eine Vorspeise wie geschaffen, um die Sinne fürs weitere zu charmieren. Die von einer Linsen-Vinaigrette apart umspielten Scheiben von den Kalbskopfwangen nebst Bries mit mediterran gefüllten Calamares sind wie der knusprig gebratene Waller im Majoran-Kartoffel-Sud und Pancetta eine weitere Etappe zum vollkommenen kulinarischen Glück. Berühmt ist Hans Stefan Steinheuer für seinen im Gewürzteig gegarten Hirschrücken mit Ingwer-Karotten-Krapfen und der sensationell köstlichen Sauce auf der Basis von Spätburgunder, Portwein, Bitterschokolade, Kakaosplittern, Gewürzen und einem Schuß Cognac.

Über die Kochkunst, so kann man in einem „Kochkunst und Tafelwesen" betitelten Journal aus dem späten 19. Jahrhundert lesen, sie sei „die einzige Kunst, die der allgemeinen Menschheit zum wirklichen Bedürfnis geworden ist und ohne welche das Dasein schier unerträglich werden würde." Das ist wohl ein wenig umständlich formuliert, doch stimmig auch in der Fortsetzung, wenn der Autor schreibt: „Beim Armen und Reichen, am einfachen Familientisch und an der Fürstentafel, im soliden Bierlokal sowie im luxuriösen Weinrestaurant, überall ist diese schöne Kunst imstande, ein göttliches Gefühl inneren Wohlbehagens auszulösen."

Darin, genau darin zeigt sich die Macht eines großen Kochs. Es ist eine friedliche Macht, uns als Gäste glücklich zu machen. Und die Kochkunst eines Hans Stefan Steinheuer läßt die Erinnerung an das verlorene Paradies aufleben und uns wenigstens für die Dauer des Essens die Zeit auf ebenso anmutige Weise vergessen wie aufs Schönste verschwenden. Realität ist ja bekanntlich eine Illusion, die durch Mangel an feiner Küche mit gutem Wein entsteht. Dank Meisterköchen wie Steinheuer wird dem Gast in der Post zu Heppingen nahe Bad Neuenahr dieser schreckliche Zustand erspart. Und geht es dem Leib gut, dann beginnt sich auch die Seele wohlig zu räkeln.

Adresse:

Steinheuers Restaurant "Zur Alten Post"
Landskroner Straße 110
53474 Bad Neuenahr-Heppingen
Tel.: 02641/94860, www.steinheuers.de

Tipp:

Neben dem sogenannten Gourmet-Restaurant betreibt Steinheuer gleich nebenan einen Landgasthof, wo gutbürgerliche Speisen in gleichfalls erstklassiger Gourmet-Güte angeboten werden.

Jean-Claude Bourgueil

Bei Jean-Claude Bourgueil, dem Franzosen von der Loire, erleben selbst abgebrühte Gourmets den Zungenschlag neuer Genüsse. Ob es die Wachtel aus der Provence ist, die der Chef mit kandiertem Mango-Chutney, Gänseleber und einer Marinade von Taggiasca-Oliven auftischt. Ob es die dicke Schnitte vom Steinbutt mit Artischockenbrandade und confierten Menton-Zitronen plus frittierten Kräutern ist oder das gebratene Perlhuhn mit dem Kaffeeduft: seine Gerichte atmen französische Tradition, sie verknüpfen geschmackliche Tiefe mit raffinierter Struktur. Schon die Vorspeisen lassen erkennen, dass hier nicht nach Schema F gekocht, sondern eine große Küche geboten wird, die auf bester handwerklicher Perfektion basiert, verbunden mit Phantasie, die sich freilich nie spielerisch verzettelt.

Jedes Gericht aus der Küche dieses 1947 im Touraine geborenen Meisters ist ein kulinarisches Kabinettstück, von den in einem Ingweraufguß gedünsteten Austern über die gebratene Gänseleber mit Bitterchicorée in Sauternes-Jus bis zur Poularde mit der ungemein dichten Burgundersauce. Solche Speisen lassen sich genießen wie Musik. Nach erdiger Würze duften die Früchte des Brachfeldes – wie der in Kamilleblüten oder Eisenkrautblättern gedämpfte bretonische Hummer, ein Klassiker der Schiffchen-Küche, eine Mitgift von der Loire, eine leckere Komposition aus Krebsen, rund ausgestochenen Wachtelspiegeleiern, grünen Spargelspitzen, Froschschenkel und schwarzem Trüffel, alles gegart in einem Kräutersud aus Petersilie, Sternanis, Lorbeer, Thymian, Kerbel, Dill, Knoblauch, Schnittlauch.

Seine Bühne ist die Küche, und es klingt vertrauenerweckend, wenn er sagt: „Kochen ist die höchste Form des Daseins." Den ersten Stern bekam Bourgueil bereits 1980, den zweiten schon 1983, den dritten Ende 1987 – wie bestellt zum zehnjährigen Jubiläum. Außerhalb der Küche interessiert sich der Meister immer noch für die Historie; das Leben an den Königshöfen mitsamt den Intrigen fasziniert ihn. Wenn ihm Zeit bleibt, segelt und fotografiert er gerne oder poliert den Orden der französischen Ehrenlegion, der ihm von Paul Bocuse für seine Verdienste als kulinarischer Botschafter Frankreichs in Deutschland überreicht worden ist.

Adresse:

Im Schiffchen
Kaiserswerther Markt 9
40489 Düsseldorf,
Tel.: 0211/401050, www.im-schiffchen.com

Tipp:

Interessant und amüsant liest sich das Kochbuch von JCB mit dem wegweisenden Titel „Die Philosophie der großen Küche".

Dieter Müller

Es ist eine Freude, Dieter Müller, den 1948 geborenen Gastronomensohn, in der Küche zu erleben. „Dieter, Du wirst mal Schiffskoch", hat ihm sein Lehrer prophezeit, und der Dieter dachte, fein, das ist wohl das Tollste überhaupt. Nun, aus dem badischen Jungen ist einer der weltbesten Köche geworden, seit 1997 geadelt mit dem dritten Stern des Michelin. Ja, Dieter Müller ist kulinarisch rundum gesalbt. Er kocht originär, er hat seinen eigenen Stil entwickelt, den Dieter Müller-Stil – und das ist es, was das Kochen über das Handwerkliche hinaus zur Kunst macht.

Ein Essen in dem nach ihm benannten Restaurant in Schloß Lerbach stellt denn auch das sozusagen öffentlich erlaubte Ausleben der Wollust des Leibes dar. Man bestelle und genieße die bretonische Makrele mit Trauben-Senfeis, delektiere die sautierten Jakobsmuscheln auf Blumenkohlpüree, applaudiere der weltbesten Consommé von der Ente oder erfreue sich am gratinierten Lammrücken mit Knoblauchjus, Speckerbsen, Artischocke und gebackenen Kartoffelknödel. Mittags gönne man sich das grandiose „Amusebouche-Menü" aus 18 kleinen Versionen und schwärme fortan hemmungslos von der Müller'schen Kochkunst.

Ein Koch, der in kulinarischen Utopien zu denken vermag und zudem in der Lage ist, das Gedachte oder gefühlsmäßig Erahnte am Herd konkret umzusetzen, wird dem Feinschmecker die Türe zu bislang nicht gekannten sinnlichen Welten aufstoßen. Dieter Müller ist unter den Köchen ein Erneuerer, ein Picasso der Kochkunst. Denn wie die Bilderwelt eines Picasso ist die Kochkultur von Dieter Müller ein Mittel, um sich gegen die Banalisierung des Alltags erfolgreich zur Wehr zu setzen.

Was ist nun das Besondere, das Einmalige an der Dieter-Müller-Küche? Gewiß ist es die Kunst, geschmackliche Dichte mit der Ästhetik der Präsentation zu verbinden. Man staunt über die architektonisch präzise ausgetüftelte Form der Gerichte. Man ist fasziniert von der Raffinesse der Aromatik. Man ist begeistert über die Tiefe und die Länge des Geschmacks. Man ist hingerissen vom Duft. Was Dieter Müller macht, das ist angewandte Kochkunst!

Adresse:

Restaurant Dieter Müller in Schloßhotel Lerbach
51465 Bergisch-Gladbach
Tel.: 02202/2040, www.schlosshotel-lerbach.com

Tipp 1:

Aktuell ist das schlicht „Dieter Müller" betitelte gastronomische Lebenswerk des Meisters auf dem Markt. Es ist opulent aufgemacht und beinhaltet über 300 Gerichte, ergänzt um 159 Grundzubereitungen.

Tipp 2:

Kochen wie der Meister. Dieter Müller leitet in Schloß Lerbach seine Kochschule. Infos unter: Tel.: 02202/204930.

Christian Jürgens

Drei Sterne sah ich scheinen, drei Sterne schienen licht, sang Zarah Leander dunkelrauchtönig vor fünfzig Jahren. Deutschen Spitzenköchen werden bei diesem Lied die Augen feucht vor Sehnsucht, aber nicht, weil sie an die Heimat denken, sondern an den französisch gemanagten Restaurantführer „Michelin", der für die höchste von ihm bewertete Kochkunst die drei Sterne vergibt. Christian Jürgens, zur Zeit mit zwei Sternen geschmückt, will selbstverständlich mit seiner Küche nach ganz oben, also in den vom Michelin weltweit durch drei Sterne symbolisierten Köcheolymp. Das Selbstverständnis zeugt vom gesunden Ehrgeiz des 1968 geborenen Mannes und ist zugleich ein verheißungsvolles Signal für die Gäste, denn Jürgens ist noch hungrig nach Anerkennung und will mit jeder Speise zeigen, dass er dieser Auszeichnung würdig wäre und ist.

Der Beweis gelingt ihm fulminant im „Kastell", dem in pastelligem Weiß gehaltenen Kreuzgewölberestaurant der im bayerischen Osten hoch über Wernberg-Köblitz thronenden Burg Wernberg, die von einem kultivierten Unternehmerpaar aufwändig und dabei ungemein stilvoll zum architektonischen Kleinod restauriert worden ist (Leitmotiv: „Die Burg muß burgig bleiben"). Jürgens weiß es, Restaurantchef Karl-Heinz Haverland weiß es und natürlich auch Ralf O. Leidner, der Direktor des Relais & Châteaux-Hotels, dass Gäste, die hierher kommen, nicht nur gut essen, sondern die große kulinarische Oper erleben wollen. Die inszeniert Jürgens denn auch in mehreren Akten, wobei bereits das Vorspiel in Form kleiner Amuse bouches genannten Gabelbissen von der feinen Hand des Meisters zeugt.

Die Ouvertüre kann aus zärtlichen Blutwurst-Ravioli bestehen, aus einem subtil gefassten Vitello Tonnato, Rinderfilettartar mit Kaviar oder kühn komponierten Variationen von der Auster. Die Delikatesse setzt sich ungebrochen bei den dramaturgisch perfekt gesetzten Akkorden des Menüs fort, ob es die Edelkrebse auf einem Schwarzwurzelragout sind, der von einem originellen Zitrusfruchtrisotto nebst grünem Pfeffer flankierte bretonische Steinbutt, das behutsam und doch aromatisch auf den Punkt geräucherte Rinderfilet mit Bohnen und weißer Specksauce.

Adresse:

Restaurant Kastell im Hotel Burg Wernberg
Schlossberg 10
92533 Wernberg-Köblitz,
Tel.: 09604/9390, www.burg-wernberg.de

Tipp:

„Phantasie und Perfektion. Die besten Rezepte" heißt das Kochbuch von Christian Jürgens. Es ist ein gastronomisches Kaleidoskop, das neben der Küche auch den Menschen darin zeigt.

Heinz-Otto Wehmann

In der Gastronomie ist es wie mit der Philosophie: beide brauchen jugendliches Feuer, um nicht zu erstarren. Die Denker müssen alte geistige Welten einreißen, ehe sie neue aufbauen können. Köche nehmen Leben und kreieren neues, indem sie aus Fleisch, Fisch und Gemüse prachtvolle Speisen schaffen. Sollte einmal eine Geschichte der modernen deutschen Küche geschrieben werden, wird man Heinz-Otto Wehmann, den 51jährigen Westfalen, um einen Leitartikel bitten. Vor ihm war es zwar Gerhard Gartner, der vor 25 Jahren im „Gala" in Aachen mit seiner „Andere deutsche Küche" betitelten Reform für Aufsehen und einen leidenschaftlichen Disput um die Frage gesorgt hatte, ob es eine deutsche Küche überhaupt je gegeben habe. Nein, barmten die einen, doch, sangen andere mit Verweis auf die Regionalküchen und Bücher wie z.B. das „Allgemeine Deutsche Kochbuch" der Frau Scheibler.

Gartner focht das Hickhack nicht an, er kochte so leckere Speisen wie Eintopf von Karpfen, Waller und Krebsen mit gebackenen Strudelblättern, Spanferkelrücken mit Kümmelnocken, Huhn in Lebkuchensauce – übrigens ein Rezept aus dem 15. Jahrhundert. Nun, Gartner ist Geschichte, doch Wehmann der Mann, der am konsequentesten einen neuen Kochstil auf der Basis regionaler Produkte geschaffen hat. Besser gesagt: Wehmann modifiziert die großbürgerliche Hamburger Küche aufs Raffinierteste. Daneben pflegt er Gerichte der Haute Cuisine, flankiert von mediterranen sowie asiatischen Rezepturen und Techniken, etwa beim Hummer oder der mit Sesam aromatisierten Ente aus dem Wok. Seine Klassiker sind freilich die krosse Vierländer Ente mit Kohl und glacierten Mirabellen, tranchiert höchstselbst am Tisch – eine Augenweide! Der Dorsch mit Stockfischsauce zählt zu seinen Kreationen wie das Grünkohlrisotto mit Graupengemüse und Hummer, der Schellfisch mit Senfsauce der mitsamt Gräte gebratene Steinbutt auf Fenchel. Das pure Kochhandwerk vermag zu erfreuen, doch die von Heinz-Otto Wehmann ersonnenen und am Herd idealistisch umgesetzten Kreationen erweitern das kulinarische Bewusstsein des Gourmets und machen ihm eine Welt außerhalb der alltäglichen zugänglich. Man fühlt bei einem Essen in diesem eleganten Restaurant, was Österreichs Nationaldichter, der geistreiche Nestroy, mit seinem Apercu gemeint hat: „Die schönste Gegend ist ein gedeckter Tisch."

Adresse:

Landhaus Scherrer
Elbchaussee 130
22763 Hamburg,
Tel. 040/8801011
www.landhausscherrer.de

Tipp:

Im angeschlossenen Bistro wird in legerer Atmosphäre leckere Regionalküche serviert. Und bei Wehmann kann man Kochkurse buchen.

Patrik Kimpel

Er tritt bescheiden auf, doch man soll sich nicht täuschen: Patrik Kimpel ist selbstbewusst, der Enddreißiger präsentiert jene neue Generation von Köchen, die genau weiß, was sie will. Er wirkt, als könnte er auch Architektur studiert haben, Designer sein oder Manager in der Wirtschaft, vorausgesetzt freilich, es handelt sich um schöne Produkte. Immerhin hat er das Hotel Kronenschlößchen, ein architektonisches Denkmal aus der Gründerzeit mit den weit und breit schönsten Suiten, zur besten kulinarischen Adresse im Rheingau gemacht. Seine Küche ist originell und ungekünstelt. Ein stilistisches Merkmal der Kimpel-Küche ist eine mediterrane Leichtigkeit, die um Gottes willen nicht als Seichtigkeit missverstanden werden darf. Unter Leichtigkeit ist neben der Transparenz beim Aufbau der Speisen vor allem deren geschmackliche Finesse und die farbliche Gestaltung auf dem Teller zu verstehen.

Die Küche orientiert sich an der Saison. Das Hauptprodukt dominiert und wird harmonisch von den subtil darauf abgestimmten Beilagen sowie Saucen begleitet. Kimpel hat eine feine Hand im Umgang mit Kräutern und Gewürzen. Lehrmeister wie Harald Wohlfahrt haben ihn geprägt, von ihnen lernte er die Zusammenstellung von Menüs, aber auch die Achtung vor dem Rohprodukt. Man kann auch sagen: die Demut – eine Einstellung, die wirklich guten Köchen zu eigen ist und in bemerkenswertem Kontrast zu etlichen TV-Köchen steht, die einen geradezu brutalen Umgang mit den Produkten pflegen und allein schon dadurch zeigen, wie gesellschaftlich erfolgreich Mittelmäßigkeit sein kann, wenn die nur konsequent und im Fernsehen praktiziert wird.

Will man die Küche des sympathischen Patrik Kimpel erfassen, muß man einige seiner Paradespeisen gegessen haben, beispielsweise den Langostinostrudel mit Jakobsmuscheln und Kürbiskompott, die Dorade im tomatisierten Fenchelsud, das Wachtelconfit zu weißen Bohnen und Pestosauce, den Hummereintopf mit Blumenkohl oder die mit Scampi gefüllten Ravioli in der Paprikasauce. Er, der den von seiner Mutter gebackenen Himbeerkuchen als sein Lieblingsgericht bezeichnet und sagt, dass Kochen auch Erotik bedeute, geht übrigens flexibel auf individuelle Wünsche seiner Gäste ein. Man kann auch sagen: Patrik Kimpel liebt seine Klientel.

Adresse:

Hotelrestaurant Kronenschlößchen
Rheinallee
65347 Eltville-Hattenheim,
Tel.: 06723/640, www.kronenschloesschen.de

Tipp:

Im Kochstudio, einem Labor der Kochkunst, bietet Patrik Kimpel Einsteigern und Fortgeschrittenen die Möglichkeit, sich fortzubilden.

Nils Henkel

Der Mann ist von schlanker, feingliedriger Gestalt und ein Typ, den Lubitsch einen Atomwissenschaftler hätte spielen lassen, jedenfalls einen, der mit filigraner Materie zu tun hat. Noch vor fünfzig Jahren hätte man ihn nicht für einen Koch gehalten, und dass er, der Arztsohn, noch dazu einer der talentiertesten deutschen Herdkünstler ist, zeugt schon figürlich von einer neuen Generation der Köche. Henkel, 1969 in Kiel geboren, begann seine Ausbildung zum Koch in Eutin, gefolgt von Stationen im Hamburger Landhaus Scherrer und Averbecks Giebelhof, ehe er im September 1997 zu Dieter Müller nach Lerbach kam und bereits zwei Jahre danach zum Vize ernannt wurde. Seit 2004 ist er Küchenchef und die absolute rechte Hand von Dieter Müller, dem er, der ihm alles beigebracht hat, was für große Küche nötig ist, kongenial zuzuordnen ist, was freilich nicht heißt, dass Nils Henkel keinen eigenen Stil hätte.

Wenn Henkel ein Menü verantwortet, ist naturgemäß so etwas wie das gastrosophische Copyright von Dieter Müller zu erkennen, aber in Nuancen schimmert bereits ein Hauch von Henkel'scher Originalität durch, beispielsweise im Setzen der Aromaten von speziellen Pfeffersorten über grünen Anis bis hin zum Räuchern über Süßholz. Er hat ein Faible für Meerestiere, insbesondere für Tintenfische, Muscheln und Langustinos – die zartesten Vertreter ihrer Spezies. Außerdem liebt er Artischocken, frische Kräuter und Olivenöl, was bereits auf eine gewisse Neigung zur mediterran geprägten Küche deutet. Nils Henkel mag kräftige Aromen und nutzt das breite Spektrum an Gewürzen. Paragraph eins seiner Küchenpraxis lautet freilich klar so: „Die besten und auch immer wieder neue Produkte zu finden und daraus kreativ Gerichte zu entwickeln."

So spricht ein Mann, dessen kochtechnisches Bewußtsein auf solider Basis gründet, gepaart mit der Fähigkeit, in kulinarischen Bildern denken und auch handeln zu können. Nils Henkel hat aus seiner Entscheidung, Koch zu werden, eine Berufung gemacht. Kochen ist zu einem seiner innigsten Lebensinhalte geworden, was er so beschreibt: „Für mich ist es ein ständiger Antrieb, Ideen umzusetzen, mich also mit dem Küchenteam täglich aufs Neue den Herausforderungen einer Dreisterneküche zu stellen. Das Kochen gibt mir zudem die Möglichkeit, im Rahmen dieses nie endenden schöpferischen Prozesses meine Persönlichkeit auszudrücken und, was ich sehr hoch schätze, unsere Gäste glücklich zumachen."

Tipp:

Mehr über das Restaurant Dieter Müller steht unter
www.schlosshotel-lerbach.com

Ludwig Hessler

Seit die Küche personalisiert ist, der praktizierende Gourmet also nicht in ein Restaurant XY, sondern zum „XY" essen geht, hat der Gast in gewissem Sinn ein Recht auf den Koch, auf seinen Koch, wegen dem er kommt und schließlich seine Brieftasche zückt. Die meisten Köche wissen das und präsentieren sich dem Gast am Ende eines Menüs. Das „Hessler" in Maintal ist jahrelang mit Doris-Katharina Hessler identifiziert worden. Man ging eben "zur Hessler", auch mit respektvollem Unterton die „große Katharina" genannt, die aus Unmut über schlamperte Köche als Autodidaktin in die Küche einstieg, sich aber bald einen guten Namen machte, zuletzt speziell auch für ihre vegetarische Linie.

Als Frau Hessler überraschend starb – im Juni 2004 –, trat Sybille Milde, ihre damalige Vizechefin, die Nachfolge an und kochte weiter im Stil ihrer Lehrmeisterin. Inzwischen steht Markus Medler am Herd – Frau Milde zog sich, Mutter geworden, zurück – , ein Mann, der u.a. bei Dieter Müller in Schloß Lerbach, bei Heinz Wehmann im Landhaus Scherrer und den Ritz Carlton-Häusern in Berlin sowie Palm Beach gearbeitet hat. Aber wer auch immer hier die Richtlinien der Küche bestimmt: Hessler bleibt Hessler, was heute auch mit Ludwig Hessler zusammen hängt, dem Namensgeber und Patron, der schließlich gastronomisch die Regie führt.

Nach wie vor gibt es ein vegetarisches Menü, der Schwerpunkt liegt freilich bei Fisch & Fleisch. Medler orientiert sich an den Jahreszeiten und bevorzugt Produkte der Region, doch genauso stilsicher arbeitet er mit Gänseleber, Hummer, Trüffel, Steinbutt & Co aus dem Repertoire der Haute Cuisine. Einige Speisen mögen die liberale und mit präziser Technik gepflegte Küchenrichtung zwischen gutbürgerlich, klassisch-französisch und mediterran belegen: Scheiben vom Bonito mit Zitronengras mariniert, gebratener Hummer auf asiatischem Gemüse, Filet von der Dorade mit Gartengurken und Safransauce, Steinbutt an der Gräte gebraten mit Tomaten und Pesto, Roulade vom Kalbsrücken mit roten Zwiebeln und Pfifferlingen, geschmorte Kalbsbäckchen in Shirazsauce mit Spitzkohl und Bratkartoffeln, Lammrücken auf Artischocken mit Tomaten und Pesto, Variation von Aprikosen und Himbeeren.

Adresse:

Restaurant Hessler
Am Bootshafen 4
63477 Maintal,
Tel.: 06181/43030, www.hesslers.de

Tipp:

Ludwg Hessler bietet individuelle Tages-Kochkurse, ein Menü inklusive, bei denen die maximal zwei Teilnehmer zwar nicht mitkochen, aber den Profis über die Schulter schauen und alles hinterfragen können.

Jürgen Koch

Für Karl Friedrich von Rumohr, den deutschen Kunsthistoriker und bedeutenden Gastrosophen, der am 25. Juli 1843 frühstückend vom Schlage getroffen mit den Worten „Betet für mich" starb, gab es, wie in seinem brillant geschriebenen „Geist der Kochkunst" zu lesen, nur drei Kochstile: einen strengen, einen anmutigen und einen gleißenden. Diese Einteilung ist auch heute noch gültig, egal, ob bürgerlich, französisch, neudeutsch oder global gekocht wird. Um nun gleich zu einem Fazit zu kommen: Die Küche von Jürgen Koch hat einen ernsten Kern in anmutiger Schale. Koch, der u.a. im „Palace" in St. Moritz gearbeitet hat, beherrscht die französische Klassik und kennt den klaren, geschmacksbetonten Stil der italienischen Küche. Er nutzt beide Stile, aber groß in Fahrt kommt der Mann, wenn es gilt, Dokumente der gutbürgerlichen Küche werkgetreu oder neu zu interpretieren.

Koch hat dafür auch einen Namen: Hohenloher Küche eigener Prägung. Diese spürt man auf delikate Weise bei der flambierten Taubenbrust, der gebeizten Forelle oder den fränkischen Flußkrebsen im Wurzelsud. Mediterrane Züge hat der gebratene Zander mit Morchelrisotto und Fenchelsud. Der Hummer wird unterschiedlich in drei Gängen serviert: die Scheren vorab in einer cremigen Bisque, gefolgt von Canneloni mit einem Ragout vom Hummer und schließlich der Schwanz, gegrillt und aufgetischt mit Artischocken. Die Hommage an die Region und deren Eßkultur würdigt Koch mit Kalbshaxe nebst Kartoffel-Endivienpüree sowie Innereien wie Zickleinleber mit Spargel und Artischocken oder der köstlichen Vulgarität namens Kalbsbeuschel (ein Lungen-Herz-Haschee, fein säuerlich mit Gemüse, Wurzelwerk, Gürkchen und Rahm zubereitet). Applaus verdient das Châteaubriand, klassisch mit Béarner Soße und Gemüsebouquet.

Zu Jürgen Koch ist zu sagen, dass er nicht, wie manche seiner Kollegen, nur noch anordnet, was gekocht wird und ansonsten am sogenannten Paß die Teller kontrolliert. Er steht noch selber am Herd. Während weit weniger begabte Köche wie Fasane de luxe durchs Restaurant stolzieren und es an sogenannter Lebensart ihren Gästen bis zur Parodie gleichzutun versuchen, ist Koch bei allem Selbstbewusstsein für seine Kochkunst bescheiden geblieben. Und er beweist seit Jahren aufs Schönste, daß man sich glücklich essen kann.

Adresse:

Restaurant Hotel Laurentius
Marktplatz 5
97990 Weikersheim
Tel.: 07934/91080, www.hotel-laurentius.de

Tipp:

Koch leitet themenbezogene Kochkurse (Pasta, Wild, Gemüse etc.) mit gemeinsamem Einkauf der Produkte bis hin zur kulinarischen Diskussion.

Mario Lohninger

Von einem Koch, der sagt, als oberste küchenpolitische Wirkung seiner Arbeit wolle er die Gäste glücklich machen, ist einiges zu erwarten. Mario Lohninger, 32 Jahre alt, aus dem Salzburgischen stammend und zum Koch geworden, weil ein Unfall seinen ursprünglichen Jugendtraum, Skirennläufer zu werden, zerstörte, erfüllt diesen Anspruch. Die Neigung zur Kocherei hat er quasi mit der Muttermilch eingesogen; der Vater war bereits Koch und beim Großvater, einem Bäcker, hat er durch den Duft frisch aus dem Ofen geholter Brötchen eine schwerelose Ahnung vom Mirakel veredelter Grundprodukte bekommen. Und beim Produkt beginnt für Lohninger die Küche mit dem Ziel, daraus ein Maximum an Geschmack zu holen.

Das gelingt dem unkonventionell arbeitenden Mann mit einer raffiniert angewandten Fusionsküche, in der sich regionale Elemente – zumal solche seiner österreichischen Heimatküche – mit französischer Klassik, mediterraner Leichtigkeit, amerikanischer Ungeniertheit vor Traditionen und asiatischer Würztechnik aufs Beste ergänzen und miteinander harmonieren. Im „Cocoon-Club", wo Lohninger seit August 2004 hinter einer Glasfront mit 15 Köchen seinen kosmopolitischen Küchenstil pflegt, tischt er beispielsweise im „Silk" ein „Ballet" genanntes, zehn Minigänge umfassendes Potpourri von köstlichen Gaumenletzen auf, gefolgt von ebenfalls kreativ inszenierten Gerichten à la Lachs mit Gurkengelee, Steinbutt mit Trompetenpilzen und Räucherconsommé, Languste mit schwarzen Trüffeln und Mandelöl. Herausragend sind neben den Variationen von der Gänseleber auch die Desserts: wahre Wonnewölkchen. Rustikaler und legerer, doch nicht minder geschmackvoll geht es in der Micro-Bar zu.

Den subtilen Umgang mit Gartechniken und Aromaten hat Lohninger bei großen Köchen wie den Brüdern Obauer in Werfen und Hans Haas im „Tantris" gelernt. Er hat mit Wolfgang Puck in dessen „Spago" in Los Angeles gearbeitet, der Luxuskantine von Hollywood. Vor seinem Auftritt im „Cocoon-Club" war er Küchenchef im berühmten „Danube" in New York. Kurzum, der Mann ist gastronomisch versiert, er hat keine Scheu vor globalen Produkten und Stilen, er setzt seine vielfältigen internationalen Erfahrungen am Herd ebenso gekonnt wie raffiniert um nach dem sympathischen Motto „Luxus ist Zeit für Genuss".

Adresse:

Restaurants Silk und Micro im Cocoon-Club
Carl-Benz-Straße 21, 60386 Frankfurt.
Tel.: 069/90020200, www.cocoonclub.net

Tipp:

Es gibt auch vegetarische Gerichte, und wer abseits der Speisekarte Lust auf ein authentisches Wiener Schnitzel oder ein deliziöses Kalbsbackerlgulasch hat, wird erhört.

Diethard Urbansky

Nur um den Lustgewinn für den Gast besorgt, steht der gute Koch am Herd und arbeitet mit dem sittlichen Ernst eines Hohepriesters. Stress ist sein Kompagnon, Tempo bestimmt die Arbeit. Es ist heiß und Neon leuchtet den letzten Winkel grell aus. Der Gemüsekoch putzt schon seit Stunden die Pfifferlinge, während sein Kollege sorgsam den Steinbutt filetiert. Die Pfannen und Töpfe summen und brodeln. Diethard Urbansky kennt diese Sinfonie der Küche, dieses Hacken, Schneiden, Pürieren, Rühren, Zischen und Stoßen, das Scheppern der Teller und Deckel besser als viele seiner Kollegen, denn er hat vor seinem Wechsel zu Dallmayr im Mai 2001 im „Hilton Grill" in München sowie in der Käferschenke gearbeitet.

In solchen Intensivküchen kann man, um verstanden zu werden, nicht wispern. Für artige Konversation à la „Hätten Sie die Güte, das Täubchen zu entbeinen?" ist keine Zeit. Die Zurufe erfolgen im Kommandoton: „Sind die Enten im Ofen?" – „Der Gast von Tisch 14 moniert den Steinbutt als zu trocken!" – „Wo bleibt das Gemüse zum Kalbsfilet" – „Verdammt, die sechs Leute von Tisch 2 wollen à la carte essen, keiner nimmt das Menü!"

Professionelles Kochen, zumal in der Haute Cuisine, ist eine strapaziöse Angelegenheit. Man steht unter Hochdruck, wenn es gilt, vierzig und mehr Menüs nahezu zeitgleich und wie selbstverständlich in bester Qualität zu produzieren. Das prachtvoll aufgegangene Soufflé droht jämmerlich zusammenzufallen. Auch der Saucier hat schon mal Probleme. Tausende Saucen sind ihm tadellos gelungen, nur diese wird und wird nichts. Liegt's am Fond, an der Butter oder am Wetter? Es gibt heute noch Köche, die glauben, dass bei Vollmond alles gerinnt. Auch das ist ein Stück aus der Küche: Die Lust des Sensiblen am Übersinnlichen.

Urbansky, 1958 in Olsberg geboren, spricht von sich selber als einem „Koch aus Leidenschaft". Sein Stil ist französisch geprägt mit aparten mediterranen Einsprengseln. Ihn, der bei großen Meistern wie Heinz Winkler gearbeitet und bei der Kocholympiade schon eine Silberne gewonnen hat, haut nichts so schnell um, aber auch er staunt noch an manchen Tagen, wenn es wieder mal besonders heiß hergegangen ist, dass alles gut lief, die Gäste glücklich waren und der Kritiker voller Hochachtung. Die große Küche ist mitleidlos, denn der Erfolg liegt neben angewandter Kreativität in der Perfektion des Details.

Adresse:

Dallmayr
Dienerstraße 14, 80331 München,
Tel.: 089/2135100, www.dallmayr.de

Tipp:

Nach dem im Sommer 2006 erfolgten Umbau ist das Restaurant auch abends geöffnet.

Karl Ederer

Karl Ederer, ein gestandener bayerischer Mittvierziger und ein kritischer Geist, ist als Mensch wie Koch von geradliniger Art. Über zwei Jahre lang, von Mai 1980 bis August 1982, hat er als Vizechef bei Eckart Witzigmann in der „Aubergine" gearbeitet, und jeder, der Witzigmann und dessen männermordenden Arbeitsstil kennt, weiß, was dieser Satz bedeutet, nämlich: Ederer ist ein hochklassiger Koch, kreativ, loyal und am Herd ein nicht müde werdender Berserker. Außerdem verfügt er über einen tiefgründigen Humor.

Essen ist ja eine Sprache aus Fleisch, Fisch, Eiern, Gemüse, Kräutern, Gewürzen und Saucen – und dieses kulinarische Vokabular beherrscht Ederer wie ein Literat. Er zeigt, dass große Köche nicht unsere Ernährer sind, wie Gustav Heinemann, der eher asketische Ex-Bundespräsident, einmal leutselig angemerkt hat. Köche dieses Formats machen aus der Pflicht eine Kür und öffnen ihren Gästen den Zugang zur genussvollen Erkenntnis, dass Essen eben weit mehr sein kann als der von der nicht immer perfekten Schöpfung auferlegte Zwang, die leibliche Maschinerie schmieren zu müssen.

Dies läßt sich bei Ederer beispielsweise in Form einer klaren Fischsuppe mit Einlagen à la Heilbutt und Tintenfischchen nebst Gemüse wie Fenchel, Schalotten und Tomaten erleben. Stets Genuß verheißen der Eintopf vom Huhn, der knusprig überzogene Leberwurststrudel mit dem lauwarm marinierten Weißkraut und den süßlichen Tropea-Zwiebeln. Auch das in Olivenöl gebratene Filet vom Steinbutt mit mediterranem Gemüse oder das auf dreierlei Art servierte Zicklein, geschmort, gebraten und im Brikteig, rühmen den Meister wie das Kalbskotelett mit Steinpilzen, die Hopfensprossensuppe, die gutbürgerliche Kalbszunge mit Kapernsauce und die prächtige Bauernente.

Die Liebe zu Natur und Küche ist ihm wohl mit der Muttermilch eingeflößt worden. Ederer, kleinbäuerlichem Milieu entstammend, zog es schon als Buben an den Herd. Knuspriger Schweinsbraten mit Knödel war seine Leibspeise, heute sind es geschmorte Kutteln mit Kräutern. Solche Rustikalitäten goutiert er heute noch, aber genauso innig delektiert er sich an Gerichten der französischen Grande Cuisine. So isst und ist der Karl Ederer: offen und bereit für alles, was schön, wahr, echt und gut ist.

Adresse:

Ederer
In den Fünf Höfen, Kardinal-Faulhaber-Straße 14, 80333 München
Tel.: 089/24231310, www.restaurant-ederer.de

Tipp:

Ederer ist ein Fanatiker des frischen und authentischen Produktes. Außerdem ist er ein veritabler Weinkenner, weshalb es klug ist, sich von ihm auch bei den Getränken beraten zu lassen.

Jörg Müller

In der heute noch mit Gewinn lesenswerten Schrift über den „Geist der Kochkunst" sagt Carl Friedrich von Rumohr, worauf es beim Kochen ankommt: im Horazischen Sinn „miscere utile dulci", also Nützlichkeit mit Anmut zu verbinden beziehungsweise, präziser ausgedrückt, „in den Naturstoffen, welche überhaupt zur Ernährung oder Labung des Menschen geeignet sind, durch Feuer, Wasser und Salz ihre nahrsame, erquickende und ergötzliche Eigenschaft" zu entwickeln. Jörg Müller kocht richtungsweisend nach diesem Lehrsatz, nachschmeckbar etwa bei seinen Matjes-Variationen, dem Kalbsfilet mit Flußkrebsen und Leipziger Allerlei oder der Kombination aus Bries und Niere mit Kartoffelpuffer, Spinat und konfierten Zwiebeln. Das sind subtil aufeinander abgestimmte Gerichte, die in ihrer selbstbewussten Perfektion einen Meister des gastrosophischen Seins rühmen.

Martialisch an dem Mittfünfziger ist eigentlich nur der kühn geschwungene Schnurrbart. Jörg Müller, der gemeinsam mit seinem Bruder Dieter einst die „Schweizer Stuben" in Wertheim zu einer ersten Gourmet-Adresse gemacht hat, kann schon zupacken. Er ist ein Kraftbündel, aber drinnen, da schaut's sensibler aus, da schlägt ein einfühlsames Herz. Er, dessen Augen strahlen, wenn es seinen Gästen schmeckt, war neben Witzigmann einer der ersten Spitzenköche, die es wagten, eine Rustikalität wie den Kalbskopf auf die Karte zu setzen. Freilich kommt bei ihm auch dann etwas besonders Delikates heraus, wenn es sich um ein sogenannt einfaches Produkt handelt. Dann haftet selbst Bratkartoffeln nichts bieder Hausmannsköstlerisches mehr an.

Wonnen bereitet der gefüllte Schweinsfuß, eine köstliche Vulgarität, die in reizvollem Kontrast zum Guglhupf von der Gänseleber in Traminergelee steht. Sinnliches Vergnügen bescheren die Sylter Makrele im Currymantel, das minutiös gebratene und verheißungsvoll glänzende Ochsenkotelett mit dem seidigen Jus und den angerösteten Zwiebeln oder die Wachtelcrepinette auf Risotto mit Périgord-Trüffel. Da zeigt sich auch die Saucenkunst dieses hell strahlenden gastronomischen Nordsterns.

Adresse:

Restaurant Jörg Müller
Süderstraße 8, 25980 Westerland,
Tel.: 04651/27788, www.hotel-joerg-mueller.de

Tipp:

Im Gegensatz zu vielen seiner Kollegen ist Jörg Müller ein gewiefter Weinkenner und es empfiehlt sich, sich von ihm oder seinem Sommelier beraten zu lassen, gipfelnd in dem Spiel, einen besonderen Wein zu wählen und den Meister zu bitten, danach zu kochen.

Kolja Kleeberg

Nach landläufiger Meinung eilen Leute von Geist nur mit gefurchter Stirn durchs Leben, ernst, als trügen sie Verantwortung für den Gang der Welt. Zwar gibt es diesen Typ Mensch wirklich, der offenbar nur Lust an der Unlust hat und jedem Vergnügen abhold ist, aber dahinter steckt nicht unbedingt ein kapitaler Denker. Der große Kant verbat sich beim Essen jedes Gespräch über den Sinn des Seins; man spielte Karten, scherzte und erzählte sich harmlosen Tratsch. Seinen Gehirnzellen Urlaub kann man auch bei Kolja Kleeberg geben, einem Koch, der am Herd gleichermaßen zu begeistern weiß wie übrigens als Rocksänger.

Kleeberg ist mit einigen Kompagnons als „Junger Wilder" gestartet: ein Etikett, das für einige ungewöhnliche Küchenkreationen ebenso vergeben worden ist wie für bewußt gesetzte antibürgerliche Vignetten im Aussehen. Der eine Koch deutete sein Genie mit einer Art von Ziegenbart an, ein anderer schmückte sich mit Piratentuch oder spielte den proletarischen Polemiker wider die Normen des klassischen Kochhandwerks. Abgesehen davon, dass Kleeberg schon immer gut zu kochen verstand, ist er milder geworden, was zwar nicht zahmer bedeutet, aber er streift sich kein Wolfsfell mehr über, um bourgoise Naturen zu erschrecken.

Seine mediterran wie asiatisch beeinflusste Küche sprüht heute mehr denn je vor Originalität und subtiler Raffinesse. Das gilt für das marinierte Thunfischsteak mit Couscous wie für die marinierten Scheiben von der rohen Gänseleber (wunderbar mit Fleur de Sel), den gebratenen Hummer, serviert mit Ingwer und Kürbis, den Innereien von der Ente, den confierten Keulen vom Täubchen, der hingebungsvoll geschmorten Hirschschulter in der dichten Sauce mit Rosenkohl und schwarzen Trüffeln oder dem nicht minder geschmeidig geschmorten Ochsenschwanz in Madeira mit Trüffeln. Kolja Kleebergs Sinn fürs Theatralische hat sich übrigens auf seine Mitarbeiter übertragen, überwiegend jugendliche Enthusiasten auch im munter agierenden Service.

Adresse:
VAU
Jägerstraße 54, 10117 Berlin,
Tel.: 030/2029730, www.vau-berlin.de

Tipp:
Von Montag bis Samstag gibt es zwischen 12 und 14,30 Uhr eine Mittagskarte mit saisonal wechselnden Speisen, aus denen man sich sein Menü individuell zusammen stellen kann. Eine Speisenfolge kann so aussehen: Matjessalat (oder Büffelmozzarella mit confierten Tomaten), sautierte Kalbsnierchen mit Petersilienpüree (oder Kohlrabisuppe mit gebratener Entenleber), Coq au vin „Vau" (oder Loup de mer mit Auberginen), Zitronensorbet.

Olivier Fabing

Ein halbes Jahrtausend ist es her, dass Francois Rabelais, der Dichter von „Pantagruel und Gargantua", über einen Kuchen, angemacht mit Eigelb, Butter, Safran, Gewürzen, Honig und Weißmehl, hymnisch schwärmte: „Wisset, dass süßer Aschkuchen, zum Frühstück genossen, himmlische Speise ist?". Glücklicher Rabelais, hinter ihm stand keiner wie ein Rufzeichen: Vorsicht, Zucker! Solche Stimmungsmörder sind eine Erfindung der Sattheit und sie kommen einem vor, wie der alte Kinderschreck, der sich eine Hundemaske überstreift, um die Kleinen mit dem gebellten „Wau" zu verstören.

Nichts auf dieser Welt ist süßer als Zucker und er ist der entscheidende Schlüssel zur reichen Welt der Desserts. Es gibt Naschlustige, die das süße Finale eines Essens erwarten wie ein geliebtes Wesen und nach dem letzten Petit fours sich bereits dem nächsten Essen entgegen sehnen, denn sie wissen, dass ein süßes Ende immer ein gutes Ende ist. Das wussten natürlich auch die Römer. Schon im ersten Jahrhundert nach Christus gab es in Rom neben dem Koch und dem gewöhnlichen Brotbäcker den „dulcinarius", einen Mann – Frauen spielten in der Profiküche keine Rolle -, der ausschließlich für die süße Abteilung zuständig war, für die „dulces", die süßen Sächelchen. Der Dichter Martial, ansonsten gefürchtet wegen seiner bissigen Verse, schrieb über diese ersten Patissiers des Abendlandes bewundernd: „Tausend süße Figuren baut dir diese Hand".

Das schafft auch Olivier Fabing, der 34jährige französische Chefpatissier im Kloster Hornbach, mit seinen delikaten Kreationen, die er übrigens in einem Buch mit dem sinnigen Titel „Göttliche Verführung" fest geschrieben hat. Tipps und praktische Tricks ergänzen neben einem Patissier-Lexikon die edelsüßen Rezepte vom Schokotörtchen über die Grieß-Tarte mit Erdbeerkrapfen bis zur Schokoladensuppe mit Schneeeiern. Die Konditoren waren immer schon angesehene Leute, übrigens mit gehörigem Standesdünkel. Wer als Lehrling in die Zunft aufgenommen werden wollte, musste einen "ehelichen Geburtsbrief" vorlegen. Solche soziale Diskriminierung ist heutzutage verpönt, aber die Patissiers spielen innerhalb der Kochkunst nach wie vor ihr eigenes, sehr individuell angelegtes Solo.

Adresse:

Kloster Hornbach
Im Klosterbezirk, 66500 Hornbach,
Tel.: 06338/910100, www.kloster-hornbach.de

Tipp:

Olivier Fabing veranstaltet sonntags ganztägige Themen-Dessertkurse, in denen z.B. Pralinen, klassische Desserts, Backwerk oder Desserts für Verliebte behandelt werden.

Thomas Bühner

Thomas Bühner ist ein Cagliostro unter den Köchen, ein Künstler, der auch ohne doppelten Boden mit den Küchenstilen zu spielen und zu zaubern vermag. Daraus entstehen Auge, Nase und Gaumen betörende Gerichte wie das Carpaccio von Thunfisch mit Ingwer, Kokosschaum und Curry, die Lasagne vom bretonischen Hummer in samtig-luftiger Korianderveloutè, die sanft geräucherte Makrele mit Trüffeljus, der diskret orientalisch gewürzte Rehrücken nebst Leber. Beim „Coq au vin" vom Bresse-Huhn mit Apfel und Balsamico demonstriert Bühner die Reform eines Klassikers, zeigt er mit Bravour, wie subtil und raffiniert er mit Kontrasten zwischen Rohem und Gegartem, Geschmortem und Gebratenem umzugehen versteht.

Der Mittvierziger hat sich im „La Table" in der Dortmunder Spielbank bereits zwei Michelin-Sterne erkocht, und nun, in seinem eigenen Lokal in Osnabrück, strebt der gastrosophische Tüftler und Perfektionist dem dritten entgegen. Bühner hat sich mit allen wesentlichen Kochtechniken befasst, sich mit asiatischen Gar- und Würzmethoden ebenso auseinander gesetzt wie mit der kalifornischen Aromenküche. Er hat auch die spektakuläre Kunstküche des spanischen Avantgardisten Ferran Adrià studiert. Allerdings und das ist wesentlich: Bühner ist kein Adept, keiner, der unkritisch kopiert. Er plagiiert nicht einfach, sondern denkt nach und setzt die ihm sinnvoll erscheinenden Anregungen auf seine Art küchenpolitisch um.

Das Ergebnis ist eine Küche von persönlicher Stilistik mit spannungsgeladenen Kombinationen und reizvoller, vielschichtiger Aromatik. Kochkunst ist ja nicht, wie populär gerne angenommen wird, eine Art der Eingebung, von der niemand so recht weiß, woher sie kommt und praktisch wirkt. Nein, Kochkunst ist im Unterschied zum Handwerk das ebenso schöne wie atemberaubende und schließlich Genuß auslösende Ergebnis von Können, Engagement und Genie. Gut zu kochen ist keine Besonderheit, doch so gut zu kochen, dass jedes Essen zu einem unvergesslichen und unvergleichlichen Erlebnis wird, das ist Kunst und an Wertigkeit einem Gemälde oder einer musikalischen Komposition gleichzusetzen.

Ein gescheiter Mann hat einmal gesagt: „Eine Gesellschaft die nicht mehr kocht, verliert den Verstand." Thomas Bühner bewahrt uns vor einem solchen Schicksal.

Adresse:

Restaurant la Vie
Krahnstraße 1-2, 49074 Osnabrück,
Tel.: 0541/331150, www.restaurant-lavie.de

Tipp:

Bühner ist ein Meister im Rühren raffinierter Risotti. Und Susanne Spies eine kundige Sommeliere als Dirigentin über ein Orchester aus rund 900 Weinen und Champagner.

Vincent Klink

Die Studienräte waren schockiert und konnten nicht verstehen, dass der intelligente Vinc nicht studieren, sondern Koch werden wollte, ausgerechnet Koch! Damals, Ende der 60er, waren die Köche noch keine Stars, wirkten sie mehr im Dunst der Herde als im Fernsehen. Aber für Vincent Klink, 1949 im tiefen Schwaben geboren, stand bereits im zarten Alter von fünf Jahren, als er seinen Vater einen Tierarzt und barocken Feinschmecker, die Weihnachtsgans tranchieren sah, fest: Du wirst Koch und machst die leckersten Sachen der Welt.

Seine kulinarische Utopie hat sich erfüllt. Ob es die Kalbsstelze ist, der gebratene Zander mit Champagnersauce, der Steinbutt vom Grill mit Kartoffel-Olivenragout oder alternativ mit Rotweinbutter, die Kalbsleber mit Bohnengemüse, die gebratene Kalbsniere mit Pilzen, der hocharomatische Ochsenschwanz mit Selleriepüree oder das Ragout vom Wildhasen in Blutsauce mit Rosenkohl, einem Gericht von prachtvoller geschmacklicher Tiefe: Klink macht aus allem gleichermaßen traumhaft sicher ein Eßerlebnis. Das gilt auch für Kutteln in Lemberger, das Reh mit Leberknöpfle, das geschmacksdichte Lammragout mit den köstlichen Trüffelofenschlupfern oder die Jakobsmuscheln mit Meerrettich und Rote Beete – klingt grimmig gegenüber der feinen Muschel, ergänzt sich jedoch auf spannende Weise in Harmonie.

Sein Stil ist weder gleisnerisch noch streng, sondern voller natürlicher Kraft und Anmut selbst dann, wenn er einen seiner geliebten rustikalen Sololäufe hinlegt. Er hat einen Hang zu Gerichten, die aus dem Ofen kommen. Er ist kein Koch wie viele andere. Wer ihn in Schubläden quetscht, hat sich bereits vergriffen, dieser Mann entzieht sich jeglicher Schematisierung und ist stets für eine Überraschung gut - kochtechnisch wie menschlich. Klink ist musisch begabt, er fotografiert, malt, spielt Querflöte, auch Gitarre, schreibt Briefe von kalligraphischem Wert oder einen Essay über die Melancholie des Steinbutts. Er ist ein erklärter Romantiker, womit nicht die altmodische Romantik eines Eichendorff gemeint ist, der seinen Helden das Herz im Busen brennen lässt, sondern eine moderne mit durchaus gesellschaftskritischem Impetus.

Adresse:

Wielandshöhe
Alte Weinsteige 71
70597 Stuttgart,
Tel.: 0711/6408848, www.wielandshoehe.com

Tipp:

Klink ist, wie er sich im Fernsehen gibt: gescheit, jovial, kritisch und ketzerisch; mit ihm, der nach dem Kochen die Runde im Restaurant macht, kann man über Gott und die Welt und das Geheimnis eines guten Risotto plaudern.

Heinz Reitbauer

Apropos Wien! Für die Liebenden und die Wissenden hatte die Stadt immer ihre Reize – ein bisserl verschlafen, morbide, zugleich auf unbeschreibliche Weise sexy. Und mittendrin steht das attraktive Steirereck im Stadtpark, geführt von der Familie Reitbauer,

geborenen Gastgebern. Heinz Reitbauer Junior bestimmt hier die Richtlinien der Küchenpolitik. Wer einen Stöpsel in der Seele spürt, geht dorthin, speist, lässt sich vom famosen Adi Schmid weinmäßig beraten und spürt, wie der Alltag schrumpft als schaue man verkehrt herum durch ein Fernglas.

Reitbauer leitet unter der Woche die Küche in Wien. Da gibt es eine perfekte Liaison aus ebenso kühn wie gekonnt reformierter altösterreichischer Küche mit klassischen französischen sowie mediterran inspirierten Gerichten. Doch am Wochenende werkt er im „Wirtshaus Steirereck am Pogusch" und zeigt in dieser rustikalen Filiale, daß sich auch auf dem Land auf 1 000 Meter Seehöhe eine große Gastronomie etablieren lässt.

Reitbauer beherrscht dank profunder Ausbildung die Hohe Schule der Grande Cuisine genauso traumhaft sicher wie er die köstlichen Vulgaritäten der bodenständigen Landesküche meistert. Der gute Koch ist ja daran zu erkennen, wie er die Produkte einsetzt, sie verwertet und schließlich zur Wirkung bringt. Reitbauer jun. ist nach dieser Maxime ein exzellenter Koch, und das schmeckt man bei jedem Gericht. Schon beim Lesen der Speisekarte beginnen die Magensäfte begehrlich zu schnurren, möchte man am liebsten alles querbeet essen und hat Mühe, sich zu entscheiden.

Zwar vergeht ein noch so fein komponiertes Menü während des Essens wie der Schaum des Champagners, aber es bleibt die Erinnerung an etwas Außerordentliches. Große Küche ist ein privates Weltereignis. Mode ist für den Tag gemacht. Sie taucht auf, blendet und vergeht, fluscherartig wie ein Komet. Kunst jedoch ist beständig. Und die Kochkunst wirkt – wie Literatur, Theater, Musik – auch nach dem Genuss fort. Ein bravourös in einer Liaison aus Olivenöl und Wein im Ganzen gedünsteter Steinbutt oder eine keck getrüffelte Poularde sind ja nicht nur sinnliche Wonnen. Sie vermitteln Gelassenheit, Stärke und das angenehme Gefühl, dass der Lärm der Welt im Moment des Genießens draußen bleibt. Das Steirereck, ob in Wien oder am Berg, ist in diesem Sinne ein Gesamtgenusswerk!

Adresse:

Steirereck im Stadtpark
A-1030 Wien, Tel. 0043/1/7133168
www.steirereck.at

Tipp:

In der „Meierei" des Steirerecks kann man in lichter Atmosphäre den ganzen Tag über genussvoll frühstücken, gibt es Tee, Kaffee, Schokolade, Milch, Käse, Schinken und aparte Wiener Schmankerlküche.

Karl und Rudi Obauer

Beim Essen und Trinken verewigt der Österreicher seine Biedermeier-Kultur, und dieses quasi feinschmeckerische Räkeln der Seele erlebt man besonders innig bei den Brüdern Obauer in Werfen, eine halbe Autostunde südlich von Salzburg nahe der Tauernautobahn. Jede Küche hat im Regionalen begonnen, und insofern gehen Karl Obauer (links im Bild) und Rudolf Obauer ganz fortschrittlich zurück in die Zukunft. Auf der Speisekarte stehen auch Hummer und Steinbutt, gibt es Trüffel, Kaviar und Gänseleber – unvermeidliche Pretiosen der Grande Cuisine -, aber mit der gleichen Liebe, ja vielleicht noch einem Quentchen mehr widmet sich die Küche regionalen Produkten wie Waller, Forelle, Lamm, Pilzen, Kalbsleber & Co., mit denen Gerichte von unerhört dichtem Aroma und Delikatesse geschaffen werden.

Wenn man Lourdes nachsagt, es sei das Pilgerziel der Kranken und Beladenen, so ist Werfen gewiß der Wallfahrtort der fröhlichen und genießenden Gourmets. In lichter Atmosphäre – sommers im idyllischen Gastgarten – bieten die Brüder eine Küche mit Herz und viel Seele, was sich unschwer allein schon durch einen Auszug der Speisekarte belegen lässt: Schnittlauchsuppe mit Kaninchensülze, Steinbutt mit Zitronenschalotten, Waller mit Avocado und Safran-Kalbsfond, Wallergröstl mit Balsamico, Forellenstrudel – die köstliche Obauer-Kreation - ,geschmorte Rindswade mit Polenta und Zwiebelmarmelade, Lammleber mit Steinpilzlinsen und Gänseleber, Topfenknödel mit Minze.

Otto Nebelthau, der Koch und Literat, hat in den 30er-Jahren des 20. Jahrhunderts einen Satz formuliert, der bündig beschreibt, was gute Küche ist: „Den Grundstoff saftig und unberaubt seiner Kräfte auf den Tisch zu bringen, an ihn, den reinen und unverfälschten, die Zunge wiederum zu gewöhnen, das muß unser Ziel sein." Das ist ein Credo, das auch von Obauer stammen könnte. Daß man gute Küche an den Saucen erkennt, gilt selbstverständlich auch für die Obauer-Küche; man hält sich dabei mit Butter und Sahne zurück, setzt lieber auf Reduktionen und Auszüge. Jus oder Sud heißen die Favoriten. Das gibt den Gerichten eine spielerische Eleganz, ohne dass es an ihnen an Tiefe mangeln würde. Die Atmosphäre ist nett, die Weinkarte erstklassig, der Service wohltuend herzlich und kompetent, so daß sich konstatieren läßt: Ein Essen bei den Obauers ist ein privates Weltereignis.

Adresse:

Obauer, Markt 46
A-5450 Werfen,
Tel.: 0043/6468/52120, www.obauer.com

Tipp:

Das köstliche Frühstückspotpourri mit feinen Tees und köstlichen Schmankerln wird – auf Wunsch – gekrönt mit dem weltbesten Rührei.

Boeuf Tatar mit Wachteleiern

Zutaten:

300 g Rinderfilet
Salz
Pfeffer aus der Mühle
Paprikagewürz
Scharfer Senf
2 EL Öl
1 Messerspitze Cayennepfeffer
2 EL Gewürzgurkensaft
Wachteleier
Kresse

Zubereitung:

Das Rindfleisch in ganz feine Würfel schneiden oder hacken. Marinade aus Öl, Pfeffer, Salz, Paprika, Senf und Gurkensaft herstellen. Marinade mit dem Tatar vermengen. Aus dem fertigen Tatar kleine, ca. 2 cm dicke Bouletten formen und auf einen Teller absetzen.
Aus den Wachteleiern Spiegeleier zubereiten und auf die Tatarbouletten legen, mit Kresse garnieren. Dazu passt am besten getoastetes Weißbrot.

Heinz Winkler

Champagner Guacamole

für 2 Personen

Zutaten:

1 reife Avocado
1 Schalotte
1/2 Limone, Saft und Abrieb
1 TL Limonenöl
1 TL Champagneressig
1 TL Champagnersenf
2 TL Champagner
1 TL Tomate concassé (Tomatenwürfel ohne Kerne und Haut)
1 TL Schnittlauch
Etwas frischer Koriander fein geschnitten oder gemahlener Koriander, ersatzweise Glattpetersilie
Chilipulver, Meersalz, Sojasoße, Pfeffermühle

Zubereitung:

Die Schalotte sehr fein würfeln und mit Champagneressig ca. 20 min. marinieren. Die Avocado halbieren und mit einem Löffel herauslösen.
Mit Limonensaft beträufeln.
Alle Zutaten, außer Champagner, jetzt zum Avocadofleisch hinzufügen und mit einer Gabel grob zerdrücken. Pikant abschmecken.
In Champagnergläser locker einfüllen und mit einem Schuss Champagner unmittelbar vor dem Servieren beträufeln.
Eventuell mit „champagnergerechten" Gemüsestreifen aus dem Hohenloher Märktle (Sellerie, Karotte, Zucchini) ausgarnieren. Toast, Brioche oder unsere Hohenloher Walnussbrötle dazu.
Dazu einen gereiften, gehaltvollen Champagner reichen.

Jürgen Koch

Consommé mit Pistou

Zutaten:

2 kg Rinderknochen
3,5 l Wasser
Etwas Salz
1 Stück Lauch
1 Stück Staudensellerie
1 Zwiebel

Pistou (Basilikumtunke)

100 g schaumig geschlagene Butter
30 Blatt Basilikum
1 Handvoll Kerbel
1 Handvoll Petersilie
2 Zweige Thymian
Salz
Pfeffer aus der Mühle
Muskat

Einlage

Etwas feines Gemüse nach Jahreszeit (z.B. Wirsing, Sellerie, Karotten).
In feine Streifen schneiden und kurz blanchieren.

Zubereitung:

Die Knochen in kochendes Salzwasser geben und aufkochen lassen. Wasser abgießen und so lange mit kaltem Wasser abspülen, bis sie wieder völlig erkaltet sind. Die Knochen in 3,5 l kaltem Wasser zum Kochen bringen, salzen

und 3 Stunden köcheln lassen. Lauch und Staudensellerie putzen, grob würfeln und beigeben. Die Zwiebel halbieren und die Schnittflächen in einer Pfanne bräunen, dann ebenfalls zugeben und alles nochmals 1 Stunde kochen lassen. Die Einlage abpassieren und mit Salz abschmecken. Alles zusammen zu einem Brei vermixen.
Die Consommé erhitzen, Pistou zugeben und etwa 1/2 Minute ziehen, jedoch nicht mehr kochen lassen. In der Zwischenzeit das Gemüse in die vorgewärmten Tassen einfüllen und schließlich mit der Consommé auffüllen.

Heinz Winkler

Entenconsommé à la Chinoise

für 4 Personen

Zutaten:

1 Ente
Öl zum Braten
200g Mirepoix (Röstgemüse)
10 dl Geflügelfond, hell
Salz und Pfeffer aus der Mühle
1 EL Tomatenmark
2 dl Weißwein
2 Lorbeerblätter
2 Thymianzweige
5 Wacholderbeeren
2 Nelken
300g Entenkeulenfleisch
1 Karotte,
1/2 Lauchstange, klein
2 Staudenselleriestangen
1 Zwiebel
4 cl Sherry
4 cl Madeira
10g Ingwerwurzel
5 Korianderzweige
1 Eiklar

Einlage

4 EL Gemüsestreifen, bissfest gekocht von Zuckerschoten, Karotte und Lauch sowie ShiTake-Pilzscheiben, Sojasprossen und Korianderblättchen

Zubereitung:

Die Brüste und Keulen von den Enten auslösen. Die Entenknochen hacken und zusammen mit den Abschnitten in heißem Öl anbraten. Vom Röstgemüse zuerst die Zwiebeln zugeben, gut anbräunen lassen, dann das restliche Gemüse und Tomatenmark zugeben. Mit grobem Pfeffer aus der Mühle würzen. Mit Weißwein ablöschen und mit der Geflügelbrühe und kaltem Wasser auffüllen. Die Knochen sollen gerade bedeckt sein.
Aufkochen und die Gewürze zugeben. Bei kleiner Hitze drei Stunden ziehen lassen. Durch ein Tuch passieren und kühl stellen.
Zum Klären der Brühe das ausgelöste Entenkeulenfleisch und das Gemüse durch die große Scheibe des Fleischwolfes drehen. Das Eiweiß zugeben und die Masse mit Sherry, Madeira, Ingwer und Koriander aromatisieren.
Das Klärfleisch mit dem Schneebesen in die abgekühlte Brühe einrühren und bei mittlerer Hitze zum Kochen bringen, dabei öfter umrühren. Eine Stunde bei kleiner Hitze ziehen lassen, vorsichtig durch ein Tuch passieren und mit Salz und Bergpfeffer abschmecken.

Anrichten:

Die gehäuteten Entenbrüste in Streifen schneiden, mit Salz, Pfeffer und Ingwerwürfelchen würzen.
Fleischstreifen und erhitztes Gemüse in vorgewärmte Tassen verteilen, mit heißer Consommé auffüllen und mit Korianderblättchen servieren.

Dieter Müller

Erdäpfelgulasch à la H.C. Artmann

Ein Gericht von köstlicher Vulgarität ist das „Erdäpfelgulasch" nach Art des österreichischen Dichters H.C. Artmann: 100 Gramm würfelig geschnittenen Bauchspeck und 30 Gramm fein geschnittene Zwiebel in einer Kasserolle goldbraun rösten. Danach mit Mehl leicht angestaubte Kartoffelwürfel (ein Kilo der speckigen Art, am besten sind die Kipfler, auch Bamberger Hörnli genannt oder La Ratte in Frankreich) dazugeben, umrühren, heißes Wasser zugießen, bis die Kartoffeln bedeckt sind, salzen und das Ganze gar köcheln. Wohlhabenderen Leuten erlaubt Artmann „einen Schuß Madeirawein, für Damen empfiehlt sich ein Esslöffel saurer Rahm" als Verfeinerungseffekt. Serviert wird dieser literarische Klassiker mit Kümmelbrot. Wer den posthumen Zorn des Dichters nicht fürchtet, kann anstelle Wasser großzügig mit Rindsbrühe aufgießen und in diesem Gulasch auch einige Frankfurter Würstchen mitköcheln lassen.

H. C. Artmann

Der Früchteknusperjoghurt am Morgen:

Zutaten für 4 Personen

Zutaten:

2 große Kiwis
3 Scheiben frische Ananas, geschält
2 kleine Bananen
je 4 gehäufte EL Corn Flakes uind Schokopops
exotische Früchte wie Lycees, Carambola oder Pita Haia je nach Gusto und Minzblättchen zur Garnitur
400 gr fettarmer Naturjoghurt, ungesüßt

Zubereitung:

Die Bananen, Kiwi, Ananas schälen und getrennt voneinander in Würfel schneiden. Dann in große Gläser immer schichtweise Obst, Joghurt und etwas Cornflakes oder Schokocrispies einfüllen. Solange bis alles verbraucht ist. Den Abschluss sollte eine Schicht Joghurt bilden. Das Glas können Sie dann mit exotischen Früchten Ihrer Wahl ausgarnieren.

Christian Jürgens

Geröstetes Weißbrot mit Gänseleber und Zucchini

ergibt 4 Stück

Zutaten:

20g Gänseleber
8 dünne Zucchinischeiben (jeweils 3 mm dick)
Olivenöl
4 Scheiben Weißbrot
1 EL Bitterorangenmarmelade
frisch gemahlener schwarzer Pfeffer

Zubereitung:

1. Je ein Viertel der Gänseleber zwischen 2 Zucchinischeiben geben. Die Scheiben mit etwas Olivenöl bestreichen und von beiden Seiten je 3 Minuten grillen.
2. Die Weißbrotscheiben rösten. Jeweils mit etwas Marmelade bestreichen und je 1 Päckchen Zucchini darauf setzen. Mit Pfeffer übermahlen und sofort servieren.

Harald Wohlfahrt

Kresserösti mit Dallmayr Räucherlachsfilet und pochiertem Wachtelei

Zutaten für 4 Personen

Zutaten:

300 g Kartoffeln
1 Bund Brunnenkresse
Butter, Öl, Salz und Pfeffer
300 g Dallmayr Rächerlachsfilet
12 Wachteleier
1 Spritzer Essig
1 EL Crème fraîche
1 EL Sauerrahm
Salz, Zitrone

Zubereitung:

Die Kartoffeln in streichholzlange Streifen hobeln und das Wasser mit dem Küchentuch herauspressen. In einer Pfanne Öl erhitzen, die Hälfte der Kartoffeln zu dünnen Röstis von einer Seite knusprig ausbacken. Leicht pfeffern und salzen und mit den gezupften Kresseblättern bestreuen. Die andere Hälfte der Kartoffeln darüber geben, das Ganze wenden und von der anderen Seite knusprig braten. Mit Butterflocken verfeinern.

Nun die Wachteleier aufschlagen und im siedenden Essigwasser wachsweich pochieren. In Eiswasser abschrecken. Das Dallmayr Räucherlachsfilet in fingerdicke Scheiben schneiden und dekorativ auf die Röstis legen. Mit den Wachteleiern und der angeschlagenen Crème fraîche garnieren.

Diethard Urbansky

Lachstatar auf Rösti

Zutaten:

4 große Kartoffeln
Salz, Pfeffer aus der Mühle
8 EL Pflanzenöl
400 g roher, frischer Lachs, enthäutet und entgrätet
Wichtig: Der Lachs muss ganz frisch sein!
Saft einer 1/2 Zitrone
1 EL Olivenöl
4 EL Crème Fraiche
2 EL Schnittlauch

Zubereitung:

Die Kartoffeln schälen, zuerst in ca. 3mm dicke Scheiben, dann in dünne Streifen schneiden. Gut abtrocknen, salzen und pfeffern.
Das Pflanzenöl in einer Teflonpfanne erhitzen, die Kartoffelstreifen hineingeben, leicht andrücken, dass eine gleichmäßige Schicht von ca. 2 cm entsteht.
Das Rösti auf beiden Seiten goldgelb braten.
Vom Lachs alle dunklen Stellen wegschneiden, dann ganz klein würfeln.
Eine Marinade aus Salz, Pfeffer, Zitronensaft und Olivenöl herstellen, ein bisschen erwärmen und unter die Lachswürfel heben.
Das Rösti auf einen vorgewärmten Teller geben, etwa 2 cm dick das Lachstatar in der Mitte auftragen, mit Crème Fraiche umranden und mit Schnittlauch bestreuen.

Heinz Winkler

Lauwarmes Mayonnaise-Ei mit Lachsschinken

für 4 Portionen

Zutaten:

Ca. 16 Scheiben hauchdünner Lachsschinken (oder anderen zarten Schinken)
4 Eier 4 min. gekocht und geschält
Ca. 1/8 l Mayonnaise mit etwas Sauerrahm verrührt
4 Melange Cafe Tassen

Erdäpfelcréme:

50 g kleinwürfelig geschnittene Zwiebel
180 g kleinwürfelig geschnittene mehlige Erdäpfel
25 g Butter
350 ml Geflügelfond
1/16 l Sauerrahm
1/16 l Obers
Salz, Pfeffer, Kümmel ganz, Majoran, Muskat

Zubereitung:

Zwiebel in Butter kurz anschwitzen und mit dem Geflügelfond aufgießen. Die Erdäpfel, Kümmel, Majoran beigeben und ca. 20 Minuten sehr weich kochen. Noch einmal mit Sauerrahm und Obers aufkochen und mit einem Stabmixer so lange pürieren bis die gewünschte Konsistenz erreicht ist.
Durch ein feines Sieb seihen und mit Muskat, Salz und Pfeffer abschmecken.
Die Melange Cafe Tassen mit Klarsichtsfolie auskleiden und mit 4 Scheiben Lachsschinken auslegen. Danach etwas von der Erdäpfelcréme in den

Tassenboden einfüllen, das warme Ei (im Salzwasser gewärmt) mittig legen und mit der restlichen Erdäpfelcréme auffüllen. Die Lachsschinkenrand über die Creme einschlagen und in eine Suppentasse stürzen. Zum Schluss mit pikanter Mayonnaise garnieren.

Heinz Reitbauer

Pochiertes Ei mit sautierten Steinpilzen und Perigord Trüffel

Rezept für 4 Personen

Zutaten:

4 Bretonische Eier
200g Steinpilze geputzt
10 ml Olivenöl
10 g Trüffel
40 ml Trüffelfond
20 ml Kalbsjus
25 g Butterwürfel
Maldonsalz
Salz, Pfeffer

Zubereitung:

Ein Stück Küchenfolie mit Olivenöl bestreichen. In die Mitte der Folie ein Ei aufschlagen, ohne das Dotter zu verletzen. Die Folie an den Enden hochnehmen und zusammenknoten. Das Päckchen in kochendes Wasser halten und 4 Minuten garen. Die Folie entfernen und mit Maldonsalz würzen.
Die Steinpilze in Öl sautieren und mit Salz und Pfeffer abschmecken.
Trüffeljus und Kalbsjus aufkochen und die Butterwürfel unterrühren.

Anrichten:

Die Steinpilze in der Mitte des Tellers anrichten. Das Ei darauf legen und mit der Sauce napieren. Mit Trüffelscheiben und Kerbel krönen.

Patrick Kimpel

Räucherforellencreme

1. 300 g Räucherforelle enthäuten, entgräten und klein zupfen. Mit cirka 3 EL Sauerrahm, 2 Eßl. Creme Fraiche, etwas Cayennepfeffer und etwas Salz zu einer weichen Masse rühren.

2. In Moccatassen oder Eierbecher abfüllen. Mit etwas Forellenkaviar oder Beluga Kaviar garnieren. Eventuell ein in dünne Scheiben geschnittenes und getoastetes Salzstangerl dazuservieren.

Karl und Rudi Obauer

Rührei mit Pesto von getrockneten Tomaten

Zutaten:

8 Scheiben getrocknete Tomaten in Olivenöl
2 EL Semmelbrösel
5 schwarze Oliven
2 EL geröstete Pignoli
1 Knoblauchzehe
1 dl Olivenöl
ca. 5 EL heißes Wasser

Zubereitung:

Alle Zutaten im Küchenkutter kuttern und nach Bedarf noch heißes Wasser zufügen. Fürs Rührei ein Ei aufschlagen, wenig Rahm und 2 TL Pesto zufügen und in wenig Olivenöl in einer Pfanne locker stocken lassen.

Sissy Sonnleitner

Tafelspitzsalat mit Ahrtaler Kräutersauce

Rezept für 4 Personen

Zutaten:

1 Rindertafelspitz
ca. 1 kg Sellerie
1 kg Rinderknochen
1 Karotte
1 Zwiebel
100 gr Sellerie
2 Tomaten
2 Lorbeerblätter
1 Thymianzweig
10 Pfefferkörner
3 Wacholderbeeren
3 l Wasser
Salz

Zubereitung:

Den Tafelspitz mit Knochen, Karotte, und vorher gebräunter Zwiebel und allen weiteren Zutaten kochen, je nach Größe und Alter 1,5 bis 2,5 Stunden.

Ahrtaler Kräutersauce:

1/2 Bund Kerbel
1/4 Bund Estragon
1 Zweig Dill
6 Blatt Borretsch
1 Bund Sauerampfer
1 kl. Bund Pimpernelle
1 Bund Gartenkresse
200 gr Joghurt
100 gr Crème fraîche
6 Eier
1 Zitronensaft
1 TL Dijon Senf
1 Prise Zucker
Salz, Cayennepfeffer

Für die Sauce alle Kräuter zupfen und mit Blattpetersilie dem Joghurt fein mixen. Crème fraîche zugeben, ebenso Senf und Zitronensaft, mit Salz, Cayennepfeffer und einer Prise Zucker würzen und zuletzt 6 hartgekochte Eier in feine Würfel gehackt unterheben.

Walnussvinaigrette:

Für die Vinaigrette alle Zutaten mischen.

1 TL Dijon Senf
5 cl Rinderbrühe
5 cl Walnußöl
5 cl Traubenkernöl
4 cl Sherryessig
Salz und Pfeffer

Der Tafelspitz wird in feine Scheiben auf ein Blech geschnitten, mit der Walnuß-vinaigrette beträufelt und nochmals kurz im Ofen gewärmt.

Garnitur:

Schnittlauch
Kresse
Radieschen
Friséesalat

Die Garniturzutaten werden alle fein gezupft und geschnitten und ebenfalls mit Walnußvinaigrette mariniert.

Anrichten:

Warme Tafelspitzscheiben lose zusammenlegen, mit der Ahrtaler Kräutersauce marinieren und die marinierten Garnitur anlegen.

Hans Stefan Steinheuer

Thunfisch-Pescaccio mit knusprigen Kresse-Cannelloni und Soya-Ingwer-Butter

Rezept für 4 Personen

Zutaten:

240g Thunfischfilet, Sushiqualität
4 Radieschen
1 EL Pinienkernöl
1 TL Reisessig
1 Bd. Brunnenkresse
1 Minigurke
1 EL Soyasauce, salzarm
Salz, Pfeffer

Soya-Ingwer-Butter:

50g Schalotten
50g Ingwer
50g Limonensaft
75g Soyasauce
50g Nussbutter (gebräunte Butter)
25g Pinienkernöl
Salz und brauner Zucker
8 Knusper-Cannelloni mit Kressemousse (siehe Rezept)
Kapuzinerkresse und Shizo-Kresse
frisch gemahlener schwarzer Pfeffer

Zubereitung:

Das Thunfischfilet straff in Frischhaltefolie und Alufolie eindrehen und tiefgefrieren. Die Radieschen und die Gurken in feine Streifen schneiden und mit Pinienkernöl, Soyasauce und Reisessig marinieren. Mit Salz und Pfeffer würzen und 20 Minuten ziehen lassen. Die knusprigen Cannelloni nach dem Grundrezept herstellen.

Soya-Ingwer-Butter:

Schalotten fein würfeln und anschwitzen. Ingwer fein reiben und mit Limonensaft und Soyasauce zufügen. Aufkochen, mit Mondamin binden und die Nussbutter zufügen. In einem Mixer sehr fein pürieren und mit Pinienöl, Salz und braunem Zucker abschmecken.

Anrichten:

Den Thunfisch etwas antauen lassen und auf einer Aufschnittmaschine dünn (2mm) aufschneiden und vier große Teller damit auslegen, mit Salz und Pfeffer würzen und mit einer Spritzflasche die Soya-Ingwer-Butter spiralförmig auftragen. Einige Blätter Brunnenkresse in Streifen schneiden, unter den Gurken-Radieschensalat heben und diesen in der Mitte anrichten. Einige schöne Kresseblätter um das Pescaccio anrichten und die gefüllten Kressecannelloni auf den Salat platzieren. Nach Wunsch mit Kapuzinerkresse und Shizo-Kresse dekorieren. Dazu passen auch sehr gut frisch geröstete Pinienkerne.

Nils Henkel

Zitrusmüsli

für 2 Personen

Zutaten:

200g Hafer
2 Orangen
2 Grapefriuts
50 g Walnusskerne
Saft von 1 Zitrone und 2 Ornagen
Honig

Zubereitung:

1. Den Hafer grob schroten und ca. 1 Stunde in Wasser einweichen.

2. Zitrusfrüchte mit einem scharfen Messer schälen, dabei auch die innere, feine Haut entfernen. Das Fruchtfleisch zwischen den Trennhäuten als Filets herausschneiden. Einige Stücke für die Garnitur verwahren, den Rest klein schneiden.

3. Ein paar Nusskerne für die Garnitur heraussuchen, den Rest grob hacken.

4. Den Hafer mit Orangen- und Zitronensaft mischen, mit Honig abschmecken und die zerkleinerten Früchte sowie die Nüsse unterheben.

5. Das Müsli mit Zitrusfilets und Nusskernen garnieren.

Ludwig Hessler

Rezeptverzeichnis::

Neben vielen Rezepten, Tipps und Anregungen im Text hier ein Verzeichnis der Rezepte, die mir von den „Meisterköchen" zur Verfügung gestellt wurden. Ich möchte mich an dieser Stelle ganz herzlich für diese außerordentliche Unterstützung bedanken.

August F. Winkler

August F. Winkler, in der Steiermark geboren und dort aufgewachsen, ist ein Liebhaber und Kenner des Weins sowie der Kochkunst. Der studierte Politologe hat als Bonner Korrespondent für verschiedene deutsche Zeitungen berichtet, ab 1974 zunehmend auch über kulinarische Themen geschrieben. Seit einigen Jahren – und wieder zurück in der Steiermark auf einem Bauernhof in über tausend Meter Höhe – widmet er sich journalistisch ausschließlich den schönen Künsten à la Wein, Champagner, Küche, Zigarren & Mode, kurzum dem, was man Lebensart nennt. Man möchte neidisch werden, wenn er seinen telefonischen Anrufbeantworter mitteilen lässt, dass er im Augenblick entweder im Weinkeller oder auf den Bergen ist.

Als Autor und regelmäßiger Kolumnist ist August F. Winkler tätig für Zeitungen und Magazine wie: Die Welt, Savoir vivre, Nordwest-Zeitung und Wellcome. Er ist Herausgeber des monatlich erscheinenden Gourmet & Wein-Reports. Er ist Autor zahlreicher Bücher, u.a.: Yquem, die Jahrhundertverkostung (Holzhausen Wien); Die hundert besten Meisterköche (edition q); Rum, Drinks & Havanas (Hädecke); Tischkultur und Phantasie - Kulturgeschichte des gedeckten Tisches (Dumont); Mouton-Rothschild, Latour, Lafite & Co (Econ).